U0685739

"十四五"职业教育国家规划教材

出纳理论与实务

CHUNA LILUN YU SHIWU

（第四版）

新准则 新税率

主　编　杨剑钧　陈东升　彭　珊
副主编　唐荣林　张亚枝　宋建琦

本书另配：课程标准
　　　　　教　案
　　　　　教学课件
　　　　　参考答案

中国教育出版传媒集团
高等教育出版社·北京

内容提要

本书是"十四五"职业教育国家规划教材。

本书对照新课标,结合新法规,在第三版的基础上进行了全新修订。本书共分为六个项目,内容包括出纳岗位认知、出纳基本技能、库存现金业务、银行结算业务、出纳岗位涉税和保险业务、出纳业务信息化。为了利教便学,部分学习资源以二维码形式提供在相关内容旁,可扫描获取。此外,本书另配有教学课件等教学资源,供教师教学使用。

本书既可作为高等职业院校财会类专业的教学用书,也可作为企事业单位会计从业人员的培训用书。

图书在版编目(CIP)数据

出纳理论与实务 / 杨剑钧,陈东升,彭珊主编. — 4 版. —北京:高等教育出版社,2023.1 (2023.12 重印)
ISBN 978 − 7 − 04 − 059727 − 1

Ⅰ. ①出… Ⅱ. ①杨… ②陈… ③彭… Ⅲ. ①出纳−会计实务−高等职业教育−教材 Ⅳ. ①F233

中国版本图书馆 CIP 数据核字(2022)第 257725 号

| 策划编辑 | 毕颖娟 刘雅方 | 责任编辑 | 刘雅方 钱力颖 | 封面设计 | 张文豪 | 责任印制 | 高忠富 |

出版发行	高等教育出版社	网　址	http://www.hep.edu.cn
社　址	北京市西城区德外大街 4 号		http://www.hep.com.cn
邮政编码	100120	网上订购	http://www.hepmall.com.cn
印　刷	江苏德埔印务有限公司		http://www.hepmall.com
开　本	787mm×1092mm 1/16		http://www.hepmall.cn
印　张	15	版　次	2011 年 5 月第 1 版
			2023 年 1 月第 4 版
字　数	337 千字		
购书热线	010-58581118	印　次	2023 年 12 月第 3 次印刷
咨询电话	400-810-0598	定　价	35.00 元

本书如有缺页、倒页、脱页等质量问题,请到所购图书销售部门联系调换

第四版前言

本书是"十四五"职业教育国家规划教材。

当今出纳岗位业务尤其出纳实务信息化有了新的发展,相关法律法规政策也有所调整。为适应新形势下教育教学方式的变革和出纳岗位能力的需求,进一步优化教材内容,丰富教材资源,我们组织具有丰富实践和理论教学经验的多所高职院校老师对第三版教材进行了修订。修订后的本书全面贯彻党的二十大精神,落实立德树人根本任务,以全面素质教育为基础、以能力为本位、以就业为导向,具体特色如下:

(1)强化岗位技能,实现课岗融合。本书按照高等职业教育大数据与会计、大数据与财务管理、金融服务与管理等专业新专业教学标准进行配套规划,更加注重知识和技能、过程和方法的掌握。本书根据会计、金融人才培养及全国银行业务综合技能大赛需求,参照现阶段我国银行机构的主流业务,基于综合柜员、客户经理、会计主管和理财经理等核心岗位的内容设计学习情境。同时,本书新增企业端微信和支付宝的操作,体现"新知识、新技术、新方法",将枯燥的技术问题简单化、流程化,实现职业教育与岗位实际操作无缝对接。

(2)坚持产教融合,突出职教特色。本书按照工作过程系统化的课程开发理念和思路,以出纳岗位工作所需的知识和技能组织教材内容,实施"项目导向+任务驱动",将教材内容分为出纳岗位认知、出纳基本技能、库存现金业务、银行结算业务、出纳岗位涉税和保险业务、出纳业务信息化六个项目。将出纳工作应具备的基础知识、基本理论、操作技能、业务流程等融入每一项具体任务的办理过程中,引导学生有针对性地学习知识、训练技能,充分体现职业教育的职业性和实践性。同时本书按照新的法律法规和票证账表全面准确地呈现了出纳岗位典型工作任务的办理流程和业务手续,着重体现出纳工作内部控制的严密性和各项手续的规范性。

(3)落实立德树人,实施课程思政。本书结合教学内容,新增、修订部分案例,强化思想引导,突出课程思政。通过警示等类案例培养学生廉洁自律、客观公正、坚持准则等品质,引导学生不挪用公款、不做假账;通过强化服务意识,引导学生做好出纳工作,着重培养学生爱岗敬业、诚实守信、遵纪守法的品质。弘扬出纳工匠精神,践行"敬业、友善、法制"的社会主义核心价值观。

(4)坚持与时俱进,适应人才发展需求。本书根据会计、税收的理论和制度的最新改革成果,对教学内容和教学案例进行修订完善,对具有时效性的内容和资料进行增减和更新。如最新版人民币的防伪等。

(5)资源丰富,利教便学。为了利教便学,部分学习资源以二维码形式提供在相关内容旁,可扫描获取。此外,本书另配有课程标准、教案、教学课件、参考答案等教学资源,供教师教学使用。这种可学、可练的全方位立体化教学体系,增强了教材知识的可操作性。

本书由扬州市职业大学杨剑钧、湖南信息职业技术学院陈东升、湖南有色金属职业技术学院彭珊担任主编,扬州市职业大学唐荣林、惠州经济职业技术学院张亚枝、山西国际商务职业学院宋建琦担任副主编,中国银行扬州分行栾海燕参编。

由于编者水平有限,书中难免存在不足之处,恳请广大读者批评指正。

编　者

目　录

资源导航

项目一　出纳岗位认知

◇ **知识目标**

1. 理解出纳岗位的职责要求。
2. 熟悉出纳员应掌握的基本知识。
3. 掌握出纳工作流程。

◇ **能力目标**

1. 能熟练进行出纳岗位的交接。
2. 具备编写规范出纳报告的能力。

案例导入

　　钱一清是某高职院校会计专业应届毕业生,应聘到大唐盛世公司做出纳工作。她在大学里相关专业理论学得不少,但对会计各岗位的具体工作并未有深入了解,几乎没有实践经验,对出纳岗位的理解就是管钱、收付款、跑银行,对出纳岗位应该有哪些工作职责、出纳人员应该具备哪些技能心中并没有底。很庆幸,她遇到了一个好老师——大唐盛世公司财务负责人金明。7月1日,钱一清正式到公司报到,财务经理金明接待了她,和她进行了如下对话:

　　金明:"小钱,你认为作为一家企业的新财务人员首先应该了解什么?"

　　钱一清:"应该了解该企业的财务制度。"

　　金明:"不是。作为一家企业的新财务人员首先要了解该企业的基本概况、经营特点、组织结构和工作流程。我们大唐盛世公司是一家生产销售打印机的公司,公司主要产品有喷墨式、热敏式和激光式三种打印机。公司主要部门有办公室、财务部、技术部、销售部、供应部、一车间、二车间、工会和一个门市部。公司法人代表,也就是公司老总是李盛世,我是财务部负责人金明。财务部还有往来会计吴非,实物资产会计刘心,成本会计郑行和总账会计秦奋,还有一个准备调到厂办的叶子,你就是来接替叶子的出纳工作的。作为一个新出纳,你应该有哪方面的专业准备?"

1

钱一清:"出纳岗位职责、出纳员责任与权限和出纳员具体的日常工作。"

金明:"很全了。作为新出纳,你还应该了解出纳员工作交接程序及相关文书。"

任务一　认识出纳岗位职责

一、出纳认知

出纳工作,顾名思义,出即支出,纳即收入。出纳工作是管理货币资金、票据和有价证券进出的一项工作。具体地说,出纳是按照有关规定和制度,办理本单位的现金收付、银行结算及有关账务,保管库存现金、有价证券、财务印章及有关票据等工作的总称。从广义上讲,只要是票据、货币资金和有价证券的收付、保管与核算,就都属于出纳工作。

出纳是会计工作的重要环节,涉及现金收付、银行结算等活动,而这些又直接关系到职工个人、单位乃至国家的经济利益,若工作出了差错,就会造成不可挽回的损失。因此,明确出纳工作职责,是做好出纳工作的起码条件。

二、出纳机构与人员设置

(一) 出纳机构设置

出纳机构,一般设置在会计机构内部,如在各企事业单位财会科、财会处内部设置专门处理出纳业务的出纳组、出纳室。《中华人民共和国会计法》(以下简称《会计法》)第三十六条规定:"各单位应当根据会计业务的需要,设置会计机构,或者在有关机构中设置会计人员并指定会计主管人员;不具备设置条件的,应当委托经批准设立从事会计代理记账业务的中介机构代理记账。"《会计法》对各单位会计、出纳机构与人员的设置没有作出硬性规定,只是要求各单位根据业务需要来设定。各单位可根据单位规模大小和货币资金管理的要求,结合出纳工作的繁简程度来设置出纳机构。以工业企业为例,大型企业可在财务处下设出纳科;中型企业可在财务科下设出纳室;小型企业可在财务股下配备专职出纳员。有些主管公司,为了资金的有效管理和总体利用效益,把若干分公司的出纳业务(或部分出纳业务)集中办理,成立专门的内部"结算中心",这种"结算中心",实际上也是出纳机构。

(二) 出纳人员配备

一般来讲,实行独立核算的企业单位,在银行开户的行政、事业单位,有经常性现金收入和支出业务的企业、行政事业单位都应配备专职或兼职出纳,担任本单位的出纳工作。出纳人员配备的多少,主要取决于本单位出纳业务量的大小和繁简程度,要以业务需要为原则,既要满足出纳工作量的需要,又要避免徒具形式、人浮于事的现象。一般可采用一人一岗、一人多岗、一岗多人等几种形式:❶ 一人一岗:适用于规模不大的单位,出纳工作量不大,可设专职出纳员一名。❷ 一人多岗:适用于规模较小的单位,出纳工作量较小,可设兼职出纳员一名。如无条件单独设置会计机构的单位,至少要在有关机构中(如单位的办公室、后勤部门)配备兼职出纳员一名。但兼职出纳不得兼管收入、费用、债权、债务账务的登记工作、稽核工作和会计档案保管工作。❸ 一岗多人:适用于规模较大的单位,出纳工作量较大,可设多名出纳员,如分设管理收付的出纳员和管账的出纳员,或分设现金出纳员和银行结算出纳员等。

> 🤵**学后思**
>
> 不少民营企业的出纳都是由老板的家人担任,这是否符合相关规定?为什么?

三、出纳岗位职责

出纳岗位具有以下职责:

(1)负责根据审核过的支票领用单,签发支票,使用密码支付器编写支票支付密码,并在支票领用单上填写支票号,交给稽核岗加盖预留银行印章。

(2)负责根据审核过的借款单,填制银行汇款凭证,由稽核岗加盖预留银行印章后,负责及时送交银行。

(3)负责根据主管会计提供的转账支票填制进账单,负责送存银行。

(4)负责办理银行汇款回单、银行进账单回单等各种收付款凭证。

(5)负责及时到银行取回结算票据交给主管会计处理。

(6)负责对每月的记账凭证号进行排序整理,并在现金日报表中标注本号及起始凭单号。

(7)负责人民币现金、外汇现金、银行定期存款存单、有价证券、银行结算卡、支付密钥、贵重物品的管理。

(8)负责库存现金日记账逐笔登记,根据记账凭证编制现金报表,并经主管会计审签。每天下班前盘点库存现金,做到日清月结,发现差错查找不过夜,对不按现金管理规定进行盘点清查而造成的资金损失,由个人负责赔偿。

(9)不超限额保存现金,不私借、挪用公款,不用开支单据和"白条"顶替库存现金,不为其他单位、部门用支票套取现金。

(10)负责认真执行银行账户管理和结算规定,不向外单位和个人出租出借银行账户,严格执行《中华人民共和国票据法》的规定,支票使用必须按规定要素填写。不利用银行账户进行非法活动。

(11)负责现金、银行存款的对账工作,做到账款相符、账账相符。定期或不定期地接受财务负责人、主管会计对现金、银行账的抽查。

(12)负责填写银行结算票据和现金日记账记载,字迹要工整规范。

(13)完成领导交办的其他临时性工作。

四、出纳工作的特点

任何工作都有自身的特点和工作规律,出纳是会计工作的组成部分,具有一般会计

1

工作的本质属性,但它又是一个专门的岗位、一项专门的技术,因此,具有自己专门的工作特点。其主要特点有:

(1) 社会性。出纳工作担负着一个单位货币资金的收付、存取任务,而这些任务的完成是置身于整个社会经济活动的大环境之中的,是和整个社会的经济运转相联系的。只要这个单位发生经济活动,就必然要求出纳员与之发生经济关系。例如,出纳人员要了解国家有关财会政策法规并参加相关的学习和培训,出纳人员要经常跑银行等。因此,出纳工作具有广泛的社会性。

(2) 专业性。出纳作为会计工作的一个重要岗位,需要专门的操作技术和工作规则。凭证如何填制,日记账怎样记录都很有学问,就连保险柜的使用与管理也是很讲究的。因此,要做好出纳工作,一方面需要接受过一定的职业教育,另一方面也需要在实践中不断积累经验,掌握其工作要领,熟练使用现代化办公工具。

(3) 政策性。出纳工作是一项政策性很强的工作,其工作的每一环节都必须依照国家的相关规定进行。例如,办理现金收付要按照国家现金管理规定进行,办理银行结算业务要根据国家银行结算办法进行。《会计法》《会计基础工作规范》等法规都把出纳工作并入会计工作中,并对出纳工作提出具体规定和要求。

(4) 时间性。出纳工作具有很强的时间性,何时发放职工工资、何时核对银行对账单等,都有严格的时间要求,一天都不能延误。因此,出纳员心里应有一个时间表,及时办理各项工作,保证出纳工作质量。

> **学后思**
>
> 　　一个优秀的出纳除了具备良好的专业技术和严格遵守法律法规的敬业精神,还应该具备哪些素质?

任务二　出纳员的任职条件、职业技能与职业道德

做好出纳工作并不是一件很容易的事,它要求出纳员全面了解政策法规,具备熟练高超的业务技能和严谨细致的工作作风。

一、出纳员的基本任职条件

出纳员应该具备以下基本任职条件:

(1) 具备从事出纳工作所需要的专业能力。

(2) 熟悉国家、地方相关规章制度及单位内部财务制度。

(3) 具备良好的职业道德。

(4) 具备较好的安全意识。

二、出纳员的职业技能

"台上一分钟,台下十年功。"这对出纳工作来说也是十分适用的。出纳工作需要很强的操作技巧:打算盘、用电脑、填票据、点钞票等,都需要深厚的基本功。作为专职出纳人员,不但要具备处理一般会计事务的财会专业基本知识,还要具备较高的处理出纳事务的专业知识水平和较强的数字运算能力等。

(一)高超的运算能力

出纳的数字运算往往是在结算过程中进行的,出纳员要按计算结果当场开出票据或收付现金,速度要快,又不能出错。这和事后的账目计算有着很大的区别。账目计算错误可以按规定方法更改,但金额计算错误就不一定能改正过来。所以说出纳人员要有很强的数字运算能力,不管使用计算机、算盘、计算器,还是使用其他运算器,都必须具备较快的速度和非常高的准确性。在快和准的关系上,出纳员要把准确放在第一位,要准中求快。

(二)专业的钞票识别能力

出纳员几乎每天都要收付若干现金,因此对人民币的真假辨别能力就非常重要,掌握过硬的钞票识别技术可以减少可能由此给单位和个人带来的损失。

(三)出色的点钞技能

虽然一般单位现在均配备财务点钞机,但作为一个称职的出纳员,点钞是必备技能,在点钞机点钞过后,人工复核是一个必要的工作流程。因此,出色的点钞技能可以有效地提高工作效率,减少差错的发生。

(四)较好的书写技能

出纳员要苦练汉字、阿拉伯数字的书写,提高写作概括能力。一张书写工整、填写齐全、摘要精练的票据能体现一个出纳员的工作能力。

(五)熟练的计算机操作技能

现在不少单位都在使用企业网银进行款项支付,出纳员要熟练使用计算机操作,并正确使用银行密钥。各单位会计账务处理都是通过计算机来完成的,部门之间的往来业务,包括记账、对账、结账等日常工作都实现了电算化。因此,掌握一定的计算机操作技能,对提高出纳工作效率和工作质量是有较大帮助的。

(六)熟练的现代化收款方式

随着科技的发展,银行卡、支付宝、微信等付款方式已经被人们普遍接受并使用,出纳要能熟练使用POS机的各项功能,和扫描枪等设备进行支付宝和微信等的收款业务。

三、出纳员的职业道德

(一)基本职业道德

1. 敬业爱岗

会计人员应当热爱本职工作,努力钻研业务,使自己的知识和技能适应所从事工作

文本:出纳"三字经"

的要求。

2. 熟悉法规

会计人员应当熟悉财经法律、法规、规章和国家统一会计制度,并结合会计工作进行广泛宣传。

3. 依法办事

会计人员应当按照会计法律、法规和国家统一会计制度规定的程序和要求进行会计工作,保证提供的会计信息合法、真实、准确、及时和完整。

4. 客观公正

会计人员在办理会计事务中,应当实事求是,客观公正。

5. 服务意识

会计人员应当尽其所能,为改善单位的内部管理、提高经济效益服务。

6. 保守秘密

会计人员应当保守本单位的商业秘密,除法律规定和单位领导同意之外,不能私自向外界提供或泄露单位的会计信息。

(二) 特别注意事项

除此之外,出纳人员还应特别注意如下两点:

1. 清正廉洁

清正廉洁是出纳员的立业之本,是出纳员职业道德的首要要求。出纳员掌握着一个单位的现金和银行存款,若要把公款据为己有或挪作私用,均有方便的条件和较多的机会。同时,外部的经济违法分子也往往会在出纳员身上打主意,施以小惠,拉其下水。应该说,面对钱欲物欲的考验,绝大多数出纳员以坚定的意志和清正廉洁的高贵品质赢得了人们的赞誉。当然,也有少数出纳员利用职务之便贪污舞弊、监守自盗、挪用公款,到头来害了集体,也害了自己。

2. 坚持原则

出纳员肩负着处理各种利益关系的重任,只有坚持原则,才能正确处理国家、集体与个人的利益关系。在工作中,有时需要牺牲局部与个人利益以维护国家利益,有时需要为了维护法律、法规而违背同事和领导的意愿。这些都是出纳员应该坚持的原则和必须做好的工作。长期以来,广大出纳员在工作中坚持原则,无私无畏地维护纪律规定,不少出纳员因此受到了国家的表彰和嘉奖。为了保障国家和集体的利益,保护公共资产,广大出纳员要真正肩负起国家赋予的实行会计监督的职责,在出纳工作中坚持原则,自觉抵制不正之风,为维护正常的会计工作秩序贡献自己的力量。

四、出纳工作中的注意事项

出纳员必须由具有财会专业能力的人担任,只有具备一定的专业知识,才能了解会计核算所涉及的许多数据之间存在一种内在的钩稽关系,这种钩稽关系是会计核算内部监督制约机制的重要组成部分之一。

企业内部必须建立相关的内部控制制度,对不相容的岗位应当相互分离、相互制约和相互约束。银行存款日记账的登记和债权债务账户的登记是两个不相容的岗位,应

当分别由不同的人担任,以便建立起内部的监督控制制度。对此,我国有关的法规和制度都有明确的规定:

(1)《会计法》第二十七条规定:"各单位应当建立、健全本单位内部会计监督制度。单位内部会计监督制度应当符合下列要求:(一)记账人员与经济业务事项和会计事项的审批人员、经办人员、财物保管人员的职责权限应当明确,并相互分离,相互制约……"

(2)《会计法》第三十七条规定:"会计机构内部应当建立稽核制度。出纳人员不得兼任稽核、会计档案保管和收入、支出、费用、债权债务账目的登记工作。"

(3)《内部会计控制规范——货币资金(试行)》第六条规定:"单位应当建立货币资金业务的岗位责任制,明确相关部门和岗位的职责权限,确保办理货币资金业务的不相容岗位相互分离、制约和监督。出纳人员不得兼任稽核、会计档案保管和收入、支出、费用、债权债务账目的登记工作。单位不得由一人办理货币资金业务的全过程。"

有关法律制度之所以对出纳员的岗位进行如此细致的规定,是为了建立岗位之间的制约监督制度,确保企业财产的安全。存款账户和债权债务账户经常要发生钱款的相互划账。出纳员既管理存款的收支,又管理债权债务的往来登记,会造成钱款收支和债权债务账户之间失去制约,出纳员很容易利用手中权力营私舞弊。

企业片面强调减少凭证流转环节,而将不相容的银行存款登记和债权债务的登记交给出纳员一人担任,这使得不同岗位、不同经济业务环节之间失去了相互制约和相互监督的机制,为出纳员贪污公款创造了条件。如果企业将银行存款的登记和债权债务的登记分别设置成两个岗位,任何一笔款项的收入和款项的支付都必须经过两个人之手,那么在这两个岗位之间会形成一种相互监督、相互制约的机制。

目前在不少中小企业中,不仅出纳和债权债务的岗位不分,会计和出纳也都是由一个人担任,出纳兼任会计或者会计兼任出纳,这样虽然节省了人员开支,但是对企业财产安全有很大的威胁。

> **学后思**
>
> 出纳员小叶在某超市购买了 20 个计算器,单价为 25 元,经手人就小叶一个人,经批准后,出纳员小叶为自己报销了 500 元。这么做是否违反财务制度?

任务三　出纳工作交接与出纳报告

一、出纳工作的交接

(一)概述

出纳人员因故不能在原出纳岗位工作时,必须按有关规定和要求办理好工作的交

1

接手续,做好工作的交接。通过交接,可以明确工作责任,便于接办的出纳人员熟悉工作,也有利于发现和处理出纳工作和资金管理工作中存在的问题,预防经济责任事故与经济犯罪的发生。交接后,如发现移交人在交接前经办的出纳业务有违反财务会计制度的,仍应由移交人负责;交接后,移交前的未了事项,移交人仍有责任协助接交人办理。

《会计法》第四十一条规定,会计人员调动工作或者离职,必须与接管人员办清交接手续。一般会计人员办理交接手续,由会计机构负责人(会计主管人员)监交。出纳工作的交接要按照会计人员交接的要求进行。出纳员调动工作或者离职时,与接管人员办清交接手续,是出纳员应尽的职责,也是分清移交人员与接管人员责任的重大措施。办好交接工作,可以使出纳工作前后衔接,防止账目不清、财务混乱。

(二)出纳人员办理交接手续的原因

出纳人员办理交接手续主要有以下几个方面的原因:

(1)出纳人员辞职或离开单位。

(2)企业内部工作变动不再担任出纳职务,如出纳岗位轮岗调换到会计岗位。

(3)出纳岗位内部增加工作人员需重新进行分工。

(4)因病假、事假或临时调用,不能继续从事出纳工作。

(5)因特殊情况,如停职审查等,按规定不宜继续从事出纳工作。

(6)企业因其他情况按规定应办理出纳交接工作的,如企业解散、破产、兼并、合并、分立时,出纳人员应向接收单位或清算组移交工作。

(三)出纳工作的交接

1. 出纳工作的交接要做到的两件事情

(1)移交人员与接管人员要办清手续。

(2)交接过程中要有专人负责监交。交接要求进行财产清理,做到账账核对、账款核对;交接清理后要填写移交表,为所有移交的票、款、物编制详细的移交清册,按册交予接交人点清;然后由交、接、监三方签字盖章。移交表应存入会计档案。

2. 出纳工作交接的三个阶段

第一阶段,交接准备。准备工作包括以下几个方面:❶ 将出纳账登记完毕,并在最后一笔余额后加盖名章。❷ 出纳账与现金、银行存款总账核对相符,现金账面余额与实际库存现金核对一致,银行存款账面余额与银行对账单核对无误。❸ 在出纳账启用表上填写移交日期,并加盖名章。❹ 整理应移交的各种资料,对未了事项要写出书面说明。❺ 编制"移交清册",填明移交的账簿、凭证、现金、有价证券、支票簿、文件资料、印鉴和其他物品的具体名称和数量。

实行会计电算化的单位,从事该项工作的移交人员还应当在移交清册中列明会计软件及密码、会计软件数据磁盘、光盘及有关资料、实物等内容。使用POS机和企业网银的单位要将POS机密码和网银密钥及密钥密码一同移交。

第二阶段,交接阶段。出纳员的离职交接,必须在规定的期限内,向接交人员移交清楚。接交人员应认真按移交清册当面点收。❶ 现金、有价证券要根据出纳账和备查账簿余额进行点收。接交人发现不一致时,移交人要负责查清。❷ 出纳账和其他会计资料必须完整无缺,不得遗漏。如有短缺,由移交人查明原因,在移交清册中注明,由移交人负责。❸ 接交人应核对出纳账与总账、出纳账与库存现金和银行对账单的余额是否相符,如有不符,应由移交人查明原因,在移交清册中注明,并负责处理。❹ 接交人按移交清册点收公章(主要包括财务专用章、支票专用章和领导人名章)和其他实物。❺ 接交人办理接收后,应在出纳账启用表上填写接收时间,并签名盖章。

第三阶段,交接结束。交接完毕后,交接双方和监交人,要在移交清册上签名或盖章。移交清册必须具备:单位名称、交接日期、交接双方和监交人的职务及姓名,以及移交清册页数、份数和其他需要说明的问题和意见。移交清册一般一式三份,交接双方各执一份,存档一份。

文本:出纳工作交接清单

出纳员工作交接书模板如下:

原出纳员叶某,因工作调动,财务处已决定将出纳工作移交给钱某接管。现办理如下交接:

(1) 交接日期:2×××年×月×日。

(2) 具体业务的移交。

❶ 库存现金:×月×日账面余额××元,实存相符,日记账余额与总账相符。

❷ 库存国库券:×××××元,经过核对无误。

❸ 银行存款:余额×××万元,与编制的"银行存款余额调节表"核对相符。

(3) 移交的会计凭证、账簿、文件。

❶ 本年度库存现金日记账1本。

❷ 本年度银行存款日记账2本。

❸ 空白现金支票××张(××号至××号)。

❹ 空白转账支票××张(××号至××号)。

❺ 托收承付登记簿1本。

❻ 付款委托书1本。

❼ 信汇登记簿1本。

❽ 金库暂存物品明细表一份,与实物核对相符。

❾ 银行对账单(1—6月)6本。

……

(4) 印鉴。

❶ ××公司财务处转讫印章1枚。

❷ ××公司财务处现金收讫印章1枚。

❸ ××公司财务处现金付讫印章1枚。

(5) 交接前后工作责任的划分:2×××年×月×日前的出纳责任事项由叶某负责;2×××年×月×日起的出纳工作由钱某负责。以上移交事项均经交接双方认定无误。

1

（6）本交接书一式三份，双方各执一份，存档一份。

移交人：叶某（签名盖章）

接管人：钱某（签名盖章）

监交人：××（签名盖章）

××公司财务处（公章）

2×××年×月×日

学后思

1. 叶子在离开出纳岗位后，将一把保险柜的钥匙交给大唐盛世的老总李盛世，钱一清是否应该向老总要回这把钥匙？

2. 如果出纳钱一清需要到外地进修 20 天，她是否需要进行正式的出纳移交工作？

二、出纳报告

（一）出纳报告的基本格式

出纳人员记账后，应根据库存现金日记账、银行存款日记账、有价证券明细账和银行对账单等核算资料，定期编制"出纳报告单"和"银行存款余额调节表"，报告本单位一定时期现金、银行存款、有价证券的收支存情况，并与总账会计核对期末余额。

（二）出纳报告的填制

（1）出纳报告单的报告期可与本单位总账会计汇总记账的周期相一致，如果本单位总账每 10 天汇总一次，则出纳报告单每 10 天编制一次。

（2）上期结存数，是指报告期前一期期末结存数，即本期报告期前一天的账面结存金额，也是上期出纳报告单的"本期结存"数字。

（3）本期收入按账面本期合计借方数字填列。

（4）合计是上期结存与本期收入的合计数字。

（5）本期支出按账面合计贷方数字填列。

（6）本期结存是指本期期末账面结存数。它等于"合计"减去"本期支出"。本期结存必须与账面实际结存一致。

岗位能力测试

2022 年 7 月 1 日，大唐盛世公司原出纳叶子和新出纳进行了出纳工作交接。交接时，库存现金日记账余额为 5 200 元，实际清点余额为 4 900 元，经查，有 300 元费用已报销支出，但因有关会计记账凭证未审核未能及时入账。公司持有天马行空公司可转债 500 份,每份 1 000 元,国库券 300 000 元,均核对无误。

银行存款日记账余额为 789 600 元,与开户行核对一致。

账簿凭证类:

(1) 本年度库存现金日记账 1 本。

(2) 本年度银行存款日记账 2 本。

(3) 空白现金支票 37 张(AE101134 号至 AE101170 号)。

(4) 空白转账支票 52 张(BE200340 号至 BE200391 号)、支票簿 1 本。

(5) 托收承付登记簿 1 本。

(6) 付款委托书 1 本。

(7) 信汇登记簿 1 本。

(8) 金库暂存物品明细表 1 份,与实物核对相符。

(9) 银行对账单(1—6 月)6 本。

印章:

(1) 大唐盛世公司财务处转讫印章 1 枚。

(2) 大唐盛世公司财务处现金收讫印章 1 枚。

(3) 大唐盛世公司财务处现金付讫印章 1 枚。

要求:设计并完成出纳工作交接书。

项目二 出纳基本技能

◇ **知识目标**

1. 掌握会计账证表文字和数字的正确书写方式。
2. 掌握原始凭证的审核要点。
3. 掌握流通中人民币的防伪特征。
4. 熟悉印鉴保管知识和常用会计符号。
5. 理解法人账户透支业务和企业协定存款。
6. 掌握保险柜、点钞机、POS 机等出纳常用机具的操作常识。

◇ **能力目标**

1. 能正确书写会计账证表的文字和数字。
2. 能正确进行原始凭证的审核。
3. 能进行真假人民币的识别、验点和处理。
4. 能熟练使用保险柜、点钞机、POS 机等出纳常用机具并进行维护。

案例导入

钱一清在了解了大唐盛世公司的基本情况和出纳员的一般职责要求,并与原先的出纳员办理了相关交接手续后,正式接手了出纳工作。她所接触的第一项工作就是公司采购员王颖拿来的几张报销单据和上交的现金 1 528 元,那么她该如何审核这些原始报销单据呢? 对于这笔现金 1 528 元,她该如何运用手工点钞方式点钞,并进行复核和鉴别真假呢?

任务一 会计账证表的书写

任务导入

钱一清是大唐盛世公司新招聘的出纳员,在 2022 年 3 月 5 日的工作中填写了

几张原始凭证,其中金额部分她是这样填写的:

(1)阿拉伯数字小写金额为 2 800 元,中文大写金额为"人民币:贰仟捌佰元整"。

(2)阿拉伯数字小写金额为 108 000.00 元,中文大写金额为"人民币拾万捌仟元整"。

(3)阿拉伯数字小写金额为 3 500.98 元,中文大写金额为"人民币叁仟伍佰零玖角捌分"。

请指出钱一清在以上数字书写中的错误。

出纳人员要不断地填制凭证、记账、结账和对账,经常要书写大量的数字和文字,如果数字书写不正确、不清晰、不符合规范,就会带来很大的麻烦。因此,出纳人员必须掌握一定的书写技能,使书写的文字和数字清晰、整洁、正确并符合规范化的要求。

一、阿拉伯数字的书写

阿拉伯数字是世界各国的通用数字,其书写顺序是由高位到低位、从左到右依次写出各位数字。

(一)阿拉伯数字书写的整体要求

1.书写的角度要适当

书写阿拉伯数字时一般要求倾斜书写,阿拉伯数字上端向右倾斜,以 60 度左右的水平倾斜角为宜。一组阿拉伯数字的书写,应保持各个阿拉伯数字的倾斜度一致,自然美观。

2.书写的位置要适当

每个阿拉伯数字要紧贴底线书写,高度一般占全格的二分之一为宜,最多不要超过全格的三分之二,以为更正数字留有余地,过小可能会因不清晰而影响阅读。阿拉伯数字的间距要求每个数字的中部大体位于格距二分之一的两条对角线交点上,不宜过于靠左或者靠右。

3.阿拉伯数字书写规范

数字应当一个一个地写,不得连笔写。书写应工整流畅、均匀美观、一目了然,切忌潦草、连笔、模糊。

4.具有个人特色

阿拉伯数字书写时要在符合书写规范的前提下,保持个人的独特字体和特色习惯,使别人难以模仿或涂改。

(二)阿拉伯数字小写金额的书写要求

一般要求阿拉伯数字小写金额写到分位为止,元位以下保留角、分两位小数,对分以下的厘、毫、丝、忽采用四舍五入的方法。但少数情况下,如计算百分率、折旧率、加权平均单价、单位成本及分配率等,也可以采用多位小数,以达到计算较准确的目的。

一般来说,凭证和账簿已印好数位线,必须按逐格顺序书写,"角""分"栏金额齐全。如果"角""分"栏无金额,应该以"0"补位,也可在格子的中间划一短横线代替。如果金额有角无分,则应在分位上补写"0",不能用短横线代替。没有数位线的阿拉伯数字书写时,如果没有角分,仍应在元位后的小数点后补写"00"或划一短斜横线。

(三) 正确运用货币币种符号

如果表示金额时,阿拉伯数字前面应当书写货币币种符号或者货币名称的简写。币种符号与阿拉伯金额数字之间不得留有空白。凡阿拉伯数字前写有币种符号的,数字后面不再写货币单位。所有以"元"为单位的阿拉伯数字,除表示单价等情况之外,一律填写到角分,无角分的,角位和分位可写"00",或者短横线"—";有角无分的,分位应当写"0",不得用短横线"—"代替"0"。元和角之间要用小数点隔开。阿拉伯数字书写到分位为止,元位以下四舍五入保留角、分两位小数。

(四) 订正错误的方法

根据出纳核算的实际情况及记账规则要求,当账务处理过程中阿拉伯数字小写金额的数字发生错误时,严禁采用刮、擦、涂改或采用药水消除字迹等方法改错,应采用正确的更正方法进行更正。正确的更正方法为划线更正法,即将错误的数字全部用单红线划掉,并在错误的数字上加盖更正人和财务负责人的印章,以示负责。而后,在原数字上方对齐原位,将正确的数字写在被注销数字的上方。

二、中文大写数字的书写

中文大写数字是用于填写防止涂改的银行结算凭证、收据等,因此在书写时不能写错。如果写错,则本张凭证作废,需要重新填制凭证。

(一) 中文大写数字的内容

中文大写数字分为数字和数位两个部分,其中,数字部分包括壹、贰、叁、肆、伍、陆、柒、捌、玖 9 个数字,数位部分包括拾、佰、仟、万、亿、元、角、分、零、整等。以上汉字大写数字一律用正楷或者行书书写,不得用一、二、三、四、五、六、七、八、九、十等汉字小写数字代替,不得任意自造简化字。

(二) 中文大写数字书写的基本要求

(1) 中文大写金额数字前要冠以"人民币"字样,"人民币"与金额首位数字之间不留空位,数字之间更不能留空位,写数与读数顺序要一致。

(2) 人民币以元为单位,元后无角分的,需要写"整"字。如果到角为止,角后也可以写"整"字;如果到分为止,分后不写"整"字。

(3) 阿拉伯小写金额数字中间连续几个"0"字时,可只写一个"零"字。

(4) 表示位的文字前必须有数字,如"拾元整"应写成"壹拾元整"。

(5) 中文大写金额数字前有空位的,应当在数字前用"⊗"逐位补齐。中文大写金额数字前未印有货币名称的,应当加填货币名称。

(6) 切忌用其他文字代替中文大写数字,如"零"不能用"另"代替、"角"不能用"毛"代替等。

（三）中文大写数字书写错误的订正方法

中文大写数字写错或漏记，不能涂改，也不能用划线更正法，必须重新填写凭证。

三、文字书写

（一）字体

汉字字体种类繁多，如仿宋体、扁魏体、正楷体、隶体及各种行书体、草体等。出纳在核算中究竟应选择哪种字体，并无规定。但是，为保持账务处理的整洁、美观、易于辨认，一般采用正楷或行书。

（二）字形与字位

出纳核算中，虽然每种字体在笔画上有所差异，但其笔画的组合形式是相似的。要使字形在结构上达到完美，基本上应合乎如下规则：

1. 平衡

字形笔画的配置应力求做到左右平衡、重心居中。上下相同部首组合的字或上下对称的独体字，应上紧下松，使之平稳。

2. 布白均匀

笔画间的空白部分叫做布白，笔画间或部首间的组合、布白应有均匀的感觉。

3. 参差有变

字体的笔画不能机械搭配，应使部首间有机联系，以免呆板。主要表现在部首间笔画能交错插避让、重复的笔画有所变化两个方面。

所谓字位，是指每个字在凭证、账页、表册每行格中的位置。如果文字书写过大，书写错误时便无法更正；如果过小，则又难以辨认。所以，账务文字书写大小位置要适宜，通常文字书写一般要紧靠左竖线书写，文字与左竖线之间不得留有空白部分。汉字不能满格书写，一般要占行宽三分之二或二分之一为佳，并落笔在底线上。

（三）摘要的书写

文字书写中一部分是摘要的书写，包括记账凭证摘要、各种账簿摘要，摘要是记录经济业务的简要内容，填写时应用简明扼要的文字反映经济业务概况。

摘要书写的一般要求：❶ 以原始凭证为依据。❷ 正确反映经济业务的内容。❸ 文字少而精，说明主要问题。❹ 书写字体占格的二分之一为宜。❺ 字迹与文字书写要求相同，要工整、清晰、规范。

不同类型的经济业务填写摘要栏没有统一格式，但同一类型的经济业务填写摘要时，文字表达是有章可循的。

文字书写一般要求用蓝黑色或黑色墨水笔书写，不准用铅笔或圆珠笔（用复写纸复写除外）。红色墨水只在特殊情况下使用。填写支票必须使用碳素笔书写。

学后思

"人民币　伍万零零叁拾元另伍毛5分整"，这一写法有几处错误？

2

任务实施

钱一清在上述阿拉伯数字书写中存在的错误如下：

（1）阿拉伯数字小写金额为 2 800 元，中文大写金额为"人民币：贰仟捌佰元整"。

任务分析：书写错误，"人民币"后面多一个冒号。

正确写法：人民币贰仟捌佰元整。

（2）阿拉伯数字小写金额为 108 000.00 元，中文大写金额为"人民币拾万捌仟元整"。

任务分析：书写错误，漏记了"壹"和"零"字。

正确写法：人民币壹拾万零捌仟元整。

（3）阿拉伯数字小写金额为 3 500.98 元，中文大写金额为"人民币叁仟伍佰零玖角捌分"。

任务分析：书写错误，漏记了一个"元"字。

正确写法：人民币叁仟伍佰元零玖角捌分。

任务二　原始凭证的审核

任务导入

钱一清是大唐盛世公司新招聘的出纳员，在日常工作中经常要审核员工要报销的各类报销单并进行现金支付。请回答下列问题：

（1）报销单是不是原始凭证？报销单是否由出纳保管？

（2）钱一清在审核员工交来的报销单时应注意哪些事项？

对原始凭证的真实性、合法性与有效性进行认真审核，既是出纳人员应履行的财务监督职责的一部分，也是出纳人员做好出纳工作的前提条件。

一、原始凭证概述

（一）原始凭证的概念

原始凭证又称为单据，是在经济业务发生或完成时取得或填制的，用以记录或证明经济业务的发生或完成情况的文字凭据。

（二）原始凭证的分类

根据不同的划分标准，原始凭证可分为以下不同的种类。

1. 按取得来源分类

原始凭证按取得来源不同可分为自制原始凭证和外来原始凭证。自制原始凭证是指本单位内部发生经济业务时，由本单位内部经办业务的单位或个人填制的凭证，如仓库保管人员填制的入库单、领料部门填制的领料单、出差人员填制的差旅费报销单等。

外来原始凭证是指在经济业务发生或完成时,从其他单位或个人直接取得的原始凭证,如购货时取得的发票,出差人员乘坐的车船票、飞机票,货物运费发票等。

2. 按填制手续分类

原始凭证按填制手续不同可分为一次原始凭证、累计原始凭证和汇总原始凭证。

一次原始凭证是指填制手续一次完成,一次记录一笔经济业务的原始凭证。一次凭证是一次有效的凭证,已填列的凭证不能重复使用。外来原始凭证都是一次凭证,自制原始凭证中的收料单、发货票、银行结算凭证等都是一次凭证。

累计原始凭证是指在一定时期内,在一张凭证上连续多次记录不断重复发生的同类经济业务的原始凭证,随时计算累计数及结余数,以便按计划或限额进行控制。制造业的限额领料单是典型的累计原始凭证。

汇总原始凭证是指将一定时期内记录同类经济业务的若干张原始凭证,按照一定标准综合汇总编制的凭证。如月末根据月份内所有领料单编制的发料汇总表、工资结算汇总表、收货汇总表等。

3. 按格式不同分类

原始凭证按格式不同可分为通用原始凭证和专用原始凭证。

通用原始凭证是指由有关部门统一印制、在一定范围内使用的具有统一格式和使用方法的原始凭证。如中国人民银行统一制定的现金支票和转账支票,税务部门统一规定的发票等。

专用原始凭证是指一些单位内部根据本单位管理要求设计的具有特定内容、格式和专门用途的原始凭证,如借款单、收款收据等。

在上述分类中,有些原始凭证按不同分类标准可同时分属于不同的种类,如"收料单"既是自制原始凭证,又是专用原始凭证,也是一次原始凭证。另外,各种凭证之间还有如下关系:外来原始凭证大多为一次原始凭证,累计原始凭证和汇总原始凭证大多为自制原始凭证。

二、审核原始凭证

(一)原始凭证的基本审核原则

原始凭证具有以下基本审核原则:

(1)**合法性**。合法性原则是指审核原始凭证所记录的经济业务是否符合国家有关政策、法规、制度的规定,是否有违法乱纪等行为。

(2)**真实性**。真实性原则是指审核原始凭证的日期是否真实、业务内容是否真实、数据是否真实等。

(3)**合理性**。合理性原则是指审核原始凭证所记录的经济业务是否符合企业生产经营活动的需要、是否符合有关的计划和预算等。

(4)**完整性**。完整性原则是指审核原始凭证的内容是否齐全,包括有无漏记项目、日期是否完整、有关签章是否齐全等。

(5)**正确性**。正确性原则是指审核原始凭证的数字是否清晰、文字是否工整、书写是否规范、凭证联次是否正确、有无刮擦、涂改和挖补等。

2

(二)原始凭证的审核要点

1. 审核凭证要素

在确认原始凭证是财政、税务部门允许使用的票据的基础上,根据《会计基础工作规范》的规定,进行其基本要素构成的完备性检查。即检查原始凭证的名称、填制日期和编号、接收原始凭证的单位名称、经济业务的基本内容、数量、计量单位、单价和金额、填制单位名称及经办人的签章等凭证要素是否齐全。

2. 审核"抬头"

出纳员要审核发票上的名称是否与本单位名称相符,有无添加、涂改的现象,防止将其他单位或私人购物的发票入账。如果不符,应查清在本单位报销的原因。

3. 审核日期

出纳员应先审核同一单位出具的发票,其号码与日期是否矛盾。如果同一单位出具的发票较多,可以通过摘录排序发现。例如,某单位开出的 14667 号发票的日期是 2022 年 8 月,而同一票据中的 14682 号发票的开具日期则为 2022 年 3 月。出现日期的前后矛盾,后经审核,发现该事项存在严重违纪。然后,要审核凭证开具的日期与报销的日期是否有异常现象。一般情况下,上述两者的日期不会间隔太长。如果较长,则要查明原因。

4. 审核凭证编号

出纳员对凭证编号的审核主要是看凭证有无连号现象,防止把别人的发票拿来报销。

5. 审核数字与金额

出纳员应检查原始凭证的阿拉伯数字小写金额是否与中文大写金额相等、阿拉伯数字有无涂改或添加、数量乘以单价是否等于金额、分项金额相加是否等于合计数;检查阿拉伯数字小写金额前面是否有"￥"字样,中文大写金额前面是否顶格。如有差错,一定要查清缘由。数字涉及所开物品价格时,要看与以往所购同种物品是否相同,如相差过大,应及时查明原因。

6. 审核凭证备注和背面

出纳员应审核备注栏有何规定或说明,如有无"违章罚款,不得报销"等字样。对于一式多联的手写版原始凭证,有些需要用复写纸复写,因此这种凭证的背面应有复写的痕迹,如果没有,则应特别注意是否存在"大头小尾"(俗称"阴阳票")的可能性,必须要向持证人查询原因。

7. 审核字迹、印章和报销手续

对于金额大、支出业务不正常、疑似报销人员自己填写的支出凭证,出纳员必须仔细审核。在日常工作中,销货单位提供空白发票,由本单位经办人自行填制列支费用的事项时有发生。要检查原始凭证有无税务部门的监制章、售货单位的财务专用章、发票专用章等。而且也要检查有无经手人、验收人、批准人的签字,印章是否符合规定等,如没有应先补齐手续。只有印章和手续齐全才能报销。

8. 审核开支标准

出纳员应认真审核原始凭证中的差旅费、电话费、汽油费等各项费用是否合理和符合开支标准。对违反规定的,其超出标准的金额应自行承担。

此外,在审核原始凭证时,还要注意分析一些不能通过凭证票面反映的问题。例如,采购物资是否舍近求远、舍优求劣;购买的办公用品是否只写金额,没有具体内容。如有类似的问题必须问清缘由,防止少数人钻空子。

三、经审核的原始凭证的处理

经审核的原始凭证应根据不同情况进行处理:

(1) 对于完全符合要求的原始凭证,应及时据以编制记账凭证入账。

(2) 对于真实、合法、合理但内容不够完整、填写有错误的原始凭证,应退还有关经办人员,由其负责将有关凭证补充完整、更正错误或重开后,再办理入账手续。

(3) 对于不真实、不合法的原始凭证,会计机构和会计人员有权不予接受,并向单位负责人报告。

2

学后思

出纳工作中常见的原始凭证有哪些?

任务实施

(1) 报销单是原始凭证,报销后附在记账凭证的后面,因为所有的会计记账凭证都必须附原始凭证,只有以下两种情况可以例外:第一个是结账时填制的记账凭证;第二个是更正错误的原始凭证。出纳负责填制收付款凭证,凭证后需要贴附原始凭证,并登记银行存款日记账和库存现金日记账。一般月末要将会计凭证交付给会计,因此原始凭证是随会计记账凭证一起转交给会计的,不会被单独保管。

(2) 钱一清在审核员工的报销单时应注意以下事项:

❶ 检查报销单是否填写正确,发票是否都齐全和粘贴好,审核其真实性。

❷ 检查是否有部门领导的签字,如果没有,则需要找员工部门领导签字。

❸ 检查后面附有的原始发票金额是否正确,公司名称、税号及开票信息是否正确,如果开票信息不对,需要退给对方公司重新开具。

❹ 检查发票的真实合法性,是否是正规发票,特别是对异地的发票,需要仔细核对对方公司的情况,防止假发票造成不良影响。

❺ 熟悉公司的财务报销制度,检查是否符合公司的报销制度,是否超过公司的规定标准。

任务三　真假人民币的识别、验点与处理

任务导入

钱一清是大唐盛世公司的出纳员,在 2022 年 4 月 10 日收到公司客户交来的

文本:数字人民币

2

一笔现金 2 000 元,在验点时,怀疑其中两张 100 元人民币为假币。钱一清应该如何处理这两张 100 元假币?

由于人民币现金可以直接用于支付,因此,不法分子会通过制造假币非法牟利。作为出纳人员需要经常收支现金,因此练就一双识别假币的"火眼金睛",不仅是出纳需要掌握的基本技能之一,而且可以避免给单位和个人带来损失。

一、真假人民币的识别

(一)人民币历史知识概述

《中华人民共和国中国人民银行法》规定,中华人民共和国的法定货币是人民币。1948 年 12 月 1 日中国人民银行成立时,开始发行第一套人民币;1955 年 3 月 1 日开始发行第二套人民币;1962 年 4 月 20 日开始发行第三套人民币;1987 年 4 月 27 日开始发行第四套人民币。1999 年 10 月 1 日起,中国人民银行陆续发行第五套人民币,共有 1 角、5 角、1 元、5 元、10 元、20 元、50 元、100 元八种面额,其中 1 角、5 角、1 元有纸币、硬币两种。2005 年 8 月 31 日,中国人民银行发行第五套 2005 版的人民币,主要有 100 元、50 元、20 元、10 元、5 元纸币和 1 角硬币。2015 年 11 月 12 日,中国人民银行发行 2015 年版 100 元纸币。在保持规格、主图案、主色调等与 2005 年版第五套人民币 100 元纸币不变的前提下,对票面图案、防伪特征及其布局进行了调整,提高其机读性能,并采用了先进的公众防伪技术,使公众更易于识别真伪。

2019 年 8 月 30 日,中国人民银行发行 2019 年版第五套人民币。2019 年版第五套人民币 50 元、20 元、10 元、1 元纸币分别保持 2005 年版第五套人民币 50 元、20 元、10 元纸币和 1999 年版第五套人民币 1 元纸币的规格、主图案、主色调、"中国人民银行"行名、国徽、盲文面额标记、汉语拼音行名、民族文字等要素不变,提高了票面色彩鲜亮度,优化了票面结构层次与效果,提升了整体防伪性能。2019 年版第五套人民币 1 元、5 角、1 角硬币分别保持 1999 年版第五套人民币 1 元、5 角硬币和 2005 年版第五套人民币 1 角硬币的外形、外缘特征、"中国人民银行"行名、汉语拼音面额、人民币单位、花卉图案、汉语拼音行名等要素不变,调整了正面面额数字的造型,背面花卉图案适当收缩。2020 年 11 月 5 日,中国人民银行发行 2020 年版第五套人民币 5 元纸币。

(二)第五套人民币样式及防伪特征

从 1999 年发行至今,中国人民银行共发行了五版第五套人民币,分别为 1999 年版、2005 年版、2015 年版、2019 年版和 2020 年版。其中 1999 年版人民币因为印刷工艺以及防伪技术水平相对落后,仅仅发行了 6 年便被新版替代,目前 1999 年版人民币除了 1 元纸币之外,其余币值比较难见。

1. 第五套人民币样式

(1) 2019 年版 50 元纸币的正面及背面,如图 2 - 1 所示。

(2) 2019 年版 20 元纸币的正面及背面,如图 2 - 2 所示。

(3) 2019 年版 10 元纸币的正面及背面,如图 2 - 3 所示。

2

图 2-1 2019 年版 50 元纸币的正面及背面

图 2-2 2019 年版 20 元纸币的正面及背面

图 2-3 2019 年版 10 元纸币的正面及背面

（4）2019 年版 1 元纸币的正面及背面，如图 2-4 所示。

图 2-4 2019 年版 1 元纸币的正面及背面

（5）2019 年版 1 元硬币的正面及背面，如图 2 – 5 所示。

（6）2019 年版 5 角硬币的正面及背面，如图 2 – 6 所示。

图 2 – 5　2019 年版 1 元硬币的正面及背面　　图 2 – 6　2019 年版 5 角硬币的正面及背面

2. 2015 年版第五套人民币 100 元的防伪特征

2015 年版 100 元纸币的正面及背面，如图 2 – 7 所示。

图 2 – 7　2015 年版 100 元纸币的正面及背面

（1）光变镂空开窗安全线。该线位于票面正面右侧。垂直票面观察，安全线呈品红色；与票面成一定角度观察，安全线呈绿色；透光观察，可见安全线中正反交替排列的镂空文字"￥100"，如图 2 – 8 所示。

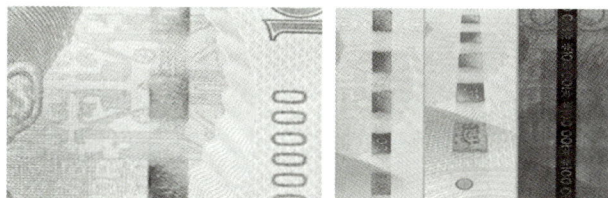

图 2 – 8　光变镂空开窗安全线

　　（2）**光彩光变数字**。光彩光变数字位于票面正面中部。垂直票面观察,数字以金色为主;平视票面观察,数字以绿色为主。随着观察角度的改变,数字颜色在金色和绿色之间交替变化,并可见到一条亮光带上下滚动,如图2-9所示。

图 2-9　光彩光变数字

　　（3）**人像水印**。人像水印位于票面正面左侧空白处。透光观察,可见毛泽东头像水印,如图2-10所示。

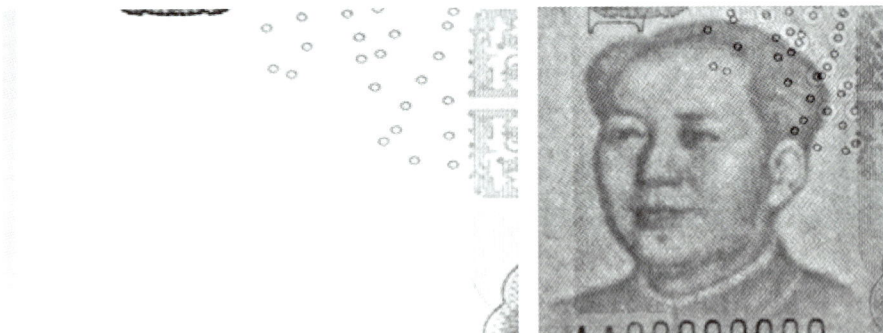

图 2-10　人像水印

　　（4）**胶印对印图案**。票面正面左下方和背面右下方均有面额数字"100"的局部图案。透光观察,正背面图案组成一个完整的面额数字"100",如图2-11所示。

图 2-11　胶印对印图案

（5）横竖双号码。票面正面左下方采用横号码,其冠字和前两位数字为暗红色,后六位数字为黑色,右侧竖号码为蓝色,如图 2-12 所示。

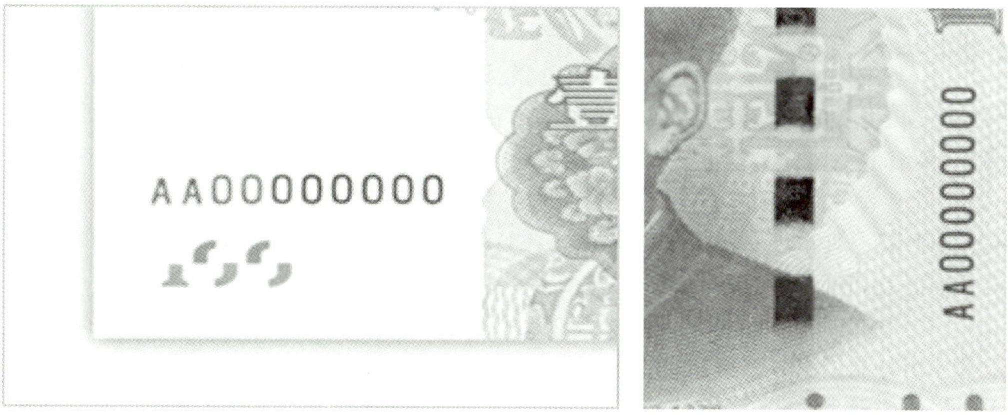

图 2-12 横竖双号码

（6）白水印。白水印位于票面正面横号码的下方。透光观察,可以看到透光性很强的水印面额数字"100",如图 2-13 所示。

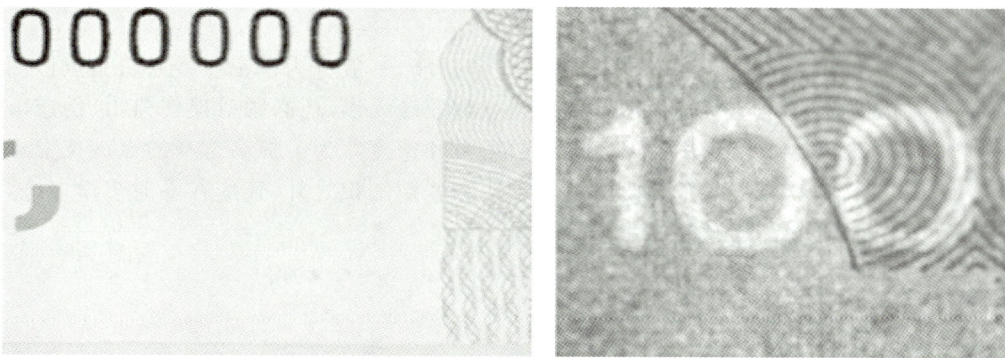

图 2-13 白水印

（7）雕刻凹印。票面正面的毛泽东头像、国徽、"中国人民银行"行名、右上角面额数字、盲文及背面主景人民大会堂等均采用雕刻凹印印刷,用手指触摸有明显的凹凸感。

学中做

第五套人民币 50 元纸币采用了 10 项公众防伪措施,很多人都找不到哪里才是真正的防伪。下面请准备一张 50 元纸币,仔细观察一下哪些地方是真正的防伪,并用文字简要叙述出来。

（三）人民币真伪的鉴别方法

假币的鉴别是一门专业性很强的技术,在实践操作中,出纳人员鉴别人民币真伪的方法主要是人工鉴别法和仪器鉴别法。

1. 人工鉴别法

人工鉴别法又称经验鉴别法,它要求出纳人员通过眼看、手摸将可疑币挑出,并与真币进行对比,从而辨别真伪。其缺点是对出纳人员的专业素质要求较高,而且鉴别能力受不稳定因素的影响较大。

(1) 眼看法,主要查看可疑币的颜色、轮廓、花纹、线条、图案等与真币的区别。真币的花纹、线条粗细均匀,图章清晰,色彩鲜艳,颜色协调,层次分明。而伪造币则线条凌乱、粗细不一,图章、色彩、层次不清,水印模糊无立体感。

(2) 手摸法,主要凭手感、触摸可疑币的纸质薄厚及挺括程度,花纹、图案、文字等有无凹凸感。真币纸张坚挺,薄厚适中,在特定部位有凹凸感。而伪造币一般纸质薄,挺括程度差,表面光滑无凹凸感。

(3) 耳听法,主要通过抖动使钞票发出声响,根据声音来判断人民币的真伪。人民币的专用特制纸张具有挺括、耐折、不易撕裂等特点。钞票较新时,手持钞票用力抖动、手指轻弹或两手一弛对称拉动钞票,均能发生清脆响亮的声音。

2. 仪器鉴别法

仪器鉴别法是指运用专门的鉴别仪器来鉴别人民币真伪的方法,主要有紫外光验钞机、磁感应鉴别仪等。由于鉴别仪器都有专门的说明书供使用者阅读操作,在此不再赘述。

二、点钞

点钞是出纳人员必须掌握的一项基本业务技能,一般分为手工点钞和机具点钞两种方法。出纳人员整点票币时,不仅要做到点数准确无误,还必须对损伤票币、伪造币及变造币进行挑拣和处理,同时保证点钞的质量和速度。为了提高自身的点钞技术水平,出纳人员除了要掌握一定的票币整点方法和鉴别知识之外,还应在平时多学多练,才能在工作时得心应手,顺利完成工作任务。

(一) 点钞的基本要求和步骤

1. 点钞的基本要求

出纳在整点票币时应分成两步,即先整理挑选好票币,再清点数量。由于整点票币是一项极为严肃的工作,必须严格地遵守操作步骤,认真地进行整理和清点,才能避免因疏忽大意造成经济损失。

2. 点钞的步骤

出纳人员进行点钞时,应按以下程序进行操作,避免技术性失误。

(1) 准备工作。收到票币前,应保持桌面干净整齐,不得乱放其他杂物,尤其是现金,避免出现混杂不清的情况。

(2) 按券别分类。出纳员收到票据后,先按硬币和纸币分类,再按不同的面值分类。硬币应当码齐,纸币应当平放铺开。

(3) 整理票币。清分票币时,损伤券要挑出来。断裂的纸币可用纸粘好,但不得用大头针、回形针或订书针随意夹钉。

对于破损严重难以辨认的损伤票币应予以退回;不便退回的应作书面记录并由交款人确认,待送存银行时按照有关规定办理。

对于伪造、变造的票币必须当场向有关当事人声明,同时予以退回或作废处理。

对于停止流通的票币应予以退回。

挑净选好后,将票币墩好码齐,准备清点。

(4)清点数量。出纳人员清点数量时,按券别由大到小,按一定的要求(如完好、破损等分开)清点张(枚)数,进行一次初点。初点后,应采用不同的点钞方法再重点一次,核对无误后即可捆扎并写好数量。

(5)计算金额。出纳人员根据复点无误的数量与相应的票币面值进行计算,得出现钞的实有金额,最后统计并与收款依据核对金额,确认无误后收好现钞并出具收款单据,完成点钞工作。

(二)点钞的基本原则

点钞在实际工作中,应当遵循以下基本原则:

(1)点准。票币整点的数量必须要准确无误,这是点钞工作的核心,而且由于现钞涉及直接的物质利益,因此整点时必须是当面点清,双方确认。

(2)算对。票币的金额应当计算正确,收款依据(如合同、发票)的金额应当合计准确,两者必须一致。

(3)挑净。出纳人员在挑选整理票币的过程中,必须以严格的标准将损伤券、变造和伪造币挑选干净,防止鱼目混珠;对于辨认不清或存在疑问的票币,必须当场声明并作出相应的处理。

(4)码齐。票币在挑选整理和清点无误后,都应码齐整好,便于存放。

(三)手工清点纸币的方法

1. 点钞方法的分类

纸币点钞方法有很多,以持票方式划分,大体上可分为两种,即手持式点钞和手按式点钞。手持式点钞可分为手持式单指单张点钞、手持式单指多张点钞、手持式多指多张点钞和扇面式点钞等方法。手按式点钞也有手按式单指单张点钞、手按式多指多张点钞和手按式半扇面点钞等方法。下面主要介绍其中几种使用较普遍、实用性较强的纸币点钞技术。

2. 手持式单指单张点钞

手持式单指单张点钞方法的优点是操作时易看清假币和挑选残破币,缺点是速度较慢。其具体点钞方法如下:

(1)点钞时,上身坐直,双肩自然下垂,胸部稍挺,两小臂轻置在桌沿上。左手中指和无名指弯曲分开,夹住钞票一侧,右手食指伸直托住钞票背面,拇指轻按在钞票正面。使钞票呈半扇面形,指尖压在钞票侧面约三分之一处,钞票正面和侧面所形成的钝角之角尖正对脸部,如图2-14所示;右手拇指、食指、中指蘸水,准备点数。

(2)右手拇指在票上,食指、中指在票下。右手拇指向正下方轻轻捻动,每次捻出一张,接着用左手无名指将捻开的钞票迅速弹拨下来,一捻一弹,相互配合,连续动作,直至点完,如图2-15所示。但同时需要注意的是:右手拇指捻动钞票动作不宜过大,只用指头的第一关节做轻微动作,而左手无名指的弹拨动作要适当加大配合,做到"三分捻,七分弹"。

视频:手持式单指单张点钞

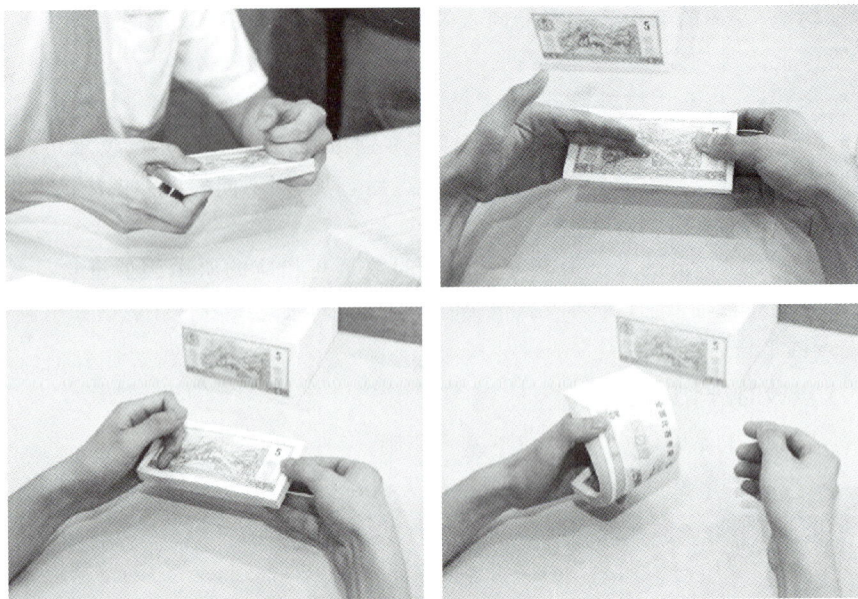

图 2-14　持钞

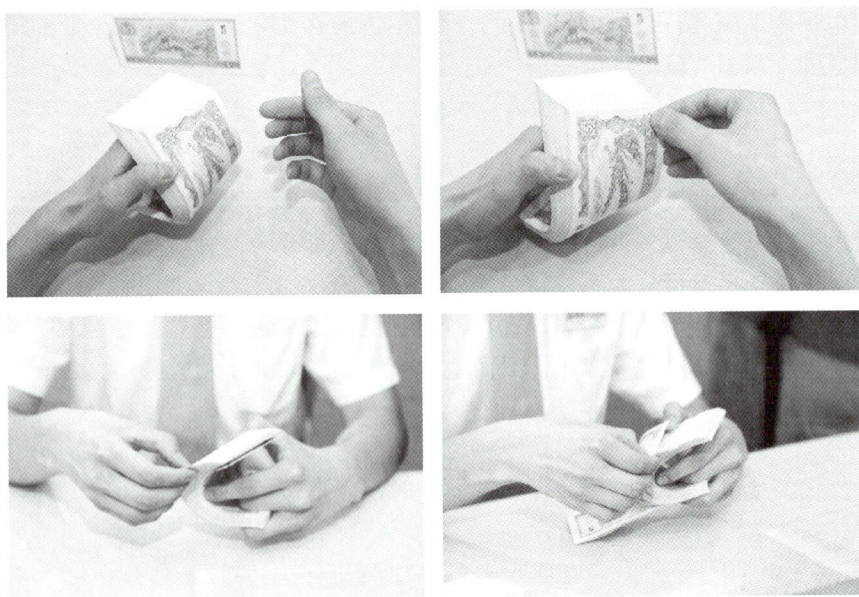

图 2-15　清点

（3）在使用该方法点数时，右手拇指不要抬得过高，幅度要轻、小、准，注意不要漏捻。点钞时如发现有残破钞票，可以用右手中指、无名指夹住折向外边，待点完后抽出。

（4）单指单张点钞计数要求从一开始累计计数。计数时要用心配合手的动作来计数，切忌用口念数、计数或不用累计计数方法，因为这些不正确方法都会影响点钞的速度和准确性。点数时，可以采用双数计数法或单数分组计数法，做到心、眼、手三者密切配合。

3. 手按式单指单张点钞

手按式单指单张点钞方法适用于整点新旧、大小钞票，尤其适用于整点残破币较多的票币，也是初学者常常采用的方法之一。因为用此种方法点钞时展开票面较大，容易注意票币的质感和外观，便于鉴别变造币和伪造币。这种方法的劳动强度相对而言较大，速度也较慢，但准确性较高。其具体点钞方法如下：

（1）准备。将一叠准备清点的钞票横置在桌面上，正对点钞者，点钞者的左右手中指、无名指及小指按住钞票左右前角处，空出左右手的拇指、食指，准备点数。

（2）总数。用左手或右手的拇指托起钞票的一小部分，用左手或右手的食指捻动钞票，使最上面的一张与这叠钞票分离，用右手或左手拇指隔开这张已分离的钞票，同时计数。当按上述顺序清点第二张时，右手或左手食指将已点数的钞票隔开，如此动作循环往复，直到将钞票清点完毕。若需清点的钞票张数过多，点数中双手把持不住时，可以将已点钞票翻扣在未点的钞票前面，然后再按上述要领继续清点钞票。

（3）计数。计数方法同手持式单张点钞的计数方法，要严格从一到百顺序计数。

4. 手按式多指多张点钞

手按式多指多张点钞方法适用于清点整把（如 100 张）的钞票。其优点是速度较快，计数省力，点钞主要是手指关节活动，劳动强度小。缺点是展开票面小，不易看到下端有角的钞票，也不适于残破票较多的大捆钞票，因此比较适合复点。其具体点钞方法如下：

将要清点的钞票像手按式单指单张点钞一样放置桌面上，用一只手的中指、无名指、小指按住钞票一方前端，另一只手的单指或多指拉点或推点三张钞票，用按住钞票的手的食指、中指分隔已点钞票，同时完成计数。其计数方法以每三张为一组计数，数到 33 组最后剩一张，即为 100 张。

5. 扇面式点钞

扇面式点钞方法适用于清点新钞，不适用于清点新、旧、残、破的混合钞票。其优点是点钞速度快，缺点是不便于挑选残破币，而且较费眼力，一般用于复点。其具体点钞方法如下：

（1）持票。上身坐直，先将钞票竖拿，左手拇指在钞票前，食指、中指同时从钞票后捏住钞票下角，其余两指弯曲靠向手心，右手拇指按住钞票下半部的中间，其余三指弯向手心，将钞票压成瓦形，以备开扇。

（2）开扇。开扇时以左手为轴（即持票的左手三个手指在原位上动作），右手食指将钞票向左下方压弯，左手拇指同时向右边逆时针方向推动钞票，再用右手拇指将压弯的钞票向左上方推起；右手食指、中指向右捻动钞票，与此同时，左手拇指配合右手捻动，这样反复推动，右手拇指逐渐向下移动至右下角时，即可将钞票推成扇形。如有扇面不均匀的地方，要用双手持钞票抖开，左半部向左抖，右半部向右抖，直到抖动均匀为止。

（3）一次性开扇。开扇时要求双手相互配合一定要协调，以左手为轴，右手虎口卡住钞票右侧，拇指在前，其他四指从钞票后面将其压成瓦形，从右侧向左侧稍用力往胸前方向转过来向外甩动，这时左手拇指将钞票从右向左捻动，左右手同时进行，保证扇面一次甩开，间隔均匀整齐。

2

（4）**点数**。一只手持票，另一只手点数。点数时从打开扇面的一叠钞票的最后一张（从正面看）数起，可按五张至十几张的固定张数为一组点数。用拇指指尖将每组钞票按开，食指紧随其后将已点钞票与未点钞票分开，拇指继续前移点数，直到完成整叠钞票的点数动作为止。计数方法是按组顺序计数。

（5）**合扇**。当一叠钞票点数完毕后，用双手将钞票像合拢折扇一样并拢起来码齐，以便进行整理。

（四）手工清点硬币的方法

手工清点硬币一般包括整理、清点、计数三个步骤。清点硬币前，应首先将不同面值的硬币分类码齐排好，一般五枚或十枚为一铧。清点时，可将硬币从右向左分组清点，用右手拇指和食指持币分组点数，为了准确，可以用中指分开查看各组数量并复点无误后，即可计算金额，完成硬币清点工作。点钞技能量化标准如表 2-1 所示。

表 2-1　　　　　　　　　　点钞技能量化标准

类　　别	等　　级	3 分钟点钞张数/张	百张所用时间/秒
单指单张	一	800 及以上	22.0 以内
	二	700～799	22.1～24.0
	三	600～699	24.1～26.0
	四	500～599	26.1～28.0
	五	400～499	28.1～30.0
扇面式	一	900 及以上	20.0 以内
	二	800～899	20.1～22.0
	三	700～799	22.1～24.0
	四	600～699	24.1～26.0
	五	500～599	26.1～28.0
多指多张	一	1 000 张及以上	17.0 以内
	二	800～999	17.1～20.0
	三	700～799	20.1～22.0
	四	600～699	22.1～24.0
	五	500～599	24.1～26.0

三、假币及残币的处理

（一）假币的处理

2003 年 7 月 1 日起施行的《中国人民银行假币收缴、鉴定管理办法》中第三条指出，假币是指伪造、变造的货币。伪造的货币是指仿照真币的图案、形状、色彩等，采用各种手段制作的假币。变造的货币是指在真币的基础上,利用挖补、揭层、涂改、拼凑、移位、重印等多种方法制作,改变真币原形态的假币。假币犯罪活动,不仅破坏金融市场秩序,而且损害企业和个人的切身利益。

出纳员由于经常接触现金,虽然有验钞机、验钞笔等工具,但现在假币的制作水平越来越高,有的假币的仿真程度极高,一般的验钞机识别不了,只有专业人员和高端的验钞机才能识别。因此,出纳员误收假币在所难免。

1. 假币处理规定

(1) 单位的出纳人员,在收付现金时发现假币,应立即送交附近的银行鉴别。

(2) 单位发现可疑币不能断定其真假时,发现单位不得随意加盖假币戳记和没收,应向持币人说明情况,开具临时收据,连同可疑币及时报送中国人民银行当地分支机构鉴定。经中国人民银行鉴定确属假币时,应按发现假币后的处理方法处理。如果确定不是假币时,应及时将钞票退还持币人。

(3) 假币没收权属于银行、公安和司法部门。其他单位和个人如果发现假币,按上述办法处理或按当地反假币法规所规定的办法办理。

2. 假币在会计上的处理

(1) 需要出纳赔款的情况。

【例2-1】　天马公司出纳员李芹收到门市部的营业款3 200元,未经验钞机点验,直接送存银行,银行方面在点验时发现一张50元假币,履行相关手续后予以没收。

出纳员李芹由于未能按正常程序收入现金造成的损失,应由其自己承担,通常会直接补足。编制会计分录如下:

借:银行存款　　　　　　　　　　　　　　　　　　　　　　　　　　3 200
　　贷:库存现金　　　　　　　　　　　　　　　　　　　　　　　　　3 200

(2) 不需要出纳赔款的情况。

【例2-2】　天意公司出纳员赵丽在把4 800元现金送存银行时,银行方面在点验时发现一张100元假币,履行相关手续后予以没收。因为天意公司的验钞机损坏,无法正常验钞造成了赵丽误收假币。编制会计分录如下:

借:银行存款　　　　　　　　　　　　　　　　　　　　　　　　　　4 700
　　待处理财产损溢——待处理流动资产损溢　　　　　　　　　　　　　100
　　贷:库存现金　　　　　　　　　　　　　　　　　　　　　　　　　4 800

经相关领导批准后,此100元损失是因验钞机损坏造成的,无须赵丽赔款,应列入管理费用。编制会计分录如下:

借:管理费用——其他　　　　　　　　　　　　　　　　　　　　　　100
　　贷:待处理财产损溢——待处理流动资产损溢　　　　　　　　　　　100

（二）残币的处理

1. 残币的概念

残币是指人民币由于某种原因明显缺少了一部分的票币，又可称为残缺人民币。及时回收市场流通中的损伤、残缺的人民币，保持人民币的整洁，维护国家货币的信誉，需要企事业单位、广大群众、银行等各方面的配合，不论是单位还是个人，如果持有不宜流通的损伤、残缺人民币，不应再次使用或对外找付，应挑拣、粘补整理好，随时送存银行或办理兑换。

2. 残缺、污损人民币的兑换标准

根据中国人民银行颁布的《中国人民银行残缺污损人民币兑换办法》的规定，残缺、污损人民币兑换分"全额""半额"两种情况。

（1）能辨别面额，票面剩余四分之三（含四分之三）以上，其图案、文字能按原样连接的残缺、污损人民币，金融机构应向持有人按原面额全额兑换。

（2）能辨别面额，票面剩余二分之一（含二分之一）至四分之三以下，其图案、文字能按原样连接的残缺、污损人民币，金融机构应向持有人按原面额的一半兑换。

（3）纸币呈正十字形缺少四分之一的，按原面额的一半兑换。

（4）兑付额不足一分的，不予兑换；五分按半额兑换的，兑付二分。

金融机构在办理残缺、污损人民币兑换业务时，应向残缺、污损人民币持有人说明认定的兑换结果。残缺、污损人民币持有人同意金融机构认定结果的，对兑换的残缺、污损人民币纸币，金融机构应当面将带有本行行名的"全额"或"半额"戳记加盖在票面上；对兑换的残缺、污损人民币硬币，金融机构应当面使用专用袋密封保管，并在袋外封签上加盖"兑换"戳记。金融机构应将兑换的残缺、污损人民币交存当地中国人民银行分支机构。金融机构应将不予兑换的残缺、污损人民币，退回给原持有人。

学后思

钱一清在清点库存现金时，发现一张100元人民币因为被保险柜卡住出现了破损，到银行兑换只能换回50元，损失了50元。这损失的50元在会计上应该进行怎样的账务处理？

任务实施

钱一清发现这两张100元可疑钱币不能断定真假时，不能随意加盖假币戳记和没收。应向持币人说明情况后开具临时收据，并把可疑钱币立即送交至附近银行鉴别，由银行开具没收凭证，予以没收处理。如有追查线索的应及时报告就近的公安部门，协助侦破。

任务四　出纳印鉴保管知识及常用会计符号

任务导入

钱一清是大唐盛世公司的出纳员，2022年4月18日，她填好了一张3 000元的现金支票用于提取备用金。请问这张现金支票应如何盖章？现金支票若填写盖章发现错误后该如何处理？

作为一名出纳人员，在工作中会经常遇见印章和印鉴。对于公司来说，印章和印鉴十分重要，出纳人员一定要保管好。

一、出纳印鉴保管知识

(一) 公司印章的分类

公司印章主要分为以下几类：公章、财务章、法人章、合同专用章和发票专用章。

1. 公章

公章主要在公司处理工商、税务、银行等外部事务时需要加盖，通常由公司的法务部或财务部管理，因为这两个部门处理外部事务较多。

2. 财务章

财务章通常称为银行大印鉴，公司一般在出具支票等票据时需要加盖，通常由公司财务部管理，因为财务部开具的票据较多，因此又称财务专用章。

3. 法人章

法人代表章简称法人章，法人章在特定用途中使用的情况较多。例如，一个公司在签订合同时，合同条款规定只有在同时加盖合同专用章和法人章时，签订的合同才具备法律效力。公司出具票据时也要加盖此印章，通常称为银行小印鉴。法人章一般由法人管理，或者授权财务部岗位不兼容的另一人管理。

4. 合同专用章

合同专用章通常在公司签订合同时需要加盖。如若一个公司没有合同专用章，可以用公章代替，这样公章的使用范围更加广泛，法律效力范围更加宽泛。

5. 发票专用章

发票专用章是在公司开具发票时加盖，通常由公司财务部管理。如若一个公司没有发票专用章，可以用财务章代替，这样财务章在财务工作中使用的频率会更高。

(二) 印鉴的使用

1. 预留印鉴

印鉴是指为防假冒，登存于有关机关，以备核对鉴证的图章印样。一般印章会先沾上颜料再印上，有些是印于蜡或火漆上。不沾颜料、印上平面后会呈现凹凸痕迹的称为钢印。为了防止假冒和辨别真伪，公司会在支付款项的开户银行内预留印鉴，是核对印章的依据。预留印鉴由财务章和法人章组成,两者缺一不可。但是也会有特殊情况,如由财务章和根据公司决议确定的有效签字人的签字组成。

2. 更换印鉴

公司如果需要更换预留印鉴时,应填写"印鉴更换申请书",同时出具证明情况的公函,一并交至开户银行,经银行同意后,在银行发给的新印鉴卡的背面加盖原预留银行印鉴,在正面加盖新启用的印鉴。

3. 遗失印鉴

出纳人员遗失单位印鉴后,应由企业财务主管出具证明,并经开户银行同意后,及时办理更换印鉴的手续。由于单位变动、更名或其他原因停止使用印章、印鉴,或其破损无法使用时,应由保管人员报单位领导批准,对其进行封存或销毁,并由行政部办理新章刻制事宜。

(三) 印章、印鉴的保管要求

出纳员使用的印章必须妥善保管,严格按照规定的用途使用,不得将印章随意存放或带出工作单位。

用于签发支票的各种预留银行印鉴章不能由出纳员一人保管,一般应由主管会计人员或其他指定人员保管,各种印章的保管应与现金的管理相同,以防违法乱纪人员有机可乘,给国家和单位造成不必要的经济损失。

从银行管理的角度出发,为了便于印鉴的核对,减少柜面的工作压力,根据中国人民银行的规定,单位预留印鉴,原则上为单位财务专用章和单位财务负责人名章各一枚。

在印鉴的保管方面,企业在建立会计档案时,要载明印鉴印模、启用日期、注销日期、开户银行、账号性质、复核人员姓名等以备查考。财务专用章和发票专用章样式比较如图 2-16 所示。

图 2-16　财务专用章和发票专用章样式比较

二、出纳常用会计符号

出纳员在填写记账凭证、登记账簿和编制报表时,通常使用下列会计符号:

√——表示已记完账或已核对。填在凭证金额右边或账页余额右边的格子内。

¥——表示人民币。已在金额前写此符号的,金额后面就不用写"元"字。

@——表示单价。

△——表示复原。将原来书写的数字划红线更正或文字更改后,发觉错误时,即原写的是对的,仍应恢复原来的记载,便在被划线的数字或被更改的文字下面,用红墨水写此符号,每个数码或文字下面写一个"△",并在这笔数字或文字加符号处盖小章。

□——表示赤字。在一笔数字周边画长方形框,以代替红墨水书写,这在不能用红墨水书写的地方使用,大都用在书刊上。

♯——表示编号的号码。

Σ——表示多笔数目的合计,即总和。

※——表示对某笔数字、文字另附说明。

任务实施

(1)现金支票的盖章。现金支票的正面应加盖公司财务专用章和法人章,缺一不可,印泥为红色,印章必须清晰,印章模糊只能将本张支票作废,换一张重新填写并盖章。现金支票的正面盖章应在左下方,盖在支票用途下方出票人签章字样的后面。反面现金支票收款人为本单位名称时,现金支票背面"被背书人"栏内需加盖本单位的财务专用章和法人章,之后收款人可凭现金支票直接到开户的银行领取现金。

现金支票收款人为收款人个人姓名时,现金支票背面不盖任何章,收款人在现金支票背面填上身份证号码和发证机关名称,凭身份证和现金支票签字领款。

(2)现金支票填写或盖章发现错误后的处理。现金支票若填写或盖章错误等,必须作废,然后重新申请开具,出纳应在现金支票的正联和存根联标记作废,并妥善保管,同时在现金支票使用登记簿对应位置上进行记录。

任务五 法人账户透支知识

任务导入

钱一清是大唐盛世公司的出纳员,该公司开展法人账户透支业务,发生一笔透支金额为 20 万元的业务,透支期限为 4 月 1 日至 6 月 10 日,已知一年期贷款利率为 6.55%。请计算该笔法人账户透支业务需要支付利息多少元?

一、法人账户透支业务概述

(一) 法人账户透支业务的含义

法人账户透支业务,是指在企业获得银行授信额度后,银行为企业在约定的账户、约定的限额内以透支形式提供的短期融资和结算便利的业务。当企业有临时资金需求而存款账户余额不足以对外支付时,法人账户透支业务能为企业提供主动融资的便利。

(二) 法人账户透支业务的特点

(1) 与一般流动资金贷款相比,法人账户透支业务最大的特点,是简化了客户获得银行短期融资的手续,满足客户临时性资金周转的要求。

(2) 提高企业财务管理水平。

(3) 减少企业资金的无效闲置,提高资金使用效率。

(三) 法人账户透支业务的流程

(1) 法人向业务银行提交法人账户透支申请书,并提交上述要求的资料。

(2) 业务银行对法人情况进行调查、核实。

(3) 业务银行审核同意后,与法人签订法人账户透支额度合同书。

(4) 法人在结算账户余额不足支付时,在合同规定的透支额度内透支。

(5) 法人在合同规定的透支期限内还款。

二、法人账户透支业务的申请

(一) 法人账户透支的申请条件

(1) 借款人为经国家产业主管部门批准设立,在工商行政管理机关注册登记,取得企业法人营业执照并通过年检的境内法人。

(2) 经营规模较大,经营业绩良好,市场影响力强,具备良好的市场发展前景。

(3) 信誉良好,企业无任何不良的金融信用记录。

(4) 已办理当地中国人民银行颁发的有效的贷款卡或贷款证。

(5) 透支资金用途符合国家产业政策和有关法规。

(6) 具有健全的经营管理机构、合格的领导层及严格的经营管理制度。

(7) 有贷款银行认可的担保方式。

(8) 在银行开立基本存款账户或一般存款账户。透支账户必须为基本存款账户或一般存款账户,并且是企业在银行经办行开立的除保证金等专用账户之外的唯一结算账户。

(9) 如果企业已获取银行的授信额度,需填写"账户透支业务申请书";如果企业尚未获取银行的授信额度,则需先申请银行授信额度,或同时申请银行授信额度及法人账户透支业务。

(10) 银行要求满足的其他条件。

(二) 法人账户透支的申请材料

(1) 借款申请书,应列明企业概况,申请开办法人账户透支业务的透支额度、币别、期限、用途,透支还款来源、担保,还款计划等。

　　(2) 经年检的企业法人营业执照、法人信用代码证书、贷款卡或贷款证。

　　(3) 公司章程或合资(合作)经营合同。

　　(4) 法人代表证明书或法人授权委托书。

　　(5) 同意开办法人账户透支业务的董事会决议和授权书、董事会签字样本。

　　(6) 经审计的近三年和最近月份的财务报表或新建企业的注册资本验资证明。

　　(7) 存款账户设立情况,包括开户行、账号、余额、结算业务及结算量等。

　　(8) 主要负债和或有负债状况和说明。

　　(9) 以往的银行信用评级材料及有关证明材料。

　　(10) 担保资料,包括保证人的保证承诺函、背景资料和近三年的财务报表,抵(质)押物清单、价值评估文件和权属证明、保险文件或同意保险过户的承诺函。

　　(11) 银行要求的其他资料。

三、法人账户透支资金

(一) 法人账户透支额度

　　当企业要求动用透支账户的款项金额超过该账户的存款余额时,就视同提出使用透支资金的申请,银行将及时满足企业资金结算的要求。透支额度应根据企业的额度申请,并结合银行给予企业的短期授信综合确定。透支额度占用授信额度中的短期授信额度。透支额度一年核定一次,有效期限为 1 年。透支资金利率执行中国人民银行规定的 6 个月贷款利率,并可以根据可连续透支期的长短,在中国人民银行规定的范围内上下浮动。

(二) 法人账户透支资金的使用和偿还

　　在透支额度有效期间内,企业可以连续使用透支资金,但未偿还透支资金余额不得超过透支额度。如果企业发生的透支资金在日终营业结束前归还,则不计收透支资金的利息,日终透支账户中的透支余额,为企业当日发生的透支额。该笔透支额按日计息,按月结息;日终透支账户中的存款余额,按日计息,按季结息。

　　透支账户为基本存款账户的,透支资金不得用于提取现金或直接将款项划入个人存款账户。在透支额度的有效期内,企业可随时归还透支资金本息,归还透支资金本息后,银行按照该透支金额恢复透支额度。

> **任务实施**
>
> 　　大唐盛世公司开展法人账户透支业务,发生一笔透支金额为 20 万元的业务,透支期限为 4 月 1 日至 6 月 10 日,已知一年期贷款利率为 6.55%,因此,日利率＝年利率÷360;利息＝本金×利率(日息)×实际天数;由于从 4 月 1 日至 6 月 10 日共 70 天,算头不算尾,所以这笔透支业务支付的利息＝200 000×6.55%÷360×70＝2 547.2(元)。

任务六　企业协定存款

　　2022年3月10日,大唐盛世公司申请与中国工商银行办理单位协定存款协议,公司派钱一清前往银行柜台办理。钱一清应该怎么做才能完成此次任务?

一、企业协定存款概述

(一)企业协定存款的含义

　　企业协定存款,是一项针对企业的人民币协定存款业务,这种协定存款的利率介于活期和定期之间,可以让企业获得更多的利息。以往企业在银行开立结算账户时,银行一般按活期利率计算利息。为了获得更多的利息收益,企业通常是将暂时不用的资金存为定期。若遇到紧急情况,企业不得不提前支取,这样就会损失很多利息。而一些银行推出的协定存款业务,在不妨碍客户使用资金的情况下,能够保证客户获得稳定和较高的利息收益。

(二)协定存款合同

　　办理协定存款需要由开户单位与银行签订协定存款合同,预订合同期限,最长不超过1年。合同到期时若任何一方没有提出终止或修改合同,则转为活期计息。

(三)协定存款账户

　　开户单位可在基本账户或一般账户的基础上开立协定存款账户,协定存款账户下设结算户与协定户两部分。开户单位与银行共同商定结算户需保留的基本存款额度,并在协定存款合同中予以明确。开户单位的存款全部通过结算户往来,超过存款额度部分的资金,银行将其自动转入协定户;结算户资金低于存款额度时,银行自动用协定户资金补足结算户额度。企业协定存款按季结算。结算户存款按结息日或支取日的活期存款利率计息;协定户存款按结息日或支取日中国人民银行公布的协定存款利率计息,利率原则上高于活期存款利率,低于6个月定期存款利率。

二、中国工商银行协定存款的办理指南

　　中国工商银行可与客户签订单位协定存款合同,在结算账户之上开立协定存款账户,并约定结算账户的额度,由银行将结算账户中超额度的部分转入协定存款账户,单独按照协定存款利率计息。

(一)开户

　　单位应与开户行签订协定存款合同,合同期限最长为1年(含1年),到期任何一方如未提出终止或修改,则自动延期。凡申请在中国工商银行开立协定存款账户的单位,须同时开立基本存款账户或一般存款账户(以下简称"结算户"),用于正常经济活动的会计核算,该账户称为A户,同时电脑自动生成协定存款账户(以下简称"B户")。如

单位已有结算账户,则将原有的结算账户作为 A 户,为其办理协定存款手续。

(二) 存入

协定存款的起存金额请向当地中国工商银行咨询。

(三) 支取

协定存款账户的 A 户视同一般结算账户管理使用,可用于现金转账业务支出,A 户、B 户均不得透支,B 户作为结算户的后备存款账户,不直接发生经济活动,资金不得对外支付。

(四) 结息

在每季末月 20 日或协定存款账户(B 户)销户时应计算协定存款利息。季度计息统一于季度计息日的次日入账;如属协定存款合同期满终止续存,其销户前的未计利息于季度结息时一并计入结算户(A 户)。单位协定存款的利息计算参照人民币活期存款的相关规定。

(五) 销户

协定存款合同期满,若单位提出终止合同,应办理协定存款户销户,将协定户(B 户)的存款本息结清后,全部转入基本存款账户或一般存款账户中。结清 A 户,B 户也必须同时结清。在合同期内原则上客户不得要求清户,如有特殊情况,须提出书面声明,银行审核无误后,才可办理清户手续。

(六) 注意事项

(1) 如开户行已开办通存通兑业务的,协定存款账户(A 户)内资金可以在其他已联网机构使用。

(2) 协定存款余额两年以上(含两年)低于起存金额的,将利息结清后,作为一般账户处理,不再享受优惠利率。

(3) 协定存款账户连续使用两年以后仍需继续使用,须与银行签订协定存款合同。

任务实施

大唐盛世公司要与中国工商银行签订人民币单位协定存款合同,钱一清应提前电话咨询所在地中国工商银行经办行关于办理单位协定存款的有关要求和具体流程,确定好本公司办理单位协定存款账户的账号、基本存款额度和起止时间,按中国工商银行的要求提交相关资料。

任务七 出纳常用机具的使用和保管

任务导入

钱一清是大唐盛世公司的出纳员,请帮钱一清完成下列任务:

（1）列出出纳岗位所需物品的采购清单表。

（2）随着微信支付取代现金和刷卡支付，商家和客户应该怎样进行微信扫码收付？

对于出纳而言，最值钱的现金、有价证券、重要文件和印章都必须放置在保险柜里，所以保险柜的使用和保护也尤为重要。

一、保险柜的使用

为了保护企业财产安全和完整，单位应配备专用保险柜，专门用于库存现金、各种有价证券、银行票据、印章及其他出纳票据等的保管。各单位应加强对保险柜的使用管理，制定保险柜使用办法，要求有关人员严格执行。

（一）使用保险柜的注意事项

一般来说，保险柜的使用应注意如下事项：

1. 保险柜的管理

保险柜一般由单位总会计师或财务处（科、股）长授权，由出纳员负责管理使用。保险柜要配备两把钥匙，一把由出纳员保管，供出纳员日常工作开启使用；另一把交由保卫部门封存，或由单位总会计师或财务处（科、股）长负责保管，以备特殊情况下经有关领导批准后开启使用。出纳员不能将保险柜钥匙交由他人代为保管。

2. 保险柜的开启

保险柜只能由出纳员开启使用，非出纳员不得开启保险柜。如果单位总会计师或财务处（科、股）长需要对出纳员工作进行检查，如检查库存现金限额、核对实际库存现金数额，或有其他特殊情况需要开启保险柜的，应按规定的程序由总会计师或财务处（科、股）长开启，在一般情况下不得任意开启由出纳员掌管的保险柜。出纳员应将自己保管使用的保险柜密码严格保密，不得向他人泄露，以防被他人利用。出纳员调动岗位，新出纳员应更换新的密码，并严格遵守密码管理原则，不得随意书写。

随着时代的发展，保险柜由机械型保险柜发展到电子保险柜。传统的机械型保险柜有密码转盘、锁孔，假设密码为50、35、17，刚开始对应的数可以随意，但要记住刻度，因为要计算圈数，对应右转两圈回到起始刻度，这时开始右转找到第一个数50，然后开始左转一圈找到35，再开始右转找到17，插入钥匙就可以打开了。

如今流行的电子保险柜，只需电子密码锁，假设四组数码为4、3、2、1，插入保险柜的主钥匙；输入用户密码，按"Prong"或者"♯"键，密码锁开启完毕；输入密码后，将钥匙伸入锁孔内右旋（或左旋）开锁，扭动手柄外拉即可打开柜门。保险柜的摆放要避开门窗，操作密码时应尽量避开非工作人员。

3. 保险柜财物的保管

每日终了后，出纳员应将其使用的空白支票（包括现金支票和转账支票）、收据、印章等放入保险柜内。保险柜内存放的现金应设置和登记库存现金日记账，其他有价证券、存折、票据等应按种类造册登记，贵重物品应按种类设置备查簿登记其数量、金额等,所有财物应与账簿记录核对相符。按规定,保险柜内不得存放私人财物。单位的重要物品应按规定存放,存放的库存现金额度必须遵守《中华人民共和国现金管理暂行条例》的有关规定,不得超额存放。

4. 保险柜的维护

保险柜应放置在隐蔽、干燥之处,注意通风、防湿、防潮、防虫和防鼠。保险柜外要经常擦抹干净,保险柜内财物应保持整洁卫生、存放整齐。一旦保险柜发生故障,应到公安机关指定的维修点进行修理,以防泄密或失盗。

对于出纳而言,如果公司条件允许,保险柜上尽量安装一个摄像头,以保证公司的财产安全可靠;同时,出纳不应在保险柜里隔夜放过多的库存现金,以防盗窃,所以在库存现金存放过程中,要严格遵守国家的规定,保存3~5天的零星支出即可。

（二）保险柜被盗的处理

若出纳员发现保险柜被盗后应保护好现场,迅速报告公安机关(或保卫部门),待公安机关勘查现场时才能清理财物被盗情况。节假日满两天以上或出纳员离开两天以上没有派人代其工作的,应在保险柜锁孔处贴上封条,待出纳员到位工作时揭封。如发现封条被撕掉或锁孔处被弄坏,应迅速向公安机关或保卫部门报告,以使公安机关或保卫部门及时查清情况,防止不法分子进一步作案。

📢 学后思

电子保险柜打不开怎么办?

二、数字小键盘的使用

现在的财务工作中,算盘这种工具渐渐退出了人们的视线,取而代之的是计算机、计算器等工具。因而掌握数字小键盘操作也就成了一名合格出纳的基本功之一。

（一）数字小键盘的指法

键盘录入速度与正确的指法息息相关,数据录入不但要追求速度,更要追求准确率,录入切忌"一指禅"与"一把抓",切忌击打了某个键就停留在某个键上,要培养正确良好的指法。数字小键盘指法如图 2-17 所示。

基本指法如下:小键盘的基准键位是"4、5、6",分别由右手的食指、中指和无名指负责,其中"5"是定位键,右手中指放在"5"上。在基准键位基础上,小键盘左侧自上而下的"Num Lock、7、4、1"四键由食指负责;中指负责"/、8、5、2"四键;无名指负责 * 、9、6、3 和"."五键;右侧的"—、+、↵"三键由小指负责;右手大拇指负责"0"键。

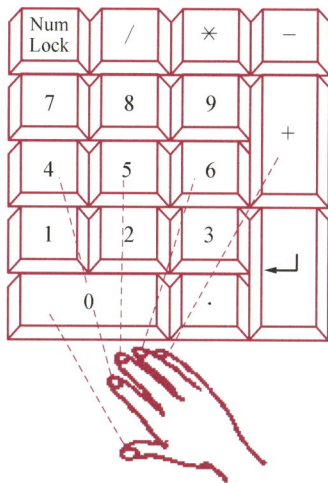

视频:数字小键盘的指法

图 2-17 数字小键盘指法

（二）数字小键盘的练习方法

1. 数字小键盘的练习方法分类

目前数字小键盘的练习方法有很多种，常见的有传统的翻打百张传票、四则运算练习纸、数字小键盘练习软件。以下介绍的是传统的翻打百张传票。

2. 翻打百张传票

翻打百张传票练习用传票为每本 100 页，每页上有一笔数字金额，最多 7 位数，最少 4 位数，0—9 字码均有出现。每页上有表示传票页数的阿拉伯数字。翻打百张传票，无论是使用计算器还是计算机数字小键盘来进行，其技术要领基本相同，都是通过左手翻页、眼睛看数、右手操作计算工具三个动作同时进行来完成的。其基本方法如下：

（1）整理传票。翻打前将传票整理成扇面形状，方法是：左手拇指放在传票的左上方，其余四指放在传票背面左下方；右手拇指放在传票的右上方，其余四指放在传票背面右下方；然后用右手捏住传票，并将传票右上角以右手大拇指为轴向怀内翻卷，翻卷后左手随即捏紧，右手放开。重复上述动作，直到把传票捻成幅宽适当、票页均匀的扇形。然后用夹子将传票的左上角夹住，使扇形固定。整理好的传票，封底向上突出，封面向下突出，便于翻页。注意扇面不宜过大，如图 2-18 所示。此操作可以加快翻传票的速度和避免翻重页的现象出现。

図 2-18　将传票整理成扇面

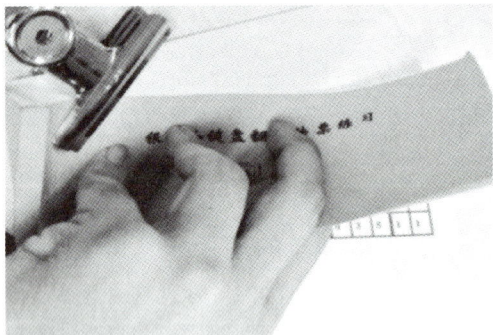

図 2-19　传票翻页准备

（2）翻打传票。左手拇指点翻传票的右下角，上翻之后由食指挡住传票；右手要同时在数字小键盘上（或算盘上）敲入相应的金额。在打第一张传票上数字的时候，第一张传票已经捻在手里了，一经打完，立即翻掉，这样能加快速度。练习时，传票翻页一般使用一次一翻的方法进行翻打。具体操作方法为：传票捏成扇形后，左手的小指、无名指自然弯曲压在传票的左下方，其余三指自然伸开做好翻页的准备，如图 2-19 所示。翻打起始页时，应先用左手拇指的指腹部分掀起传票的边缘，如图 2-20 所示，当右手将起始页有关数据输入数字小键盘还剩下两个数码时，左手拇指将传票掀起交给食指与中指夹住，拇指继续翻起下页传票，如图 2-21 所示。这样，左手拇指将传票一页一页地翻，右手将每页传票的有关数据录入计算器或计算机中。

翻打百张传票时，必须做到一边翻页、一边看数、一边运算协调进行，只有做到眼、脑、手紧密配合，整个运算过程做到翻页、看数、击键穿插进行，且不停顿地连续下去，才能提高翻打传票的速度。

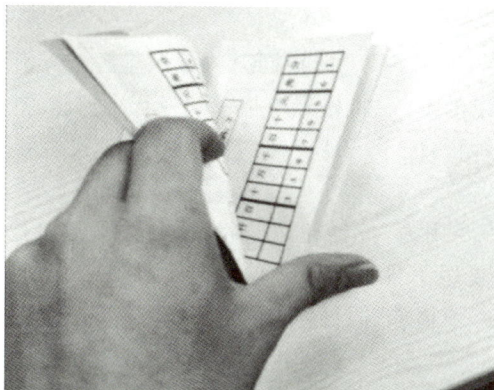

图 2-20 翻打传票起始页

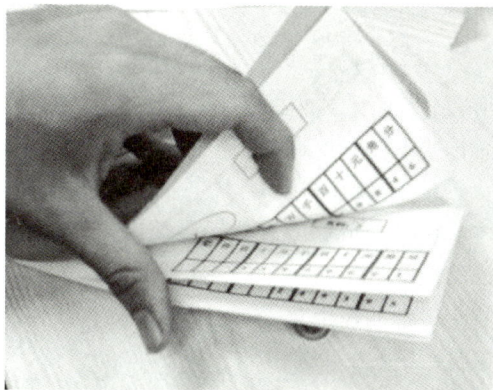

图 2-21 翻打下页传票

三、防伪点钞机的使用

（一）点钞机点钞法

出纳员在熟练掌握人工点钞和识别技能的同时，还应该结合点钞机（验钞机）的使用以提高工作效率和工作质量。点钞机点钞法亦称机器点钞法，是用点钞专用机器通过电子计数器反映张数，进行整点钞票。当计数器反映 100 张时，即将点落的钞票捆成一把。点钞机点钞用机械操作代替手工劳动，节省了出纳员的一部分劳动力，把出纳人员从繁重的手工点钞劳动中解脱出来，它的点钞效率比手工点钞高得多，每小时可点 5 万张左右。机器点钞适用于现金收入较多又较频繁的单位，用于清点整齐的大票，也有清点硬币的机器。常见的点钞机如图 2-22 所示。

视频：智能点钞机的使用

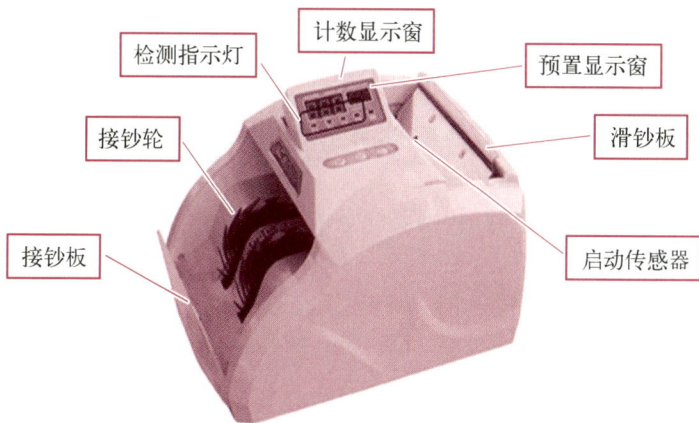

检测指示灯
计数显示窗
预置显示窗
接钞轮
滑钞板
接钞板
启动传感器

图 2-22 点钞机

（二）点钞机点钞步骤

1. 持钞

右手拇指在钞票下侧，食指在钞票中心，中指、无名指、小拇指在外面，捏住钞票。

2

2．拆把

右手食指将钞票中心向外推，拇指与中指、无名指、小拇指同时将钞票横捏成半弧形，左手将纸条抽去，右手拇指与食指夹住钞票的上侧边，松开中指、无名指、小拇指，这时钞票下侧弹回原处，自然形成坡形，放入滑钞板，便于下钞流畅。

3．点数

将折成坡形的钞票轻轻放在滑钞板上，不要用力，捻钞轮迅速将钞票捻下，随着捻钞的进度，滑钞板上的钞票自然下滑，这时不要用手推。在下钞的同时，眼睛要注意观察传送带的左上角，看钞票是否夹有其他票券、残损券、假钞等，用眼睛的余光观察显示窗显示情况。

4．计数

机器点钞计数是靠钞票经过光电管和电珠之间时，通过光的遮蔽次数来反映的。当滑钞板上和传送带上的钞票下张完毕时，要查看计数显示窗的数字是否反映为"100"，如是"100"，即为 100 张。如果反映的是其他数字，应将预置显示窗上的数字置于"00"，再复点一次。

5．扎把

当反映出来的数字为"100"时，即可扎把。扎把时，左手拇指在上，其他四个手指在下，手掌向上，将钞票从接钞板里拿出，拿钞时要注意不要漏张，然后将钞票墩齐，按缠绕扎法或拧结法扎纸条。机器点钞最好采取拧结法扎纸条，运用此法扎纸条的速度较快，适用于机器连续作业。如果用机器复点大量的钞票时，为了提高效率，下钞、拿钞和扎纸条的动作要连贯，当右手将一把钞票放入滑钞板上后，马上拿第二把，拆纸条，将钞票折成坡形，做下钞准备。当传送带上最后一张钞票落下后，左手迅速将钞票拿出，同时，右手将第二把钞票放入滑钞板，然后拿纸条将点好的第一把钞票扎把，接下来继续重复前面步骤。

（三）点钞机点钞的注意事项

（1）在机器点钞过程中，如下钞正常，目光要集中在接钞轮上，直至下钞完毕，目光再移到显示窗上，看余额是否准确。

（2）在取出刚点完的钞票时，特别要注意取净，防止落下，造成混把。

（3）点完一个单位的钞票后，要清理一次机器，确认里面是否有遗张，特别是在发现少款的情况时，要仔细检查传送带、接钞轮上是否有"吃钞"情况。

（四）机器点钞经验总结

根据广大出纳人员总结的经验，机器点钞时要特别注意：二看（看清跑道、看准数字），二清（券别把数分清、钞票取清），二防（防留张、防吃票），二复（发现裂缝及夹带较大纸屑要复点、计数不准要复点），二经常（经常查看机内底部、经常保养和维修）。

（五）点钞机的保养要求

1．保持点钞机清洁

要经常清除机内积尘，重点清除传感器（小电珠、光导管、面板）上的积灰。在清除积尘时,注意不要弄断、碰脱接线。

2. 经常加油

各部件的轴与活动部位,各轴承及电机轴承均应定期清洗和适量加油。

3. 工作结束后应检查并加罩保管

机器停用时,应拔掉电源插头。将接钞板拍打收拢,清除积尘,待机器散热后用机罩罩好。

4. 专职保管使用

要建立责任制度,实行定机、定人精心保养,保证机器性能处于良好状态。

> **学后思**
>
> 点钞机点钞的操作技巧有哪些?

四、ATM 机的使用

(一) ATM 机概述

1. ATM 机的含义

ATM 是英文"Automatic Teller Machine"的缩写,全称为自动柜员机,因大部分用于取款,因此又称自动取款机。ATM 机是一种高度精密的机电一体化装置,可利用磁性代码卡或智能卡实现金融交易的自助服务,代替银行柜面人员的工作。

2. ATM 机的产生和发展

2015 年 6 月 1 日,我国自主研发的首台 ATM 机正式发布,这也是全球第一台具有人脸识别功能的 ATM 机。2015 年 10 月 15 日,招商银行在深圳推出了 ATM"刷脸取款"业务,客户无须插入实体银行卡即可完成取款,每日限额取现 3 000 元。客户如需取款,首先在 ATM 屏幕首页点击选择"刷脸取款"功能,系统将自动抓拍现场照片,在后台与银行的可信照片源进行比对,验证通过后,客户输入手机号码进一步确认身份,接着输入取款金额和密码,最后拿取现金,整个过程无须插入实体银行卡片。

3. ATM 机的分类

ATM 机按使用功能不同可分为取款机、存取款一体机和自助服务终端三类。ATM 机可以进行现金存款、自动取款、转账、查询余额、存折补登、中间业务等工作,持卡人可以使用信用卡或储蓄卡,根据密码办理现金存款、存折补登、购买基金、更改密码、缴纳手机话费等业务。

(二) ATM 机的操作方法

(1) 将银行卡的磁条向下、有磁条的一边向右插入 ATM 机,如图 2-23 所示。

(2) 如果屏幕上有一些提示的文字,需要按"确认"键才可往下操作,"确认"键在屏幕上提示的对应处,如图 2-24 所示。

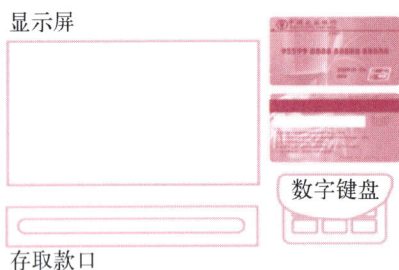

图 2-23　插入银行卡

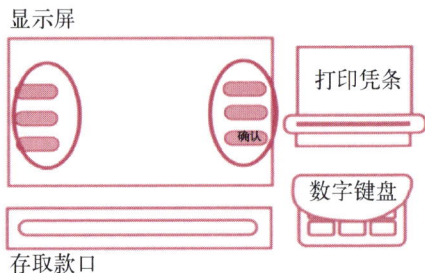

图 2-24　操作确认

（3）输入卡密码之后有的可以直接进入取款画面，有的还需要按"确认"键。

（4）在屏幕上可看到"查询""取款""转账""退卡"等选项，请选择相对应的按键。按键时一定不要着急，务必看清了再按选项旁边对应的按键。

（5）按下"取款"键后要输入取款金额，如果屏幕上有便捷提示，如 1 000 元、800 元、500 元等，直接可以按相对应的按键。如果没有，找到"其他金额"键，之后自由输入取款金额，输入金额之后按"确认"键。

（6）这时盯着"出钞口"，出钞后 2～5 秒，如果无人取钞，ATM 会把钞票吞回，取款时一定要清点，若发现有可疑的纸币，把纸币冠字编号对准 ATM 摄像头，多停留几秒，之后慢慢来回移动。这样让摄像头录制到一个最佳的距离之后，拿纸币去银行鉴别。如果是假币应当立即向银行投诉并保留取款时打印的冠字编号。

（7）取款之后可再取款也可查询。如果不想继续进行操作，就按屏幕提示的"退卡"键，退出卡片。

（三）ATM 机跨行交易手续费

ATM 跨行交易分为取款和查询两种交易，交易手续费分配涉及发卡银行（以下简称"发卡行"）、提供机具和代理业务的代理银行（以下简称"代理行"）以及提供跨行信息转接的中国银联（以下简称"银联"）。ATM 跨行取款交易收益分配采用固定代理行手续费和银联网络服务费方式。

2016 年 9 月 6 日，依据由国家发改委和中国人民银行联合下发的《关于完善银行卡刷卡手续费定价机制的通知》（发改价格〔2016〕557 号）正式实施。根据银行卡刷卡手续费新规定，对发卡行服务费实行不区分商户类别，且实行政府指导价、上限管理，并区分借记卡、贷记卡类别进行差别计费。具体费率也有所变化，借记卡费率水平降低为不超过交易金额的 0.35%，单笔收费金额不超过 13 元；贷记卡交易不超过 0.45%，不实行单笔封顶控制。对于网络服务费则不分借记卡、贷记卡，分别向收单、发卡机构计收。费率水平降低为不超过交易金额的 0.065%，单笔交易的收费金额不超过 6.5 元，由收单、发卡机构各承担 50%。也就是说，向收单、发卡机构收费时，单笔收费金额均不超过 3.25 元。

此外，对部分商户实行发卡行服务费、网络服务费费率优惠措施。例如，对非营利性的医疗机构、教育机构、社会福利机构、养老机构、慈善机构的刷卡交易，实行发卡行服务费、网络服务费全额减免。新规实施起两年内的过渡期，对超市、大型仓储式卖场、水电煤气交费、加油、交通运输售票商户刷卡交易实行发卡行服务费、网络服务费优惠。2022 年,不同银行因为跨行转账的方式不同,收取的手续费也不同,如表 2－2 所示。

表 2－2　　2022 年跨行转账手续费一览表

转账方式	转账金额	手续费
银行柜台转账	转账金额 2 000 元以下(含 2 000 元)	2 元/笔,执行这个标准的有中国工商银行、中国建设银行、中国交通银行、中国银行和中国农业银行
	转账金额 2 000 元到 5 000 元(含 5 000 元)	5 元/笔,执行这个标准的银行同上
	转账金额 5 000 元到 50 000 元(含 50 000 元)	10 元/笔,执行这个标准的银行同上
	转账金额 50 000 元以上	手续费比例是 0.03%,50 元封顶,执行这个标准的银行同上
ATM 转账	转账金额 2 000 元以下(含 2 000 元)	2 元/笔,执行这个标准的有中国工商银行、中国建设银行、中国农业银行;中国交通银行的手续费是 1.6 元/笔;中国银行的手续费是 2.4 元/笔
	转账金额 2 000 元到 5 000 元(含 5 000 元)	5 元/笔,执行这个标准的有中国工商银行、中国建设银行、中国农业银行;中国交通银行的手续费是 4 元/笔;中国银行的手续费是 6 元/笔
	转账金额 5 000 元到 10 000 元(含 10 000 元)	10 元/笔,执行这个标准的有中国工商银行、中国建设银行、中国农业银行;中国交通银行的手续费是 8 元/笔;中国银行的手续费是 12 元/笔
	转账金额 10 000 元到 50 000 元(含 50 000 元)	15 元/笔,执行这个标准的有中国工商银行、中国建设银行、中国农业银行;中国交通银行的手续费是 12 元/笔;中国银行的手续费是 18 元/笔
网上银行(网银)转账	转账金额 5 000 元以下(含 5 000 元)	免收手续费,执行这个标准的有中国工商银行、中国建设银行、中国交通银行、中国银行和中国农业银行
	转账金额 5 000 元到 10 000 元(含 10 000 元)	5 元/笔,执行这个标准的有中国工商银行、中国建设银行、中国农业银行;中国交通银行的手续费是 8 元/笔;中国银行的手续费是 10 元/笔
	转账金额 10 000 元到 50 000 元(含 50 000 元)	7.5 元/笔,执行这个标准的有中国工商银行、中国建设银行、中国农业银行;中国交通银行的手续费是 12 元/笔;中国银行的手续费是 15 元/笔
	转账金额 50 000 元以上	手续费比例是 0.015%,25 元封顶,执行这个标准的有中国工商银行、中国建设银行、中国农业银行;中国交通银行的手续费比例是 0.24%,40 元封顶;中国银行的手续费比例是 0.03%,50 元封顶

2

五、POS 机的使用

（一）POS 机概述

1. POS 机的含义

POS 是英文"Point of Sales Terminal"的缩写,全称为销售点情报管理系统。POS 机是通过读卡器读取银行卡上的持卡人磁条信息,由 POS 操作人员输入交易金额,持卡人输入个人识别信息(即密码),POS 把这些信息通过银联中心,上送发卡银行系统,完成联机交易,给出成功与否的信息,并打印相应的票据。POS 机的应用实现了信用卡、借记卡等银行卡的联机消费,保证了交易的安全、快捷和准确,避免了手工查询黑名单和压单等繁杂劳动,提高了工作效率。

2. POS 机的分类

(1) POS 机按其机型分为固定 POS 机和无线 POS 机。固定 POS 机的优点是软件升级和维护比较容易;网络拨号速度快;POS 交易清算比较容易。缺点是需要连线操作,客人需要到收银台付账,适用于一体化改造项目的商户类型。无线 POS 机的优点是体积小,无线操作,付款地点形式自由。缺点是通信信号不稳定;数据易丢失;成本高,适用于到客人住所收款的商户类型。

(2) POS 机按打印方式分为热敏 POS 机、针打 POS 机和套打 POS 机。热敏 POS 机的优点是打印速度快、打印时无噪声、耗材成本低。缺点是签购单保存年限短,易受环境影响。针打 POS 机的优点是签购单保存年限长,不易受环境影响;缺点是打印噪声大,耗材成本较高。这两种 POS 机适用于一般商户类型。套打 POS 机的优点是签购单保存年限长,不易受环境影响,外观比较美观;缺点是耗材成本较高,打印速度慢。套打 POS 机一般适用于宾馆、酒店、百货等大型商户。

(3) POS 机按操作系统分为 Windows 系统 POS 机、安卓系统 POS 机和其他系统 POS 机。市场上大部分的 POS 机采用基于 Windows XP 的 Windows Embedded 系统,此系统的优点是通用性广,与电脑接近容易上手;缺点是系统稳定性差、安全性差,开发成本高。基于安卓系统的 POS 机代表 POS 机行业最高水平的系统,它的优点是稳定性高、不死机、不蓝屏、开发难度低、软件兼容性强、功能拓展性广;缺点是作为新兴的系统,普及率还有待提高。其他系统的 POS 机通常是各个厂家自己开发的嵌入式系统,成本较低,但系统稳定性、兼容性不佳。

3. POS 机的外设设置

(1) 客户显示屏:分为 LED 和 VFD 两种,主要是为客户显示所收金额和找零金额。

(2) 票据打印机:是指打印收款小票的打印机,有针式打印机和热敏打印机两种。

(3) 刷卡器:是指刷磁卡的设备,主要用于会员积分与店内会员储值。

(4) 扫描设备:是指扫描商品条码的设备,从样式上分为扫描枪和激光平台,一般建议使用扫描枪,扫描枪分为红外线与激光两种。

（二）POS 机的操作方法

1. POS 机操作过程

收款员使用收款机可以进行收款、退货、换货、价格查询、折扣、取消交易等操作,其中退货、换货、折扣功能可以设置成由经理控制。收款员每天工作的基本操作过程可以分为开机、进入销售、存零头、执行销售、结账、退出销售和关机。由于系统销售功能的设置,收款员在上机时必须将自己的密码正确输入,在得到系统确认后才能正常进入收款机销售状态。在销售过程中所有的账务都会自动记录在该收款员的账号下,直到退出销售下机时为止。销售结算的付款方式可分为人民币、支票、信用卡、礼品券等。

2. POS 机操作注意事项

(1) 使用 POS 机前须检查电源是否接通、打印机与主机是否连接正常、POS 打印纸是否安装。

(2) 操作员每日营业终了,应执行"日终处理",需要特别注意的是,因某种原因需要更换 POS 机时,必须先做完"日终处理"后才能关机进行更换。

(3) 切勿因重复刷卡造成给持卡人重复扣账。交易时,若签购单未打印出来,操作员应先选择"重打印"功能,如果重打印仍无法打印出凭证,应选择"查询当前交易"功能,查询该笔交易的批次号和商户流水号,然后断电,检查打印机是否连接正常,重新拔插后,选择打印特定记录处理。若仍旧无法打印,应在 POS 机上查询余额,然后向银联客户服务中心查询交易是否被冲正,若答复确实消费成功,可以将消费的要素抄写在 POS 消费单上,持卡人签名后即可取走货物。也可以撤销此笔交易,但切勿随意再次刷卡重做交易,否则会给持卡人重复扣账。

(4) 做交易时若刷卡失败,则需要重新按所需交易代码键,以免将其他交易错作为"消费",造成重复扣账。

(5) 持卡人密码输入。为保证交易的安全,公用 POS 机在交易时,持卡人需输入正确的银行卡密码,若持卡人银行卡无预留密码,操作员可直接按 POS 机的"确认"键进行交易,交易成功。

(6) 切勿忘记让持卡人在签购单上签字,若持卡人签名与卡背面预留姓名或卡正面姓名字母不一致,可向发卡行查询。

(7) 对打印出的签购单上的交易类型需认真审查,以免将"消费"做成"预授权",或将"退货"做成"消费",造成错账。

(8) 退货交易可全额或部分退货,若退货不成功,切勿随意退还现金或让持卡人将货物拿走,可根据 POS 机提示作出相应处理或与银联维护人员联系。

(9) 不要随便拔插通信线。POS 机的通信接口为专用接口,不可相互混淆。

(10) 对借记卡和未签订手工压卡协议的成员行的卡,压卡交易无效,发卡行不予承认,因此,切勿压单受理。

六、电子支付密码器的使用

在银行"对公业务"中,客户在银行开户时,必须将其所用的图章样本交给银行备案。企业在支付资金开具票据如支票时,除填写借、贷方的账号、日期、金额等要素之外,最重要的是加盖法人印鉴作为票据合法和鉴别真伪的依据。收款方将票据送入收款行后,收款行必须把票据送到支付方的开户行,通过折角对印的方式人工验证印鉴的真伪和票据的合法性。随着银行电子化的发展,传统的银行票据验证方式由于效率低、安全性差,已成为制约银行业务发展的重要因素。

(一) 电子支付密码器的基本原理

电子支付密码系统的原理是企业利用银行发行的支付密码器,在签发票据时,对票据上的各要素综合进行加密运算产生支付密码。支付密码是根据票据号码、金额、账号、日期等信息计算出的一组 16 位密码,填写在票据上与印鉴结合作为付款依据。由于支付密码根据票据的每一个要素,使用高强度加密算法计算而来,因此具有极高的安全性。这种加密算法作为国家商用密码系统的核心机密,其安全性毋庸置疑,杜绝了伪造支付密码的情况。由于票据中的各要素与计算出的支付密码直接关联,票据要素中任何一个微小的改动,都将导致完全不同的计算结果,这就从根本上杜绝了涂改票据数额的诈骗行为的发生。

(二) 电子支付密码器的应用及功能

支付密码器是一种机器,它采用中国人民银行总行和国家密码管理局联合颁布的《支付密码器系统业务管理办法》标准,用于运算产生支付密码,其安全性是由国家专门机构保证的。支付密码的功能主要通过支付密码器实现。按照中国人民银行总行的要求,电子支付密码主要应用在支票(包括现金支票、转账支票)、汇兑凭证(电汇、信汇凭证)、银行汇票申请书、银行本票申请书和中国人民银行规定的其他类票据上。企业在签发票据时将票据对应的支付密码填写在票据上,作为票据真伪的主要鉴定手段或印鉴的辅助鉴定手段。

任何厂家的一台通用性支付密码器,都可以加载同一单位在不同银行的最多 20 个账号,可以在所有的银行使用。密码器中的账号由银行人员现场进行装载,账号对应的算法密钥是随机产生的,杜绝了银行柜员及供应商的泄密,且支付密码器采用硬件(具有自毁装置的安全芯片)的形式保存用户的账号密钥,使支付密码器中客户的账号密钥不能被其他任何个人和单位窃取。任意一台通用性电子支付密码器中的一个账号都使用不同的算法密钥,即使支付凭证上的内容一样,使用不同支付密码器或不同账号计算出的支付密码均不相同,且只有合法的密码器才能计算出正确的支付密码,由此保证了支付密码的唯一性。

(三) 办理电子支付密码器所需材料

办理电子支付密码器所需的材料有银行预留印鉴(财务章、法人章、公章)和经办人身份证原件。经办人身份证原件的规定各地有所不同,办理前最好咨询当地银行具体事宜。

(四) 电子支付密码器的使用流程

(1) 单位财务人员根据账号、票据类型、出票日期、票据号码和签发金额等要素使用支付密码器算出此张票据的支付密码,并填写在凭证上。

(2) 单位持填有支付密码的票据流转到银行兑付时,银行柜员会将支付密码提交到支付密码核验系统由电脑进行自动校验,如果核验正确,则自动提交到会计系统进行结算,如果核算错误则等同为印鉴不符,需办理退票。

支付密码器的用途很广,但基本使用方法是类似的。核心步骤主要分为:选择签发人账号;选择业务种类;输入相关凭证要素;复核并生成密码。

七、支票打印机的使用

（一）支票打印机概述

支票打印机也称支票机,是专门为防止不规范填写造成银行退票而设计的专业打印机,代替手工填写支票。同时,其打印效果也有效避免了涂改支票等犯罪行为,保证开户单位的资金安全,减少出纳人员的劳动强度。随着全国支票的统一、支票填写要求的严格与规范、支票流通的日益频繁,财务处理工作也越来越繁重,支票打印机已成为各机关团体和企事业单位不可或缺的财务专用设备。

（二）支票打印机的功能

支票打印机具有键盘中英文输入、液晶显示、支票内容编辑、存储、金额大小写自动转换、日期自动生成、支票格式填印等多种功能。支票打印机按照操作界面,主要功能如下:

1. 打印票据

在此状态下可进行支票打印。

2. 票据选项设定

在此状态下可进行票据选项的设定。例如,可以设置打印支票是填写付款行名称,也可以将此项设置为不填。若设置为不填,则执行打印操作填写票据内容时此项就不会显示。

3. 常用信息设定

设定常用信息如收款人名称、用途、付款人名称等。填写票据内容时直接使用切换键即可选择设定信息,从而可使填写工作更加简单、方便。

4. 设定限额

此项用来限制当日支票累计开出的总额不超出所设定的限额数。

5. 修改时间

此项功能用来显示和修改日期(时间),校正机内日历。

（三）支票打印机的日常保养

支票打印机的日常保养工作很简单,主要是外部的除尘工作,让支票打印机保持干净。另外如果支票打印机油墨不多了,打印字迹颜色会变浅,要及时更换墨盒,保证打印质量。每天使用结束后要随手关闭支票打印机电源,避免瞬间供电断电对支票打印机的损毁。

八、凭证装订机的使用

（一）凭证装订机概述

凭证装订机是指用于企事业单位的财务凭证保存而发明的一种办公用设备。它采用高压尼龙管热铆装订的方式来对凭证进行封装,封装后具有美观、保存时间长、凭证不易散落等特点。

　　凭证装订机通常由打孔和装订两部分构成,它不仅装订速度快,可以节约时间,而且没有噪声、无污染,相比老式手工缝线装订凭证更加快捷方便。

(二)凭证装订机的操作步骤

　　下面以热熔管财务装订机为例,介绍凭证装订机的具体操作步骤:

　　(1)把凭证装订机接通电源后,插入装订管,如图 2-25 所示。

　　(2)把需要装订的凭证放在打孔处,按下打孔键,如图 2-26 所示。

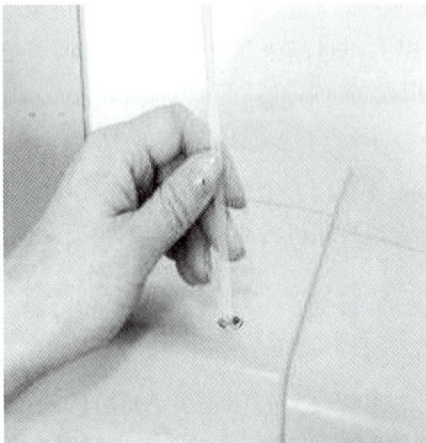

图 2-25　凭证装订机操作步骤(一)　　图 2-26　凭证装订机操作步骤(二)

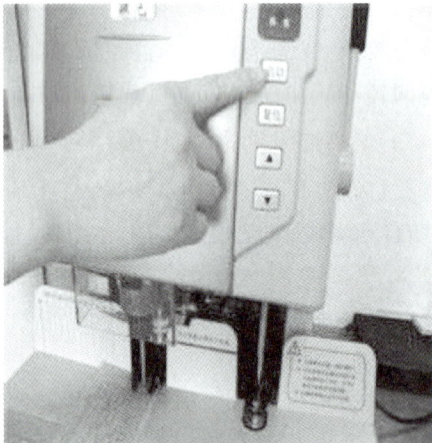

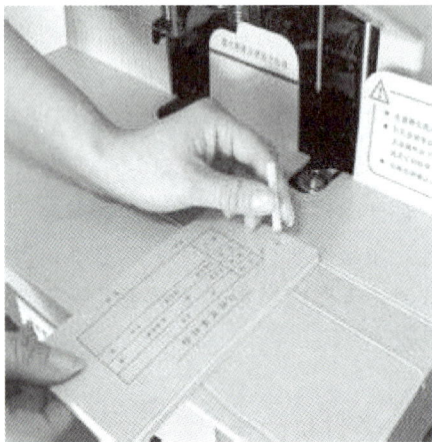

　　(3)打孔完毕之后,装订机会自动截取相应长度的装订管,放在接料漏斗处,如图 2-27 所示。

　　(4)在接料漏斗处拿出截取的装订机管,插入已打好孔的凭证上,如图 2-28 所示。

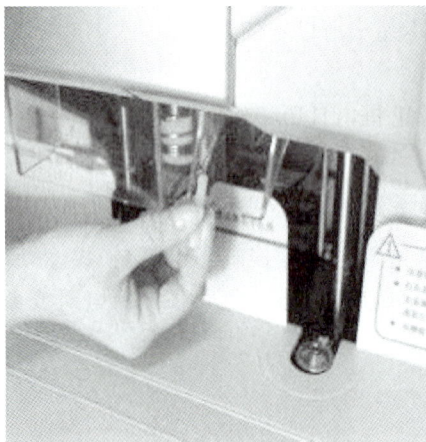

图 2-27　凭证装订机操作步骤(三)　　图 2-28　凭证装订机操作步骤(四)

　　(5)将之前插好孔的凭证放在装订处,压下手柄并停留 3~4 秒,如图 2-29 所示。

　　(6)凭证装订好以后,不要马上用手去触摸装订铆钉,以免烫伤手,如图 2-30 所示。

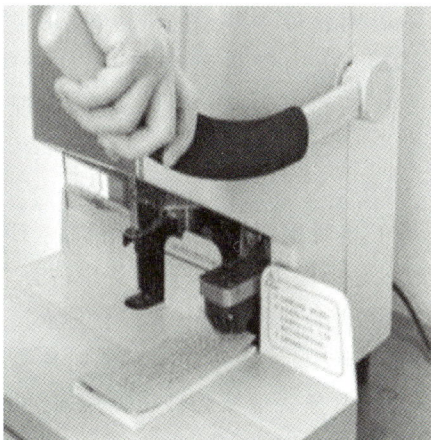

图 2-29 凭证装订机操作步骤(五)

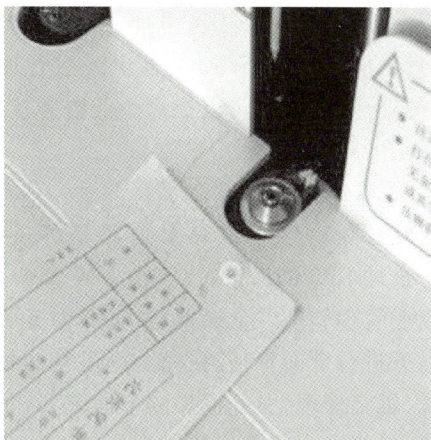

图 2-30 凭证装订机操作步骤(六)

九、电脑和财务软件的使用

随着计算机运用的普及和会计电算化的推行,一些传统的计算工具已逐步被淘汰,计算机已广泛运用在财务工作的各个环节。因此,办公软件特别是财务软件的熟练操作也是财务人员应掌握的基本功。

(一) 财务软件概述

1. 财务软件的含义

财务软件,是一种面向价值信息和基于会计电算化的管理系统,是在计算机硬件和网络环境下,采取科学信息处理技术,对账目动态进行收集、处理、存储传递,完成会计核算、分析明细的软件。

2. 财务软件的作用

财务软件不仅提高了财务人员的账务处理速度,优化了工作质量,同时还满足信息使用者查询、输出等需求,其信息量的扩充也是不可比拟的。

(二) 常见财务软件及企业简介

1. 4Fang 财务软件

4Fang 财务软件创立于 2000 年,是财务软件市场的领导厂商之一。4Fang 既是公司名称,又是其产品财务管理软件解决方案的名称。4Fang 财务软件能适用于各行各业的行业会计准则,并能够帮助集团、大型企业、中小企业改进会计管理和财务控制的核心。企业可以利用 4Fang 的财务软件创建本地和全企业集团范围的账务电算化处理,也可以将非 4Fang 的产品与 4Fang 的财务软件实现无缝对接。

2. 用友财务管理软件

用友财务管理软件同时满足企业决策者和管理者随时对内部信息的需求,提供方便快捷、高效率的实时动态信息交互,实现实时监督随时管理。其功能模块包括总账(现金银行、往来管理、项目管理)、出纳、税务管家、网上银行、报表、工资、固定资产、财务分析、业务通(采购、销售、库存)、核算、生产管理、票据管理、老板通、跨账套查询插件。用友软件股份有限公司拥有丰富的企业应用软件主线,覆盖了企业资源计划(ERP)、供应链管理(SCM)、客户关系管理(CRM)、人力资源管理(HR)、办公自动化(OA)等业务领域,既可以提高企业财务核算效率,又可以实时反映业务运营状况,从而实现真正的财税一体化。

3. 金蝶 K/3 财务管理系统软件

金蝶国际软件集团有限公司是第一个基于互联网平台的三层结构的 ERP 系统——金蝶 K/3 的缔造者,其中金蝶 K/3 和 KIS 是中国中小型企业市场中占有率非常高的企业管理软件。金蝶 K/3 ERP 财务管理系统面向企业财务核算及管理人员,对企业的财务进行全面管理,在完全满足基础核算的基础上,实现集团分解的财务集中、全面预算、资金管理、财务报告的全面统一,帮助企业财务管理从会计核算型向经营决策型转变,最终实现企业价值最大化。

4. 新中大银色快车 SE 软件

新中大银色快车 SE 软件是在新中大财务管理软件 NGPower 产品的基础之上发展而成的一个升级替代产品,是在近十万各行各业用户的成功应用基础上,继承了新中大财务管理软件 NGPower 的优秀品质,充分吸取了新中大在管理软件领域的成功经验而逐渐形成的成熟产品,其用心为广大小型企业信息化提供适用、高性价比的财务解决方案,帮助企业实现从基本核算到集团财务的信息化管理。

5. 浪潮 PS 管理软件

浪潮 PS 管理软件是一套实现企业现代化管理的 ERP 全面解决方案,它主要从财务、供应链、生产、人力资源等几方面入手,实现生产、物流、财务等业务的闭环管理,畅通企业资金流、物流、信息流,是一套企业管理及行业管理软件。

(三) 财务软件的操作

出纳员在使用财务软件的情况下,可以根据原始凭证手工登记库存现金日记账,再交给会计在财务软件上填制记账凭证,自动生成库存现金日记账。对账时由会计登记的库存现金日记账余额与出纳库存现金日记账对账,盘点核对现金。财务软件的操作将计算机知识和财务专业知识融合在一起,财务人员必须了解和掌握财务软件,熟悉总账管理、库存管理、往来款管理、报表、固定资产管理等各个模块的具体操作。(此内容将在项目六中介绍,在此不再赘述)

任务实施

(1) 出纳常用物品采购清单有:库存现金日记账,银行存款日记账,支票管理簿,收据,支出的报销单,还有印章,大头钉,胶水,别针,剪刀,一些文件夹,保险柜,凭证装订机等。

(2) 微信支付以绑定银行卡的快捷支付为基础,向用户提供安全、快捷、高效的支付服务。用户只需在微信中关联一张银行卡,并完成身份认证,即可将装有微信 App 的智能手机变成一个全能钱包,之后即可购买合作商户的商品及服务,用户在支付时只需在自己的智能手机上输入密码即可完成支付。

微信支付步骤：商户根据微信支付的规则，为不同商品生成不同的二维码，展示在各种场景，用于用户扫描购买；用户使用微信"扫一扫"扫描二维码后，获取商品支付信息，引导用户完成支付；用户确认支付，输入支付密码；支付完成后会提示用户支付成功，商户后台得到支付成功的通知，然后进行发货处理。

岗位能力测试

一、单项选择题

1. 下列关于使用点钞机时应注意的事项，错误的是（   ）。
A. 放入点钞机点钞前需要将纸币整理平整
B. 若纸币褶皱较多或缺角严重，必须事先整理
C. 将纸币进行分类，统一币值的分为一叠，分类进行清点
D. 将纸币倾斜 45°放入点钞机内

2. 出纳收到各种币值的纸币若干张，现在想用水印来辨别真伪，以下检验错误的是（   ）。
A. 第五套人民币的纸币，固定水印位于票面正面左侧的空白处，迎光透视，可以看到立体感很强的水印
B. 10 元、20 元、5 元纸币的水印为毛主席头像图案，且与主像相同
C. 50、100 元纸币的水印为毛主席头像图案，且与主像相同
D. 100 元、50 元、20 元、10 元、5 元纸币在钞票编号的右下方都有币值的水印

3. 对于使用保险柜的注意事项的总结中，以下说法错误的是（   ）。
A. 开启保险柜，在输入保险柜密码时要用手遮掩
B. 存取完现金后，出纳要及时把保险柜锁上
C. 保险柜应专门用于放置现金，其他一些物品不能放置在保险柜中
D. 保险柜上方最好装个摄像头，这样做是为了更好地保障资金安全

4. 公司的公章、财务专用章、发票专用章应该（   ）。
A. 先到公司所在地的公安局刻制，再去公司所在地的公安局备案
B. 先去公司所在地的公安局备案，再到公安局指定的刻章单位刻制
C. 先去公司所在地公安局备案，再到私人刻章店刻制
D. 先到公安局指定刻章单位刻制，再去公司所在地的公安局备案

5. 下列各项中不属于原始凭证审核内容的是（   ）。
A. 会计科目应用是否正确
B. 经济业务内容是否真实
C. 有关人员签章是否齐全
D. 金额是否正确

二、多项选择题

1. 公司的窗户已经安装了防盗网，门口也配有保安。但是为了保证保险柜中物品

的安全,出纳还应该(　　　)。

A. 将购买回来的保险柜放在财务办公室角落且紧靠墙壁固定住

B. 定期检查保险柜的使用情况,一旦保险柜发生故障,应到指定的维修点进行修理,以防泄密或失盗

C. 下班前要检查保险柜上方的摄像系统是否正常开启

D. 若发现保险柜被盗,应保护好现场并迅速报警

2. 辨认真假币的方法有(　　　)。

A. 看水印、看安全线、看钞票上的图案颜色是否正常

B. 手摸有无凹凸感

C. 听声音是否清脆

D. 使用验钞机或其他仪器检测

3. 点钞技术方法具体包括(　　　)。

A. 手持式单指单张点钞法　　　　　　B. 手按式点钞法

C. 扇面式点钞法　　　　　　　　　　D. 手持式点钞法

4. 审核原始凭证的基本原则有(　　　)。

A. 合法性　　　　B. 合理性　　　　C. 真实性　　　　D. 正确性

5. 下列物品中,应该存放在保险柜内保管的有(　　　)。

A. 空白收据　　　B. 空白支票　　　C. 备用金　　　D. 有价证券

三、实训操作题

1. 书写 1,2,3,4,5,6,7,8,9,0 的中文大写数字。

2. 根据会计凭证账表上的阿拉伯数字小写金额,书写原始凭证上的中文大写金额,如表 2-3 所示。

表 2-3　　　　　　　　　　　会计凭证的书写

会计凭证账表上的小写金额栏								原始凭证上的大写金额栏
没有数位分割线	有数位分割线							
	万	仟	佰	十	元	角	分	
￥0.08						￥	8	人民币:
￥0.60					￥	6	0	人民币:
￥2.00				￥	2	0	0	人民币:　万　仟　佰　拾　元　角　分
￥17.08			￥	1	7	0	8	人民币:
￥630.06		￥	6	3	0	0	6	人民币:
￥4 020.70	￥	4	0	2	0	7	0	人民币:　万　仟　佰　拾　元　角　分
￥15 008.06	1	5	0	0	8	0	6	人民币:

3. 选择一种手工点钞的方法练习并提升手工点钞技能。

项目三　库存现金业务

◇ **知识目标**

1. 熟悉国家相关现金管理规范。
2. 掌握企业现金出纳岗位的基本制度。

◇ **能力目标**

1. 具备现金管理内部控制制度的设计能力。
2. 能熟练处理库存现金收付业务。
3. 具备库存现金清查能力。
4. 能熟练填制与审核相关凭证,规范登记相关账簿。
5. 能熟练编制现金预算。

案例导入

　　钱一清在了解了大唐盛世公司的基本情况和出纳员的一般职责要求,并与原先的出纳办理有关交接手续之后,正式接手了出纳工作,她所接触的第一项工作就是收取门市部送来的货款 4 800 元,在点钞机验点完成后,将货款直接放入保险柜中。她看到门市部的小张还没走,就问:"你怎么还没走?"小张说:"你还没给我开收据呢。"财务经理金明见状就说:"小钱啊,你待会找一下我。"在办理完门市部的事情后,钱一清就去找了金明经理。

　　金明经理:"小钱啊,你在学校学过点钞的知识吗?"

　　钱一清:"学校开过讲座,但没有正式上过课。"

　　金明经理:"每项业务都有规范的流程,必须要严格遵守,点钞机点验过的钞票应该人工再验核一遍,防止出差错,同时也可以防止误收入假币,使单位和个人蒙受不必要的损失。然后再开给付款人收据并加盖有关印戳。"

　　钱一清:"谢谢经理指教。对于现金,出纳员除了掌握现金收付款业务和填制库存现金日记账之外,还要了解哪些业务的工作流程?"

　　金明经理:"还有熟悉公司现金管理内部控制制度。会处理现金业务,常见的有员工个人借款业务、费用报销业务、备用金业务、现金清查业务、编制现金预算表等。"

"还有,"金明经理接着说,"出纳是财务工作中与外部打交道最多的岗位,社会性较强,你要注意你的处事方式。例如,刚才你对小张说'你怎么还没走?'是不礼貌的行为,你应该说'我还能帮你什么忙吗?'这样对方的感觉就会不同。作为出纳,你和成本会计、实物资产会计不同,一方面你要和公司内的员工打交道,另一方面你还要和银行、工商、税务打交道,你的公关能力在很大程度上会决定你的工作质量和工作效率,所以这方面你也应该加强,提高自己在待人接物方面的能力。"

任务一　库存现金管理

任务导入

炎炎夏日,酷暑难耐。大唐盛世公司向当地瓜农购买了一批价值为 3 000 元的西瓜给员工解暑。在跟瓜农办理结算时,财务经理金明要求出纳员钱一清支付现金给瓜农。但是钱一清认为支付给瓜农的款项超过了 1 000 元,不能使用现金结算。你觉得钱一清的看法正确吗?

一、库存现金的含义及限额计算

(一) 现金的含义

现金是指可以立即投入流通的交换媒介,可以随时用来购买所需物资、支付有关费用、偿还债务和存入银行的货币性资产。现金有广义和狭义之分。

广义的现金是指会计上的现金,包括库存现金、银行存款和其他货币资金。

狭义的现金是指单位的库存现金,即存放在单位并由出纳保管作为零星业务开支用途的公款现金,包括人民币现金和其他外币现金(通常为人民币现金)。本项目除任务六之外,所指现金都是狭义的范畴,仅指出纳人员保管的库存现金。公司其他部门(如销售部)也可能会有些公款现金,但这并不在库存现金核算的范围内,通常是作为备用金处理的。

(二) 库存现金限额计算

为了加强现金管理,保证单位现金安全和及时回笼资金保证开支,国家规定由开户银行给单位核定一个保留现金的最高限额,即库存现金限额。这个限额由开户单位提出计划,报开户银行审批。经核定的库存现金限额,开户单位必须严格执行。

对没有在银行单独开立账户的附属单位也要实行现金管理,必须保留的现金,也要核定限额,其限额包括在开户单位的库存现金限额之内。商业和服务行业的找零备用现金也要根据营业额核定定额,但不包括在开户单位的库存现金限额之内。

一般一个单位的库存现金是不能超过限额的,超过部分应该送存银行。

库存现金限额,是指为保证各单位日常零星支付而按规定允许留存的现金的最高数额。库存现金限额由开户行根据开户单位的实际需要和距离银行远近等情况核定。其限额一般按照单位 3～5 天日常零星开支所需现金确定。远离银行机构或交通不便的单位可依据实际情况适当放宽期限,但最高不得超过 15 天。

库存现金限额的一般计算方式如下:

库存现金＝前一个月的平均每天支付的数额(不含每月平均工资数额)×限定天数

办理库存现金限额的一般程序为:先填制"库存现金限额申请书";然后报送开户银行签署审查批准意见和核定数额。

库存现金限额经银行核定批准后,开户单位应当严格遵守,每日现金的结存数不得超过核定的限额。如库存现金不足限额时,可向银行提取现金,不得在未经开户银行准许的情况下坐支现金;库存现金限额一般每年核定一次,单位因生产和业务的发展、变化需要增加或减少库存现金限额时,可向开户银行提出申请,经批准后,方可进行调整,单位不得擅自超出核定限额增加库存现金。

学中做

2022 年 12 月,大唐盛世公司(开户行为中国工商银行北京三环办,账号为 1234567897)现金支付情况大致如下:职工薪酬(主要为员工加班及临时工支出)120 000 元,零星采购支出 80 000 元,其他现金支出 650 000 元,库存现金限额保证天数为 4 天,企业无日常非零星现金支出项目。出纳员钱一清到其开户银行办理库存现金限额核定手续。

(1)分别计算下列各项目限额。

❶ 零星职工薪酬需用现金。

❷ 零星材料采购需用现金。

❸ 其他支出需用现金。

(2)填写"库存现金限额申请书",如图 3－1 所示(注:大唐盛世公司无上级主管部门)。

库存现金限额申请书

申请单位:　　　　　　　　　　　　　　　　　　　　　　　单位:元
开户银行:　　　　　　　　　　　　　　　　　　　　　　　账号:

每日必须保留现金支出项目	保留现金理由	申请金额	批准金额	备　注
职工薪酬				
材料采购				
其他支出				
合　　计				
申请单位 盖章 年　月　日	单位主管部门意见 盖章 年　月　日	银行审查意见 盖章 年　月　日		

图 3－1　库存现金限额申请书

（3）银行审批。

钱一清将申请书送交银行审查，开户行经过审查、核定和综合评定后，在申请书上填写批准数（假定申请额全额审批）。

学后思

国庆七天长假后，出纳员钱一清上班时发现财务处被盗，保险柜中存放的25 000元现金丢失，钱一清应该怎么处理？在此案件中，钱一清是否应该承担一定的责任？

二、库存现金支付范围

企业在规定限额内对现金的使用也不是不受约束的，应该根据《中华人民共和国现金管理暂行条例》（以下简称"《现金管理暂行条例》"）的规定，在现金规定使用范围内使用现金。

现金的使用主要包括以下内容：

（1）职工工资、各种工资性津贴。

（2）个人劳务报酬，包括稿费和讲课费及其他专门工作报酬。

（3）支付给个人的各种奖金，包括根据国家规定颁发给个人的各种科学技术、文化艺术、体育等各种奖金。

（4）各种劳保、福利费用以及国家规定的对个人的其他现金支出。

（5）收购单位向个人收购农副产品和其他物资支付的价款。

（6）出差人员必须随身携带的差旅费。

（7）结算起点1 000元以下的零星支出。需要增加时由中国人民银行总行确定后报国务院备案。

（8）确实需要现金支付的其他支出。

一般而言，除（5）（6）两项不受结算起点1 000元的限制之外，开户单位支付给个人的其他款项，支付现金每人一次不得超过1 000元，超过限额部分，根据提款人的要求在指定的银行转为储蓄存款或以支票、银行本票支付。确需全额支付现金的，应经开户银行审查后予以支付。

三、现金坐支与白条抵库

（一）现金坐支

坐支，是指企业将销售商品、提供劳务等收入的现金未送存银行，直接用于企业的现金开支。《现金管理暂行条例》第十一条规定，开户单位现金收支应当依照下列规定办理：

（1）开户单位收入现金应于当日送存开户银行，当日送存确有困难的，由开户银行确定送存时间。

（2）开户单位支付现金，可以从本单位库存现金限额中支付或者从开户银行提取，不得从本单位的现金收入中直接支付（即坐支）。

《现金管理暂行条例实施细则》第二十条规定，未经批准坐支或者未按开户银行核定坐支额度和使用范围坐支现金的，按坐支金额的百分之十至三十处罚。

财务上应该明确收支两条线，收入现金按规定送存银行，需要使用的现金应该从银行提取后使用。因特殊情况需要坐支现金的，应当事先报经开户银行审查批准，由开户银行核定坐支范围和限额。按规定企业可以在库存现金限额申请书中同时申请坐支，并说明坐支的理由、用途和金额，报开户行审查与批准。坐支单位也应当定期向开户银行报送坐支金额和使用情况。允许坐支的单位主要包括以下几种：

（1）基层供销社、粮店、食品店、委托商店等销售兼营收购的单位，向个人支付的收购款项。

（2）邮局以汇兑收入款支付个人汇款。

（3）医院以收入款项退还住院病人的押金。

（4）饮食店等服务行业的营业找零款项等。

（5）其他因特殊情况需要坐支的单位。

3

学后思

职工老刘出差时预借差旅费 3 000 元，回来后报销出差相关费用 2 400 元，交回现金 600 元，出纳员钱一清直接将其中 400 元用于购买打印纸。这是否属于坐支现金？为什么？

（二）白条抵库

现金的支出必须要有合法的凭证。任何现金支出要有凭有据，手续完备，借款必须持有效的借据，不能以"白条"代替借据。所谓白条入账，是指行为人在办理货币资金收支业务过程中，取得或者出具不符合国家财务会计制度规定的原始凭证，并据以报销入账、逃避监管的行为。一般包括不遵守有关现金及物资管理制度要求，用白条或其他凭证，据以借出、挪用或暂付现金、原材料、商品、产品出库等。常见的现金抵库的白条主要有：

（1）以个人或单位的名义，在白纸上书写证明收支款项或领发货物的字样，作为发票来充当原始凭证。

（2）以收据代替发票。

（3）私人借款未填写正式的借支单，只以手写借条代替。

（4）不按发票规定要求开具发票。

白条抵库危害巨大，一是会为挪用公款创造可乘之机和便利条件；二是会导致会计数据存在失真，财政资金使用体外循环，脱离财务监督；三是会造成库存现金账实不符，容易导致资金管理失控；四是个人借支长期不清，容易造成资金流失，且增加了企业的财务成本。

学后思

生产科的王新明出差借款填写了正式的借支单并经生产科科长批准借款800元,主管财务的副总经理也批准了,但财务经理因在市里开会未能签字,出纳员钱一清先支付了800元现金,并以此借支单作为现金凭证。此行为是否属于白条抵库?为什么?

任务实施

出纳员钱一清认为支付给瓜农的款项超过了1 000元,不能使用现金结算,此看法是片面的。因为现金管理制度虽然规定了结算起点在1 000元以下的零星支出可以使用现金支付,但是也规定了收购单位向个人收购农副产品和其他物资支付的价款不受结算起点1 000元的限制。所以,大唐盛世公司支付给瓜农的3 000元是可以使用现金的。

任务二　现金管理内部控制制度设计

任务导入

钱一清很快进入了出纳工作状态,并发现员工在借款方面存在一些审批漏洞:借款未分类,借款审批流程不明确。她觉得可以改进,于是找到经理金明说明此事,经理大为赞赏,并觉得钱一清有做一名优秀现金出纳的潜质,故安排钱一清就借款审批提出解决之法。

一、员工个人借款制度设计

(一)员工个人借款制度简介

会计制度设计就是根据一定的理论、原则和会计法的规定并结合会计工作实际,运用文字、图表等形式对全部会计事务、会计处理手续以及会计人员的职责进行系统规划的工作。它是会计管理的重要组成部分。

为了规范员工暂借款的借用和及时还款工作,提高资金的利用率,减少资金的不合理占用,规避借款坏账损失风险,保证公司的资金安全,并进一步加强财经纪律,企业应该根据自身特点设计规范且实用的员工个人借款制度。通过合理的制度,能够管理公司的员工暂借款借用及还款事项,并明确相关人员的责任。

(二)员工个人借款制度的设计要点

1. 员工个人借款的界定及分类

一般企业的员工个人借款按性质和用途不同可以分为:员工因私借款、员工因公

文本:员工个人借款制度设计范例

借款、员工定额备用金借款。

2. 员工个人借款的流程

通常的个人借款流程可以设计如下：申请人提交→部门负责人审核→财务负责人审核→财务副总经理审批→出纳付款→申请人确认。

3. 员工个人借款的限额及审批权责

（1）借款人：各部门指定有借款资格的专项负责人，统一负责款项的借支、使用及追回。

（2）借款金额：在全年预算及月度预算额度内，以专项预算额度为限。

（3）借款审批人（兼担保人）：为各部门负责人及各中心领导，一旦签字即对此借款承担连带责任，应审核借款人的借款资格、借款用途及还款时间。

4. 员工个人借款的责任

（1）借款人的责任：员工个人借款、还款或报销应遵守公司时限规定。

（2）审批人的责任：如经审批人审批的借款造成损失的，审批人需要承担一定的经济责任。

（3）担保人的责任：对于员工因私特殊借款经担保人担保后造成损失的，由担保人承担全部责任。

（4）出纳员的责任：对于按制度规定应收回的借款，如因出纳员没有及时催收或未反馈信息而造成借款损失的，出纳员需要承担一定的经济责任。

学中做

请设计一个定额备用金管理制度。

> **学后思**
>
> 一般私人之间的借款只需要一张借据即可，而由于财务做账及备查的需要，你觉得公司的借款单应该一式几联比较合理？

二、支票管理制度设计

（一）支票管理概述

支票是以银行为付款人的即期汇票，可以看作汇票的特例。支票出票人签发的支票金额，不得超出其在付款人处的存款金额。支票一经背书即可流通转让，具有通货作用，成为替代货币发挥流通手段和支付手段职能的信用流通工具。运用支票进行货币结算，可以减少现金的流通量，节约货币流通费用。由于支票具有即期支付的特点，加强支票管理、防范财务风险就显得尤其重要。

文本：支票管理制度设计范例

（二）支票管理制度的设计要点

1. 支票的领用制度

（1）建立支票领用备查簿，依序登记领用人、领用支票日期及注销日期。

（2）支票签发一律记名，领用支票时，须凭"支票领用单"，经总经理批准签字，然后将支票按批准金额封头，加盖印章、填写日期、用途、登记号码，领用人在支票领用簿上签字备查。

（3）原则上不准签发空白抬头或空白金额的支票、远期支票，如确实需要，应由董事长批准，并在支票上填写最高限额，由领用人员负责收回相关的报销凭证，由出纳员核对信息是否准确。

（4）凡前账未清者，不准再领用支票。

2．支票的结算制度

（1）支票应自领用起××日内报账，报账时应发票齐全，支票号填写准确，如领用的支票在××日内未支付的，应及时退回财务部，由支票领用人在"支票领用单"及登记簿上注销。

（2）支票付款后由出纳员凭借支票存根统一编制凭证，登记账簿。

3．支票的保管制度

（1）支票的购置、填写和保存由出纳员负责。

（2）出纳应根据审批无误的收支凭单，逐笔顺序登记银行存款日记账，并每天结出余额。

（3）签发支票必须在银行账户余额内按规定向收款人签发，不准出租支票或将支票转让其他单位和个人使用，不准将支票交收款单位代签。

4．责任与处罚

（1）明确相关责任人的职责。

（2）列举主要的处罚情境，并作出处罚规定。

学中做

自己动手设计一个支票登记簿。先在纸上设计，然后通过 Excel 软件来完成。

> **学后思**
>
> 现金支票和转账支票遗失后应该分别采取哪些补救措施？

三、费用报销制度设计

（一）费用报销制度概述

企业的财务报销制度和报销流程，对规范企业财务管理具有重要的作用。企业的财务报销制度和财务报销流程既要合理规范，又要考虑到员工报销时的手续尽量简便。编制一个合理实用的报销流程图，可以提高办事效率，也能改善财务部门的形象。许多企业的财务部门在内部的年终考评中通常会排在各部门的最后几名，其中最主要的原因就是单位员工在报销费用的过程中多次在相关环节上出现不完整和不规范的操作，引起了员工的不满。所以财务部门应该在报销制度和流程设计上充分人性化,换位思考。

(二) 费用报销制度设计的要点

1. 可报销费用的分类

列出可以报销的主要费用的种类,如普通办公用品、大宗办公用品、住宿费、业务招待费、车辆费、交通费、通信费、水电费等。

2. 各种费用的报销标准

明确各类费用的报销标准。

3. 费用报销的流程

明确各类费用的报销流程和时限。

4. 责任

明确各项费用的报销责任主体和责任范围。

学中做

设计一个业务招待费报销制度及流程。

文本:费用报销制度设计范例

3

学后思

公司在报销过程中审核费用时,通常有合法、合规、合理及真实性审核。有没有可能出现合法合规但不合理的费用? 请举例说明。

任务实施

出纳员钱一清在结合本公司实际情况,认真总结和思考之后,认为本公司的借款可以根据借款原因分为因私借款、因公借款和员工定额备用金借款。对于借款流程设计如下:

申请人提交→部门负责人审核→财务负责人审核→财务副总经理审批→出纳付款→申请人确认。

任务三　库存现金收付业务处理

任务导入

某一天,出纳员钱一清收到500元现金,此款项是职工张某因工作失误致使财物受损而给予的赔偿。钱一清清点现金后编制会计分录如下:

借:库存现金　　　　　　　　　　　　　　　　　　　　　500
　　贷:营业外收入　　　　　　　　　　　　　　　　　　　　500

经理审核时说，钱一清对此业务的处理存在错误。那么钱一清的错误在哪里？

一、库存现金收入

（一）库存现金收入的主要来源

企业在正常经营过程中，会有各种途径取得现金收入，单位在办理经济业务时，可以根据国家现金管理制度的规定，在一定范围内收取现金。一般主要有以下几种情形，可以收取现金：

（1）单位或职工交回差旅费剩余款、赔偿款、备用金退回款。

（2）收取不能转账的单位或个人的销售收入。

（3）不足转账起点（起点一般为100元）的小额收入等。

除上述项目可直接收入现金之外，其余收款业务原则上都须通过银行转账结算。

（二）库存现金收入的一般处理程序

库存现金收入的处理程序是指办理现金收入时，从复核现金收入的来源到登记库存现金日记账的处理步骤和规则。现金收入的来源不同，其处理程序也略有差异，库存现金收款业务流程如图3-2所示。

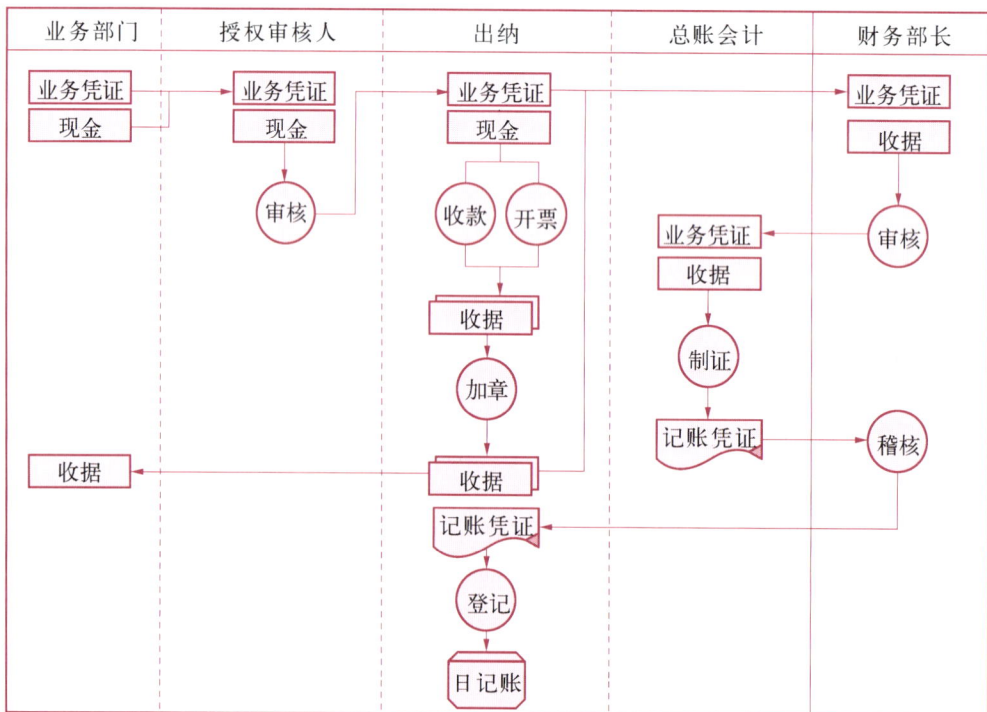

图3-2　库存现金收款业务流程

1. 出纳直接收款的程序

（1）受理收款业务，查看收款依据是否齐备。

（2）审核现金来源是否合理合法。

（3）当面清点现金，做到收付两清，一笔一清。

（4）开具收款凭据，并加盖"现金收讫"印章和出纳人员名章。

（5）根据收款收据记账联和收款依据编制现金收款凭证。

（6）根据现金收款凭证登记库存现金日记账。

2. 从银行提取现金的程序

（1）填写现金支票。

（2）向开户行提交取款凭证。

（3）取款人领取现金，应根据取款数额当面点清。

（4）取回现金后应将现金放入保险柜。

（5）会计编制现金付款凭证。

（6）审核无误后，根据现金付款凭证登记库存现金日记账。

（三）现金收款凭证的复核

现金收款凭证是出纳人员办理现金收入业务的依据，如表 3-1 所示。出纳人员在办理每一笔现金收入前，都必须首先复核现金收款凭证，按照《现金管理暂行条例》及《会计基础工作规范》等有关规定和要求认真复核以下内容：

表 3-1

收 款 凭 证

借方科目：库存现金　　　　　　　2022 年 3 月 10 日　　　　　　　现收字　005 号

摘　要	总账科目	明细科目	√	贷　方　金　额									
				千	百	十	万	千	百	十	元	角	分
销售边角料	其他业务收入	材料销售	√						2	0	0	0	0
	应交税费	应交增值税（销项税额）								2	6	0	0
合　　计								¥	2	2	6	0	0

会计主管：金明　　记账：刘牛　　出纳：钱一清　　复核：钱一清　　制单：李四

（1）现金收款凭证的填写日期是否正确。现金收款凭证的填写日期应为编制收款凭证的当天，不得提前或推后。

（2）现金收款凭证的编号是否正确。主要是复核凭证是否按本单位规定的分类编号方法连续编号，如有重号、漏号或不按日期顺序编号等情况，应将收款凭证退回给制证人员，予以更正或重新填写。

（3）现金收款凭证记录的内容是否真实、合法、正确，其摘要栏的内容与原始凭证反映的经济业务内容是否相符。

（4）使用的会计科目是否正确。如果发现科目使用错误或记账方向错误等情况，应立即退回给制证人员，要求更正。

（5）收款凭证的金额与原始凭证的金额是否一致。

（6）收款凭证"附单据"栏的张数与所附原始凭证张数是否相符。

（7）收款凭证的出纳、制单、稽核、记账、会计主管栏目是否签名或盖章。如有漏签，要补签后再收款。

> **学后思**
>
> 玉润发超市每天的营业时间为上午 8:30 到晚上 9:30。该超市在当天营业结束后，能否把每天收入的大量现金留在超市（因为此时银行已经下班不营业了），第二天再送存银行？

二、库存现金支出

（一）库存现金支出范围

企业在正常经营过程中，很多业务需要以现金支付。但现金支付必须符合中国人民银行制定的《现金管理暂行条例》中的现金支付范围。

（二）库存现金支出的一般处理程序

（1）复核现金付款凭证。

（2）经复核无误后，在付款凭证所附的原始凭证上加盖"现金付讫"印章，如图 3-3 所示。

借 支 单
2022 年 6 月 18 日

借款部门	行政办	职 别	职员	出差人姓名	李小川
借款事由	会务				
借款金额人民币（大写）：	叁仟元整		现金付讫		￥3 000.00
批准人	王政	部门负责人	张浩明	财务负责人	孙立

收款人：李小川

图 3-3 原始凭证——借支单

（3）根据付款凭证所列金额付出现金。

（4）在付款凭证"出纳"栏签章。

（5）根据付款凭证登记库存现金日记账。

现金付款业务流程如图 3-4 所示。

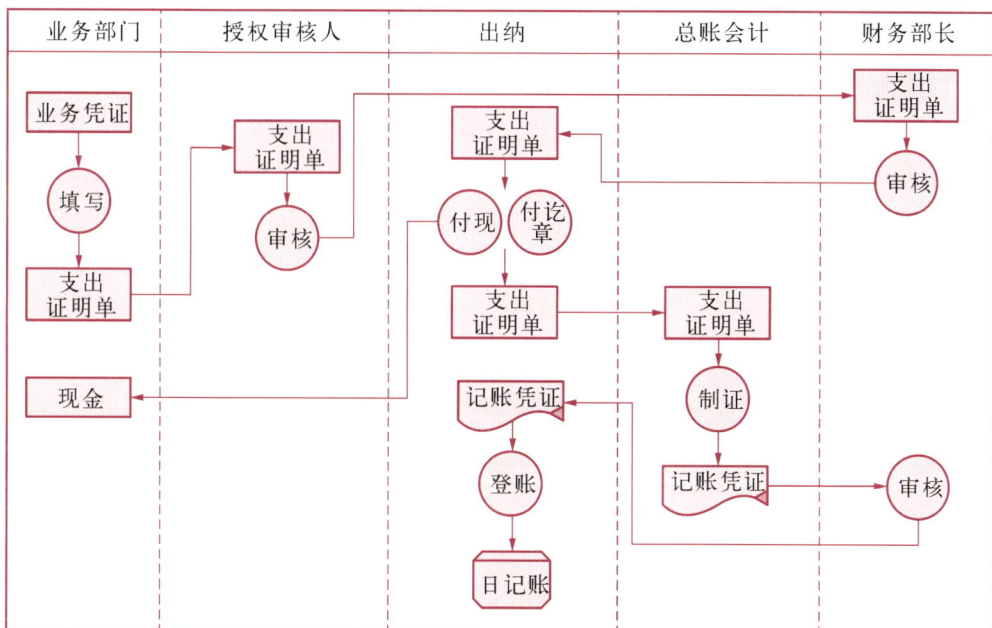

图 3-4　现金付款业务流程

(三) 现金付款凭证的复核

现金付款凭证是出纳人员办理现金支付业务的依据,如表 3-2 所示。出纳人员对每一笔现金支付业务都要认真复核现金付款凭证。其复核方法及基本要求同现金收款凭证大致相同。出纳人员在复核现金付款凭证时,应注意以下几点:

表 3-2　　　　　　　　　　　　**付 款 凭 证**

贷方科目:库存现金　　　　　　　　2022 年 3 月 10 日　　　　　　　　　现付字　001 号

摘　要	总账科目	明细科目	√	贷　方　金　额									
				千	百	十	万	千	百	十	元	角	分
购买办公用品	管理费用	办公费	√						3	6	0	0	0
合　　　计								¥	3	6	0	0	0

附件 1 张

会计主管:金明　　　记账:刘牛　　　出纳:钱一清　　　复核:钱一清　　　制单:李四

(1) 对于涉及现金和银行存款之间的收付业务,即从银行提取现金或以现金存入银行,为了避免重复,只按照收付业务涉及的贷方科目编制付款凭证。

(2) 现金付款凭证如出现红字时,实际经济业务应是现金收入的增加,但在处理时，为了避免混淆，出纳人员在凭证上加盖印章时，仍应加盖现金付讫章，以表示原经济业务付出的款项已全部退回。

（3）发生销货退回时，如数量较少，且退款金额在转账起点以下，需用现金退款时，必须取得对方的收款收据，不得以退货发货票代替收据编制付款凭证。

（4）从外单位取得的原始凭证如遗失，应取得原签发单位盖有公章的证明，并注明原始凭证的名称、金额、经济内容等，经单位负责人批准，方可代替原始凭证。如确实无法取得证明的，由当事人写明详细情况，由同行人证明，并由主管领导和财务负责人批准，方可代替原始凭证。

（5）"原始凭证分割单"可作为填制付款凭证的依据，如表 3-3 所示。但出纳人员需要对原始凭证分割单进行审查。

表 3-3　　　　　　　　　原始凭证分割单(支付证明)

单位：　　　　　　　　　　年　月　日

品名或用途	摘　要	金　额								
		百	十	万	千	百	十	元	角	分
人民币金额(大写)										
原始凭证	编号	单位名称		电话						
	分割原因									

核准(签章)　　　　证明(签章)　　　　验收(签章)　　　　经手(签章)　　　　制单(签章)

学后思

工会职工王晓红要出差 10 天，需借款 12 000 元且已经办好借款手续，出纳钱一清的库存现金恰好足够支付，钱一清直接以现金办理了王晓红的借款。钱一清的做法是否妥当？

三、库存现金收支的会计核算

企业、事业机关、社会团体等单位收入现金都应该借记"库存现金"，支出现金应该贷记"库存现金"。下面就各种现金收支业务的核算举例说明。

【例 3-1】　2022 年 3 月 1 日，大唐盛世公司出纳员钱一清填写现金支票一张，如图 3-5 和图 3-6 所示，提取现金 5 000 元备用。

中国工商银行现金支票存根	中国工商银行现金支票　支票号码：IV05223
支票号码：IV05223 签发日期：2022.3.1	签发日期（大写）：贰零贰贰年零叁月零壹日 开户行名称：中国工商银行北京三环办 收款人：大唐盛世公司　签发人账号：123456789

中国工商银行现金支票存根
支票号码：IV05223
签发日期：2022.3.1

收款人：大唐盛世公司
金额：¥5 000.00
用途：备用
备注：

单位主管：金明　会计：

中国工商银行现金支票　支票号码：IV05223
签发日期（大写）：贰零贰贰年零叁月零壹日
开户行名称：中国工商银行北京三环办
收款人：大唐盛世公司　　签发人账号：123456789

人民币　伍仟元整 （大写）	千	百	十	万	千	百	十	元	角	分
					¥	5	0	0	0	0	0

上列款项请从

我账户中支付
签发人盖章

复核
记账
验印

图 3-5　现金支票正面（正联和存根联）

附加信息：

收款人签章

身份证件名称：　　　　　　发证机关：

号码：

图 3-6　现金支票背面

出纳钱一清填写现金支票及存根后，会计主管金明在现金支票正联加盖公司财务专用章及法人章，在支票正联背面加盖公司财务专用章和法人章。

根据上述支票存根填写付款凭证，如表 3-4 所示。（注：此项业务虽是库存现金的收入，但同时也是银行存款的减少，按规定在同时涉及银行存款和库存现金的业务中，只编制贷方科目的付款凭证，以免重复记账。）

表 3-4

付 款 凭 证

贷方科目：银行存款　　　　　　2022 年 3 月 1 日　　　　　　银付字　001 号

摘　要	总账科目	明细科目	√	贷　方　金　额									
				千	百	十	万	千	百	十	元	角	分
提现	库存现金							5	0	0	0	0	0
合　　计							¥	5	0	0	0	0	0

附件1张

会计主管：金明　　记账：刘牛　　出纳：钱一清　　复核：钱一清　　制单：李四

【例 3-2】　2022 年 3 月，大唐盛世公司发生如下经济业务，并编制相应会计会录：

（1）2022 年 3 月 2 日零售 A 产品 10 件，凭证为现收字 001 号，编制会计分录如下：

借：库存现金　　　　　　　　　　　　　　　　　　　　　　　　　3 390

　　贷：主营业务收入　　　　　　　　　　　　　　　　　　　　　3 000

　　　　应交税费——应交增值税（销项税额）　　　　　　　　　　　390

（2）2022 年 3 月 3 日收到某单位租用设备租金 400 元，凭证为现收字 002 号，编制会计分录如下：

借：库存现金　　　　　　　　　　　　　　　　　　　　　　　　　　400

　　贷：其他业务收入　　　固定资产出租　　　　　　　　　　　　　400

（3）2022 年 3 月 4 日发放工资 42 000 元，凭证为现付字 001 号，编制会计分录如下：

借：应付职工薪酬　　　　　　　　　　　　　　　　　　　　　　42 000

　　贷：库存现金　　　　　　　　　　　　　　　　　　　　　　42 000

（4）2022 年 3 月 5 日职工张行个人借款 400 元，凭证为现付字 002 号，编制会计分录如下：

借：其他应收款——张行　　　　　　　　　　　　　　　　　　　　400

　　贷：库存现金　　　　　　　　　　　　　　　　　　　　　　　400

（5）2022 年 3 月 8 日李娜赔偿上月损害公物 40 元，凭证为现收字 003 号，编制会计分录如下：

借：库存现金　　　　　　　　　　　　　　　　　　　　　　　　　　40

　　贷：其他应收款——李娜　　　　　　　　　　　　　　　　　　　40

（6）2022 年 3 月 9 日收到某商品包装物押金 600 元，凭证为现收字 004 号，编制会计分录如下：

借：库存现金　　　　　　　　　　　　　　　　　　　　　　　　　600

　　贷：其他应付款——包装物押金　　　　　　　　　　　　　　　600

（7）2022 年 3 月 10 日收到职工姚琼归还的借款 400 元，凭证号为现收字 005 号，编制会计分录如下：

借：库存现金　　　　　　　　　　　　　　　　　　　　　　　　　400

　　贷：其他应收款——职工借款（姚琼）　　　　　　　　　　　　400

（8）2022 年 3 月 11 日总务科李刚报销差旅费，凭证为现付字 003 号，编制会计分录如下：

借：管理费用——差旅费　　　　　　　　　　　　　　　　　　　　952

　　贷：库存现金　　　　　　　　　　　　　　　　　　　　　　　952

（9）2022年3月12日向银行送存库存现金业务收入4 510元，凭证为现付字004号，编制会计分录如下：

借：银行存款　　　　　　　　　　　　　　　　　　　　　　　　4 510

　　贷：库存现金　　　　　　　　　　　　　　　　　　　　　　　　　　4 510

学后思

公司两名员工小李和小张领取劳务费为1 500元/人，小张因故不能来，小李要求帮小张领取劳务费，出纳钱一清能否同意小李代领的要求？你觉得在个人款项代领方面有哪些方面应该注意？

四、备用金的领用和报销

备用金是指支付给单位内部各部门或工作人员零星开支、零星采购、售货找零或差旅费等费用的款项。备用金根据管理制度可以分为定额备用金和非定额备用金。对于发生的零星开支备用金，可实行定额备用金制度，即由指定的备用金负责人按照规定的数额领取，支用后按规定手续报销，补足原定额。实行定额备用金制度的单位，备用金领用部门支用备用金后，应根据各种费用凭证编制费用明细表，定期向财会部门报销，领回所支用的备用金。对于预支的备用金，拨付时可记入"备用金"（或"其他应收款"）科目的借方；报销和收回余款时记入该科目的贷方。在实行定额备用金制度的单位，除拨付、增加或减少备用金定额时通过"备用金"科目核算外，日常支用报销补足定额时，都无须通过该科目而将支用数直接计入有关成本类科目和费用类科目。非定额备用金的使用则视同一般借款。

【例3-3】　大唐盛世公司销售处因部门人员经常出差，为简化核算，财务部门对其采用定额备用金管理制度，核定其备用金额度为2 000元。销售处刘新初次领用备用金时，出纳钱一清支付给其现金2 000元。编制会计分录如下：

借：其他应收款——备用金（销售处）　　　　　　　　　　　　　2 000

　　贷：库存现金　　　　　　　　　　　　　　　　　　　　　　　　　　2 000

销售处刘新出差回来报销差旅费1 200元，出纳钱一清支付给其现金。编制会计分录如下：

借：管理费用——差旅费　　　　　　　　　　　　　　　　　　　1 200

　　贷：库存现金　　　　　　　　　　　　　　　　　　　　　　　　　　1 200

定额备用金平时在核算中，不再涉及"其他应收款——备用金"科目，只在撤销定额时，才会涉及。

大唐盛世公司销售处因规模扩大，决定成立销售公司。财务门市部对其备用金

管理制度重新进行核定,暂时撤销其定额,收回现金。编制会计分录如下:

借:库存现金　　　　　　　　　　　　　　　　2 000
　　贷:其他应收款——备用金(销售处)　　　　　　2 000

不同单位其内部各部门因业务不同,其管理方法也有所差异,在会计核算上也会略有不同。

学后思

大唐盛世公司××部门的备用金定额是 2 000 元,该部门人员刘其前来财务部报销部门办公费 2 600 元,是否合规? 应该如何处理?

任务实施

钱一清作为出纳,对业务编制的收款凭证没有错,只是流程不对。

出纳对于此类收款业务应该按照相关流程处理后,才能编制收款凭证。

(1) 出纳收取现金并当面清点,无误后开具收据,一式三联。

(2) 存根联保存,收据联给张某,并在收据上盖"现金收讫"章。

(3) 根据记账联编制现金收款凭证。

任务四　清查库存现金

任务导入

某一天,钱一清下班前在清点现金时,发现库存现金日记账上的现金余额是 15 806 元,而现金实际只有 15 706 元。钱一清第一次碰到这种情况,心里非常紧张,请问在这种情况下她应该怎么处理呢?

一、库存现金清查概述

库存现金的清查包括两种情况:一是由出纳人员每日清点库存现金实有数,并与库存现金日记账余额相核对;二是由清查小组对库存现金进行定期或不定期清查。

出纳员的自查应该是在每个工作日即将结束时进行,清查小组则应该定期或不定期地对库存现金情况进行清查盘点。一般来说,清查小组清查多采用突击盘点方法,即不预先通知出纳员,以防其预先做手脚。盘点时间最好在一天业务没有开始之前或一天业务结束后,由出纳员将截至清查时现金收付账项全部登记入账,并结出账面余额。

这样可以避免干扰正常的业务。清查时出纳员应始终在场,并给予积极的配合。清查结束后,应由清查人填制"库存现金盘点报告表",填列账存、实存以及溢余或短缺金额,并说明原因,上报有关部门或负责人进行处理。

　　库存现金清查的内容主要包括:是否挪用现金、白条顶库、超限额留存现金、坐支现金,以及账款是否相符等。

　　库存现金清查的主要方法是通过实地盘点库存现金的实存数,然后与库存现金日记账相核对,确定账存与实存是否相等。

　　库存现金清查业务流程如图 3-7 所示。

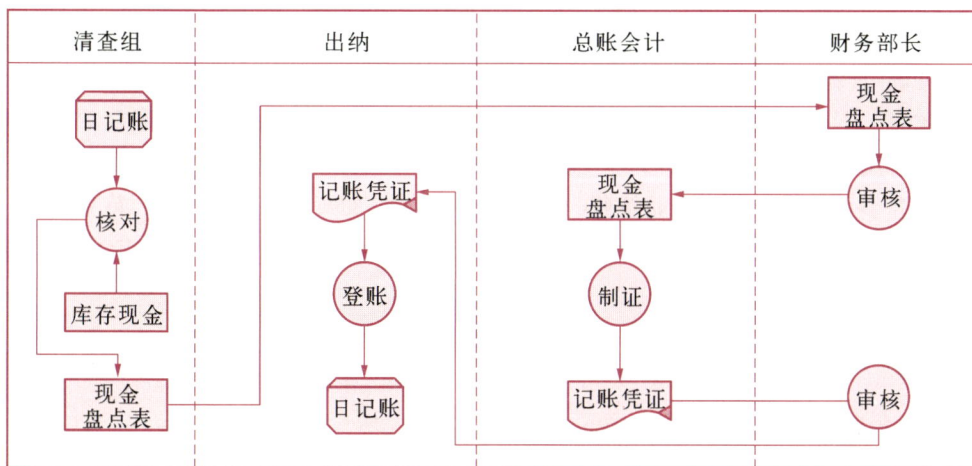

图 3-7　库存现金清查业务流程

具体步骤如下:

　　首先,在盘点前,出纳人员应先将现金收、付凭证全部登记入账,并结出余额。

　　其次,在盘点前,出纳人员必须在场,现金由出纳人员经手盘点,清查人员从旁监督。盘点时,除查明账实是否相符之外,还要查明有无违反现金管理规定,如是否以"白条"抵冲现金,现金库存是否超过核定的限额,是否坐支现金等。

　　最后,盘点结束应根据盘点结果编制"库存现金点报告表",并由检查人员和出纳人员签名盖章,作为重要的原始凭证。库存现金盘点报告表具有"盘存单"和"实存账存对比表"的作用,格式如表 3-5 所示。

表 3-5　　　　　　　　　　　　　库存现金盘点报告表

单位名称:　　　　　　　　　　　　　　　　　　　　　　　　　年　　月　　日

实 存 金 额	账 存 金 额	对 比 结 果		备　　注
		盘　盈	盘　亏	

负责人:　　　　　　　　　盘点人:　　　　　　　　　出纳员:

二、库存现金清查结果的处理

（一）审批前的处理

（1）库存现金清查结束后，企业根据"库存现金盘点报告表"已经查实的数据资料，编制记账凭证，记入有关账簿，使账簿记录与实际盘存数相符。

（2）在做好账簿调整工作后，同时根据企业的管理权限，将库存现金清查结果及处理建议报送股东大会、董事会或经理会议等类似机构批准。

（3）对于应收而无法收回的应收款项，应付而无法支付的应付款项，批准前不作账簿记录。为了反映财产清查的盘盈和盘亏情况，企业会计上应设置"待处理财产损溢"账户进行核算。

盘盈（长款）表示实际盘点数额大于账面数额。盘亏（短款）表示实际盘点数额小于账面数额。不论是盘盈或者盘亏，均需要通过"待处理财产损溢"账户将账面数额调整为实际数额。

符合小企业标准的小企业按照《小企业会计准则》的规定可以不设置"待处理财产损溢"账户，对清查结果直接进行处理。而不符合《小企业会计准则》的规定，则可以分别作如下处理：

盘盈（长款）分录：

借：库存现金
　贷：待处理财产损溢——待处理流动资产损溢

盘亏（短款）分录：

借：待处理财产损溢——待处理流动资产损溢
　贷：库存现金

【例3-4】 A公司在清查库存现金时，发现库存现金短款80元。编制会计分录如下：

借：待处理财产损溢　　　　　　　　　　　　　　　　　　　　　80
　贷：库存现金　　　　　　　　　　　　　　　　　　　　　　　　80

【例3-5】 A公司在清查库存现金时，发现实际存款大于账面余额100元。编制会计分录如下：

借：库存现金　　　　　　　　　　　　　　　　　　　　　　　100
　贷：待处理财产损溢　　　　　　　　　　　　　　　　　　　　100

（二）审批后的处理

在财产清查结果及处理意见报送股东大会或董事会，或经理会议，或类似机构批准后，根据上述机构的审批意见，应进行差异处理，调整账项。

库存现金短款时待查明原因后作如下处理：

（1）应由责任人赔偿的部分，借记"其他应收款——×××"账户，贷记"待处理财产损溢"账户。

（2）如属于无法查明的其他原因，应作为管理费用处理，借记"管理费用"账户，贷记"待处理财产损溢"账户。

【例3-6】　承接【例3-4】，库存现金短款80元，经查属于出纳人员的责任时，应由出纳人员赔偿。编制会计分录如下：

借：其他应收款——×××　　　　　　　　　　　　　80

　　贷：待处理财产损溢　　　　　　　　　　　　　　　80

当出纳人员×××交回赔款时，编制会计分录如下：

借：库存现金　　　　　　　　　　　　　　　　　　80

　　贷：其他应收款——×××　　　　　　　　　　　　80

库存现金长款待查明原因时，应作以下处理：

（1）属于应支付给有关人员或单位的，应借记"待处理财产损溢"账户；贷记"其他应付款——×××"账户。

（2）属于无法查明原因的库存现金长款，经批准后，记入"营业外收入"账户。借记"待处理财产损溢——待处理流动资产损溢"账户，贷记"营业外收入"账户。

【例3-7】　承接【例3-5】，清查库存现金时发现长款100元，若核查后属于应支付给黎明公司的款项。编制会计分录如下：

借：待处理财产损溢　　　　　　　　　　　　　　100

　　贷：其他应付款——黎明公司　　　　　　　　　　100

🤔 学后思

若在库存现金清查中库存现金余额与库存现金日记账余额相一致，但在库存现金中有一张一百元人民币是假币，这是否是账实相符？应如何处理？

任务实施

钱一清发现库存现金数小于库存现金日记账余额，属于现金短款。应该作如下处理：

(1) 填制库存现金盘点表，填制短款 100 元。

(2) 编制会计分录如下：

借：待处理财产损溢——待处理流动资产损溢   100
  贷：库存现金   100

(3) 查明原因，根据查明原因结转"待处理财产损溢——待处理流动资产损溢"科目。

借：管理费用   100
  贷．待处理财产损溢——待处理流动资产损溢   100

任务五 登记与核对库存现金日记账

任务导入

出纳员钱一清 2022 年 1 月登记的库存现金日记账如表 3-6 所示，但是经理却说钱一清编制的库存现金日记账存在一些错误。钱一清登记的库存现金日记账存在哪些错误？

表 3-6   库存现金日记账

年		凭证		对方科目	摘　要	借　方	贷　方	余　额	√
月	日	字	号						
					上年结转			88 000.00	
1	4	收	1	银行存款	提备用金	1 000.00		89 000.00	
1	5	付	1	应付职工薪酬	发上月工资		79 821.45	9 178.55	
1		付	4		王涛报业务招待费		200.00	8 978.55	
1	13	收		银行存款	提备用金	2 000.00		10 978.55	
1	21		5	管理费用	李斌行报车辆费		3 897.36	7 081.19	
1		付	7		李永通报电话费		205.00	6 876.19	
					本月合计	3 000.00	84 123.81	6 876.19	

一、认识库存现金日记账

库存现金日记账是用来逐日反映库存现金的收入、付出及结余情况的特种日记账。它是由单位出纳人员根据审核无误的现金收、付款凭证和从银行提现的银付凭证逐笔进行登记的。**为了确保账簿的安全与完整,库存现金日记账必须采用订本式账簿**。其账页格式一般采用"收入"(借方)、"支出"(贷方)和"余额"三栏式。库存现金日记账通常由出纳人员根据审核后的现金收款凭证和现金付款凭证逐日逐笔顺序登记。但由于从银行提取现金的业务,只填制银行存款付款凭证,不填制现金收款凭证,因而从银行提取现金的现金收入数额应根据有关的银行存款付款凭证进行登记。每日业务终了时,应计算并登记当日现金收入合计数、现金支出合计数以及账面结余额,并将库存现金日记账的账面余额与库存现金实有数核对,借以检查每日现金收入、付出和结存情况。

库存现金日记账是各单位重要的经济档案之一,为保证账簿使用的合法性,应明确经济责任,防止舞弊行为,以保证账簿资料的完整和便于查找。各单位在启用账簿时,先要按规定内容逐项填写"账簿启用表"和"账簿目录表"。在账簿启用表中,应写明单位名称、账簿名称、账簿编号和启用日期;在经管人员一栏中写明经管人员姓名、职别、接管或移交日期,由会计主管人员签名盖章,并加盖单位公章。在一本库存现金日记账中设置有两个以上库存现金账户的,应在第二页"账户目录表"中注明各账户的名称和页码,以方便登记和查核。常见的库存现金日记账格式如表 3 - 7 所示。

表 3 - 7　　　　　　　　　库存现金日记账

2022年 月	日	凭证 字	号	摘要	借方 十万	万	千	百	十	元	角	分	贷方 十万	万	千	百	十	元	角	分	余额 十万	万	千	百	十	元	角	分
				期初余额																		5	6	0	0	0	0	0
6	2	记	1	提现备用		5	8	0	0	0	0	0									1	1	4	0	0	0	0	0
6	5	记	2	送存现金										3	5	0	0	0	0	0		7	9	0	0	0	0	0
6	12	记	3	违纪罚款			1	0	0	0	0	0										8	0	0	0	0	0	0
6	14	记	4	报销费用			3	0	0	0	0	0										8	3	0	0	0	0	0
6	15	记	5	交滞纳金													5	9	8	8		8	2	9	4	0	1	2
6	18	记	6	个人借款										1	2	5	0	0	0	0		7	0	4	4	0	1	2
6	20	记	7	办公用品											5	4	0	0	0	0		6	5	0	4	0	1	2
6	25	记	8	业务招待											8	6	0	0	0	0		5	6	4	4	0	1	2
6	28	记	9	困难补助											5	0	0	0	0	0		5	1	4	4	0	1	2
6	30	记	10	清查短款											1	5	0	0	0	0		4	9	9	4	0	1	2
				本月合计		6	2	0	0	0	0	0		6	8	0	5	9	8	8		4	9	9	4	0	1	2

二、登记库存现金日记账

(一)登记库存现金日记账的具体要求

(1) 根据复核无误的收、付款记账凭证进行登记。现金出纳人员在办理收、付款时,应当对收款凭证和付款凭证进行仔细的复核,并以经过复核无误的收、付款记账凭证和其所附原始凭证作为登记库存现金日记账的依据。如果原始凭证上注明"代记账凭证"字样,经有关人员签章后,也可作记账依据。

（2）所记载的内容必须同会计凭证相一致，不得随便增减。每一笔账都要记明记账凭证的日期、编号、摘要、金额和对应科目等。经济业务的摘要不能过于简略，应以能够清楚地表述业务内容为度，便于事后查对。库存现金日记账应逐笔分行记录，不得将收款凭证和付款凭证合并登记，也不得将收款付款相抵后以差额登记。登记完毕，应当逐项复核，复核无误后，在记账凭证上的"账页"一栏内标记过账符号"√"，表示已经登记入账。

（3）逐笔、序时登记日记账，做到日清月结。为了及时掌握现金收、付和结余情况，库存现金日记账必须做到当日账务、当日记录，并于当日结出余额；有些现金收、付业务频繁的单位，还应随时结出余额，以掌握收、支计划的执行情况。

（4）必须连续登记，不得跳行、隔页，不得随便更换账页和撕去账页。库存现金日记账采用订本式账簿，其账页不得以任何理由撕去，作废的账页也应留在账簿中。在一个会计年度内，账簿尚未用完时，不得以任何借口更换账簿或重抄账页。记账时必须按页次、行次、位次顺序登记，不得跳行或隔页登记，如不慎发生跳行、隔页时，应在空页或空行中间划线加以注销，或注明"此行空白""此页空白"字样，并由记账人员盖章，以示负责。

（5）文字和数字必须整洁清晰，准确无误。在登记书写时，不要滥造简化字，不得使用同音异义字，不得书写怪异字体；摘要文字紧靠左线；数字要写在金额栏内，不得越格错位、参差不齐；文字、数字字体大小适中，紧靠下线书写，上面要留有适当空距，一般应占格宽的二分之一，以备按规定的方法改错。记录金额时，如为没有角分的整数，应分别在角分栏内写上"0"，不得省略不写，或以"—"号代替。阿拉伯数字一般可自左向右适当倾斜，以使账簿记录整齐、清晰。为防止字迹模糊，墨迹未干时不要翻动账页；夏天记账时，可在手臂下垫一块软质布或纸板等书写，以防汗浸，模糊字体。

（6）使用钢笔时，以蓝、黑色墨水书写，不得使用圆珠笔（银行复写账簿除外）或铅笔书写。但按照红字冲账凭证冲销错误记录，以及会计制度中规定用红字登记的业务，可以用红色墨水记账。

（7）每一账页记完后，必须按规定转页。为便于计算了解日记账中连续记录的累计数额，并使前后账页的合计数据相互衔接，在每一账页登记完毕结转下页时，应结出当月发生额合计数及余额，写在本页最后一行和下页第一行的有关栏内，并在摘要栏注明"过次页"和"承前页"字样。也可以在本页最后一行用铅笔字写出发生额合计数和余额，核对无误后，用蓝、黑色墨水在下页第一行写出上页的发生额合计数和余额，在摘要栏内写上"承前页"字样，不再在本页最后一行写上"过次页"的发生额和余额。

（8）必须逐日结出余额，每月月末必须按规定结账。库存现金日记账不得出现贷方余额（或红字余额）。

（9）记录发生错误时，必须按规定方法更正。为了提供在法律上有证明效力的核算资料，保证日记账的合法性，账簿记录不得随意涂改，严禁刮、擦、挖、补，或使用化学药物清除字迹。发现差错时必须根据差错的具体情况采用划线更正、红字更正、补充登记等方法更正。

为了使库存现金日记账的账面记录完整与准确，使其与有关的账目、款项相符，出纳人员在收、付现金以后，要及时记账，并且要按照一定的程序进行对账。

（二）库存现金日记账栏目的填写方法

登记库存现金日记账时，除了遵循账簿登记的基本要求之外，还应注意以下栏目的填写方法：

1. 日期

"日期"栏中填入的应为据以登记账簿的会计凭证上的日期。库存现金日记账一般依据记账凭证登记，因此，此处日期应为编制该记账凭证的日期。不能填写原始凭证上记载的发生或完成该经济业务的日期，也不是实际登记该账簿的日期。

2. 凭证字号

"凭证字号"栏中应填入据以登记账簿的会计凭证类型及编号。例如，企业采用通用凭证格式，根据记账凭证登记库存现金日记账时，填入"记×号"；企业采用专用凭证格式，根据现金收款凭证登记库存现金日记账时，填入"收×号"。

3. 摘要

"摘要"栏中应简要说明入账的经济业务的内容，力求简明扼要。

4. 对应科目

"对应科目"栏应填入会计分录中"库存现金"科目的对应科目，用以反映库存现金增减变化的来龙去脉。在填写对应科目时，应注意以下三点：

（1）对应科目只填总账科目，不需填明细科目。

（2）当对应科目有多个时，应填入主要对应科目。例如，销售产品收到现金，则"库存现金"的对应科目有"主营业务收入"和"应交税费"，此时可在对应科目栏中填入"主营业务收入"，在借方金额栏中填入取得的现金总额，而不能将一笔现金增加业务拆分成两个对应科目金额填入两行。

（3）当对应科目有多个且不能从科目上划分出主次时，可在对应科目栏中填入其中金额较大的科目，并在其后加上"等"字。例如，用现金 800 元购买零星办公用品，其中 300 元由车间负担，500 元由行政管理部门负担，则在库存现金日记账"对应科目"栏中填入"管理费用等"，在贷方金额栏中填入支付的现金总额 800 元。

5. 借方金额与贷方金额

"借方金额"栏和"贷方金额"栏应根据相关凭证中记录的"库存现金"科目的借贷方向及金额填入。

6. 余额

"余额"栏应根据"本行余额＝上行余额＋本行借方－本行贷方"公式的计算结果填入。

正常情况下库存现金不允许出现贷方余额，因此，库存现金日记账余额栏前未印有借贷方向，其余额方向默认为借方。若在登记库存现金日记账过程中，由于登账顺序等特殊原因出现了贷方余额，则在余额栏用红字登记，表示贷方余额。

三、库存现金日记账的核对

对账是指对账簿记录的内容进行核对，使账证、账账和账实相符的过程。库存现金日记账的账证核对，主要是指库存现金日记账的记录与有关的收、付款凭证进行核对；

账账核对,则是指库存现金日记账与现金总分类账的期末余额进行核对;账实核对,是指库存现金日记账的余额与实际库存数额的核对。

库存现金日记账的具体核对方法如下:

(一) 库存现金日记账与库存现金收付款凭证的核对(账证核对)

收、付款凭证是登记库存现金日记账的依据,账目和凭证应该是完全一致的。但是,在记账过程中,可能由于工作粗心等原因,往往会发生重记、漏记、记错方向或记错数字等情况。账证核对要按照业务发生的先后顺序一笔一笔地进行。检查的项目主要是:核对凭证编号;复查记账凭证与原始凭证,看两者是否完全相符;查对账证金额与方向的一致性。检查时如发现差错,要立即按规定方法更正,确保账证完全一致。

(二) 库存现金日记账与库存现金总分类账的核对(账账核对)

库存现金日记账是根据收、付款凭证逐笔登记的,而库存现金总分类账是根据收、付款凭证汇总登记的,记账的依据是相同的,记录的结果应该完全一致。但是,由于两种账簿是由不同人员分别记账,而且总账一般是汇总登记,在汇总和登记过程中,都有可能发生差错;日记账是一笔一笔记录的,记录的次数很多,也难免发生差错。因此,出纳应定期出具"出纳报告单"与总账会计进行核对。平时要经常核对两账的余额,每月终了结账后,总分类账各个科目的借方发生额、贷方发生额和余额都已试算平衡,一定要将总分类账中现金本月借方发生额、贷方发生额以及月末余额,分别同库存现金日记账的本月收入(借方)合计数、本月支出(贷方)合计数和余额相互核对,查看账账之间是否完全相符。如果不符,先应查出差错出在哪一方,如果借方发生额出现差错,应查找现金收款凭证、银行存款付款凭证(提取现金业务)和现金收入一方的账目;反之则应查找现金付款凭证和现金付出一方的账目。找出错误后,应立即按规定的方法加以更正,做到账账相符。

(三) 库存现金日记账与库存现金的核对(账实核对)

出纳人员在每日业务终了以后,应自行清查账款是否相符。先结出当天库存现金日记账的账面余额,再盘点库存现金的实有数,看两者是否完全相符。在实际工作中,凡是有当天来不及登记现金收、付款凭证的,均应按"库存现金实有数＋未记账的付款凭证金额－未记账的收款凭证金额＝库存现金日记账账存余额"的公式进行核对。反复核对仍不相符的,即说明当日记账或实际现金收、付有误。在这种情况下,出纳人员一方面应向会计负责人报告,另一方面应对当天办理的收、付款业务逐笔进行回忆,争取尽快找出差错的原因。

> 👤💭 **学后思**
>
> 　　12月15日,出纳钱一清发现12月8日的一笔业务,把借方发生额156元误记为165元了,因为库存现金日记账要求日清月结,从而导致12月8日至12月15日的库存现金日记账余额均与库存现金实有数不一致。这样的错账能否采用划线更正法进行更正?为什么?

任务实施

钱一清登记的库存现金日记账存在如下几个错误：

(1) 本日合计没有计算完整。

(2) 部分业务没有对方科目。

(3) 部分业务没有登记日期。

(4) 有些凭证没有号数。

(5) 没有注明记账的年份。

任务六　编制现金预算

任务导入

财务处提供的 2022 年 11 月份现金收支的预计资料如下：

(1) 1 月 1 日的现金（包括银行存款）余额为 13 700 元，已收到未入账支票 40 400 元。

(2) 产品售价为 8 元/件。2022 年 9 月销售 20 000 件，2022 年 10 月销售 30 000 件，2022 年 11 月预计销售 40 000 件，2022 年 12 月预计销售 25 000 件。根据经验，商品售出后当月可收回货款的 60%，次月收回 30%，再次月收回 8%，另外 2% 为坏账。

(3) 进货成本为 5 元/件，平均在 15 天后付款。编制预算时月底存货为次月销售的 10% 加 1 000 件。8 月底的实际存货为 4 000 件，应付账款余额为 77 500 元。

(4) 2022 年 11 月的费用预算为 85 000 元，其中折旧为 12 000 元，其余费用需当月用现金支付。

(5) 预计 11 月份将购置设备一台，支出 150 000 元，需当月付款。

(6) 2022 年 11 月预交所得税 20 000 元。

(7) 现金不足时可从银行借入，借款额为 10 000 元的倍数，利息在还款时支付。期末现金余额不少于 5 000 元。

经理要求钱一清编制本月的现金预算。钱一清该如何编制？

一、现金预算管理认知

现金预算管理中的现金是广义的现金，是指在生产过程中暂时停留在货币形态的资金，包括库存现金、银行存款、银行本票和银行汇票等。现金是流动性最强的非盈利性资产，现金管理的过程就是在现金流动性与收益性之间进行权衡的过程。

财务管理中有"现金为王"的说法，缺少现金，会使企业的正常经营受到影响，但过多的现金又会形成资金浪费,增加资金使用成本,降低资金使用效率。现金管理的目标是在满足企业正常需要的前提下,尽可能少地持有现金,对多余现金应尽量通过适当的投资渠道进行投资以获取相应的收益。

(一) 企业持有现金的动机

企业持有一定数量的现金主要是基于支付动机、预防动机和投机动机。

1. 支付动机

支付动机是指企业在正常生产经营秩序下应当保持一定的现金支付能力。企业为了组织日常生产经营活动,必须保持一定数额的现金余额,用以支付货款、税款、薪酬和各种费用。一般来说,企业为满足支付动机所持有的现金余额主要取决于企业的销售水平。

2. 预防动机

预防动机是指企业为应付紧急情况而需要保持的现金支付能力。由于市场行情的瞬息万变和其他各种不可预测因素的存在,企业通常难以对未来现金流入量和现金流出量作出准确的估计和预期。因此,在正常业务活动现金需要量的基础上,追加一定数量的现金余额以应付未来现金流入和流出的随机波动,是企业在确定必要现金持有量时应当考虑的因素。企业为满足预防动机而应持有的现金余额主要取决于以下三个方面:一是企业愿意承担风险的程度;二是企业临时举债能力的强弱;三是企业对现金流量预测的可靠程度。

3. 投机动机

投机动机是指企业为了抓住各种瞬息即逝的市场机会,获取较大利益而准备的现金余额。其持有量大小往往与企业在金融市场的投资机会及企业对待风险的态度有关。

现金是变现能力最强的非盈利性资产。现金管理的过程就是在现金的流动性与收益性之间进行权衡选择的过程。通过现金管理,使现金收支不但在数量上,而且在时间上相互衔接,对于保证企业经营活动的现金需要,降低企业闲置的现金数量,提高资金收益率具有重要意义。

由于现金是非盈利性资产,所以现金应保持较低的持有量,即在不影响经营的情况下应尽量少地持有现金。

(二) 企业持有现金的成本

企业持有现金的主要成本有以下几部分:

(1) 现金的持有成本,是指企业因保留一定现金余额而增加的管理费用以及丧失的再投资收益。管理费用具有固定成本的性质,它在一定范围内与现金持有量的多少没有关系。丧失的再投资收益是企业的机会成本,它是一种变动成本,与现金持有量呈正比例关系。

(2) 现金的转换成本,是指企业用现金购入有价证券以及转让有价证券换取现金时付出的交易费用。转换的成本包括佣金、委托手续费、证券过户费、实物交割手续费等。转换成本与现金持有量之间呈反方向变动关系。

（3）现金的短缺成本，是指由于现金持有量不足而又无法及时通过有价证券变现加以补充而给企业造成的损失，包括直接损失与间接损失。短缺成本与现金持有量之间呈反方向变动关系。

（三）现金预算管理的意义

现金预算是对企业预算期内现金收支情况的估计和规划，是企业进行现金日常管理的指南和依据，是财务预算的重要组成部分。做好现金预算工作，有利于企业在现金支出发生之前有计划可循，避免盲目性，便于确定筹资的时间和数额，从而避免不必要的现金闲置，节约筹资成本。

二、现金预算管理流程

现金预算管理流程如下：

（一）统计各部门现金支出计划

企业各部门在制订工作计划时，要同时编制出现金支出预算，并报给财务部门。企业编制现金预算时，可以以年度为单位，也可以以月度为单位。企业编制年度现金预算时，要把预算分解到各部门，每个部门都有指标，这个指标就是上限，任何部门都不能超越上限；编制月度现金预算时，应该使用"零基预算"的方法，即从零开始，做一件事花一笔钱，钱与事相对应。相比之下，编制月度现金预算比编制年度现金预算更加容易。把预算精确到每一个部门、每一件事上，这样的预算才有控制力。

企业编制的预算应该有 3 到 5 个月的试行期，在试行期内可以适当修改，这就需要企业的管理人员具备很强的计划能力，能够按照标准或者定额科学地核算和制订，决不能想当然地编制预算。

（二）预测各种现金销售收入

财务部门要会同销售部门根据销售计划和销售预测编制现金收入预算，并把回款任务落实到销售部门。

通常在编制预算的过程中，企业领导的重心放在支出预算上；而在执行预算的过程中，领导的重心放在收入预算上。但支出预算的刚性强、弹性小；而收入预算的弹性大、刚性小，因此有些时候，企业卖出产品后不能及时收回货款，就导致收入预算难以制订，企业收入不完全由自己控制，容易造成收支不平衡的现象出现。这时企业不能放弃预算的编制，而是要编制弹性预算，即根据对市场的分析预测，判断出最好及最差的状况，想好应对不同情况的策略。

（三）编制现金收支预算方案

编制现金收支预算方案时，应该由总经理主持、财务部门牵头，企业各有关方面的负责任人都要参加。

企业里即使有财务副总经理或者总会计师，最好也要由总经理制订预算。因为财务副总经理或总会计师与总经理的思路不同，总经理是从全企业的角度出发，能够制订出科学合理的预算。

3

（四）执行现金收支预算方案

现金收入预算方案经总经理办公会讨论通过后,就要交由财务部门控制执行。当企业规模较大时,编制年度现金收支预算方案应经过董事会或者股东大会的讨论通过,即使是月度现金收支预算方案,也要经过总经理办公会讨论通过。这样做有两方面好处:

（1）进一步综合平衡,判断预算是否做到"照顾重点、兼顾一般",是否合理,是否有遗漏。经过综合平衡以后的预算将更加合理,更具有可操作性。

（2）赋予预算制度效力,使其更加权威。经由讨论的预算一旦生效,任何人都不得随意修改。

（五）控制非预算内开支项目

预算方案通过以后,企业中凡是有现金支出的部门,都必须按照预算规定的项目、金额和时间,由财务部门划拨执行;对于没有列入预算的项目,财务部门有权拒绝开支。

预算执行以后,每个部门负责人都要尽心尽力控制好自己部门的预算,按照"谁负责谁签字,谁签字谁负责"的原则控制预算。很多领导以为签字就是权力,其实签字会使领导者丢掉检查权,而检查是管理最简单、最有效的方法。总经理签字体现了管理中的两个原则——例外原则和重点原则。以某集团的裁决制度为例,在现金收支预算管理的前提下,关于支出,领导人应该在发生以下两种情况时签字:

（1）意外性支出。意外性支出是指由于外部原因造成的非预算内开支,如企业在天灾人祸以后支出的慈善款等。意外性支出可以通过编制临时性预算解决,但是应注意严格控制临时性预算,因为临时性预算多了,会干扰正常的预算。

（2）资本性支出。资本性支出是指企业购置固定资产、无形资产和长期资产的支出。与资本性支出相对应的是收益性支出,企业要对这两者进行清晰地区分,正确核算成本费用。

（六）监督检查方案执行情况

计划期末应当对预算执行情况进行检查,超预算开支的,要追究当事者责任。企业在编制支出预算的时候,要同步制订一系列标准和定额,即进行管理基础工作。管理基础工作越健全、越合理,预算越有效。大型企业编制预算时应当使用标准成本法,小型企业不适合使用这种方法。标准成本等于标准消耗乘以标准价格,标准消耗就是消耗定额,包括原材料消耗定额、能源消耗定额和劳动消耗定额,标准价格就是计划价格。

外部市场是不断变化的,所以预算要年年编制,不能一劳永逸,这样的预算管理才更有效果。编制预算并不是一件复杂的工作,关键是要改变旧的观念和习惯。

三、现金预算的编制方法

现金预算要求按现金的收付实现制原则进行编制,并要求做到现金收支的积极平衡,即不仅预算期内现金收支总额要平衡,而且还应达到预算期内不同时点上的收支总额平衡,正因为如此,企业一般采用滚动预算方式,按月编制现金预算。

现金预算的编制方法一般有两种:一种是现金收支法,另一种是调整净收益法。

(一)现金收支法

现金收支法是目前较为流行也是运用较为广泛的一种现金预算方法。该方法一般是以表格形式(即现金预算表)分项列出现金收入和现金支出,因而具有直观、简便的特点,便于进行现金预算的控制和评价。现金预算表主要是由现金收入、现金支出、现金余缺及处理等项目构成。

1. 现金收入

现金收入一般由销货现金收入和其他现金收入等项目组成。

(1)销货现金收入是企业最重要的现金收入来源,取决于企业的产品销售能力,某期销货现金收入由当期现销收入和当期收回的应收款项组成。当期收回的应收款项包括当期赊销款的收回和以前各期应收账款的收回。

(2)其他现金收入组成较繁杂,视企业的具体情况而定,主要包括材料销售收入、对外投资的收回、固定资产变现等营业外实现的现金收入。

2. 现金支出

现金支出包括经营性现金支出和其他现金支出。

(1)经营性现金支出主要取决于预算期的有关生产经营预算,如销售预算、材料消耗及采购预算、直接工资预算、期间费用预算等。企业某期材料采购支付现金包括当期采购材料支付的现金和本期支付以前各期材料的采购款,工资支出要视工资政策和产品生产预算而定,要区分计时工资制和计件工资制。期间费用的大小要结合企业销售水平制定,应加强预算控制。

(2)其他现金支出要受企业固定资产投资预算、借款归还计划、股利分配政策及对外投资计划等影响,此项目一般包括资本性现金支出、债务的偿还、股利支出及证券投资等部分。

3. 现金余缺及处理

若不考虑筹资增加的现金,企业预算期内可供支配的现金由两部分所构成,即期初现金余额和本期现金收入。而这些可供支配的现金除要满足正常的现金支付之外,期末还应保留一个合理的现金余额,即最佳现金持有量,以供下期生产经营之用,因此,现金余缺可用公式表示如下:

现金余缺=期初现金余额+本期现金收入−本期现金支出−最佳现金持有量(余额)

当以上计算结果大于零时,表明企业当期现金剩余,为提高企业资金的利用效率,可考虑偿还部分债务,或进行短期投资;当以上计算结果小于零时,表明企业当期现金短缺,企业可通过出售手中的短期证券,或尽早安排适当的筹资方式,如发行股票、债券或安排银行借款等来补充现金,筹资方式可视企业具体情况而定。

(二)调整净收益法

调整净收益法是指将权责发生制下的净收益调整成收付实现制下的净收益,并以此为基础编制现金预算的一种方法。

该方法以预算期的会计利润为出发点,结合影响损益及现金收支的有关会计事项,逐项调整,最后计算出预算期的现金余额。显然,该方法要求事先编制企业预算期的预计资产负债表和预计损益表。相比较现金收支法,调整净收益法能有效地将企业获利能力与现金流量结合起来,能够有效地揭示企业收益额与现金流量失衡的原因,有利于加强管理。但该方法无法直观地反映现金余额的增减与各营业收支项目的关系,如无法反映产品销售、材料采购、资本性支出等因素对当期现金的影响。

调整净收益法可按以下步骤进行现金预算编制:

(1)将企业预算期按以权责发生制为基础计算的税前净收益调整为以现金收付制为基础计算的税前净收益,并计算出税后净收益。该步骤要求对预算期的成本费用和销售收入进行调整,就是将预算期的非付现成本费用调增当期利润,把当期按权责发生制确认的销售收入,调整按现金收付制确认的销售收入。

(2)以现金收付制为基础的净利润加上预算期内与收益无关的现金收入,减去与收益无关的现金支出,调整计算出预算期现金的增减额。若企业预算期内与收益无关的现金收支项目较多,这就要求企业在现金预算的具体编制过程中,结合当期的具体情况安排表内项目。

(3)计算余缺。预算期内现金流量的增减额加上期初现金余额之和如果小于企业合理的现金持有量,表明现金短缺,反之,则表明现金多余。

(4)对现金的余缺作出财务安排。具体财务处理与现金收支法相同。通常,由于调整净收益法的编制程序较为复杂,企业比较习惯使用现金收支法,调整净收益法使用较少。

学后思

筹集现金可能会发生哪些成本?银行存款是有利息的,为什么说现金是非盈利性资产?

任务实施

钱一清经过仔细计算和核对,编制现金预算表如表3-8所示。

表3-8   现金预算表   单位:元

项 目	金 额
期初现金余额	13 700
现金收入:	
支票收款	40 400
上年9月份销售20 000件	20 000×8%×8=12 800
上年10月份销售30 000件	30 000×30%×8=72 000
本月销售40 000件	40 000×60%×8=192 000

续　表

项　目	金　额
销货收现合计	276 800
可使用现金合计	330 900
现金支出：	
上月应付账款	77 500
本月进货本月付现现金支出	{[本月销售 40 000 件＋月末（2 500 件＋1 000 件）－月初 4 000 件]×5 元/件}×50％＝98 750
付现费用	85 000－12 000＝73 000
购置设备	150 000
所得税	20 000
现金支出合计	419 250
现金多余（或不足）	（88 350）
借入银行存款	100 000
期末现金余额	11 650

岗位能力测试

一、收款凭证填制

2023 年 3 月 25 日，信达公司收到宏达公司货款 58 000 元。已经收到并审核原始凭证，请填制收款凭证（假设收款凭证已编号到 20 号），如表 3－9 所示。

表 3－9　　　　　**收　款　凭　证**

年　月　日　　　　　　　　　　　　　　　__字 第__号

借方科目_____　　　　　　　　　　　　　　　　　　附件__张

摘　要	会计科目		贷　方　金　额										记账（签章）
	总账科目	明细科目	千	百	十	万	千	百	十	元	角	分	
合　计													

会计主管　　　　　　　出纳　　　　　　　审核　　　　　　　　　制单

二、付款凭证填制

2023 年 3 月 4 日,采购员王涛到北京采购材料借差旅费 3 000 元(现金)(假设收款凭证已编号到 10 号)。请填制付款凭证,如表 3 - 10 所示。

表 3 - 10 **付 款 凭 证**

年　月　日

贷方科目＿＿＿＿＿　　　　　　　　　　　　　　　　　　　　　　＿＿字 第＿＿号
　　　　　　　　　　　　　　　　　　　　　　　　　　　　　　　　附件＿＿张

摘　要	会计科目		借　方　金　额										记账(签章)
	总账科目	明细科目	千	百	十	万	千	百	十	元	角	分	
合　计													

会计主管　　　　　　　出纳　　　　　　　　审核　　　　　　　　　　制单

三、现金清查

2022 年 12 月 15 日上午 9 时,长沙市审计局派出审计人员对宏达公司的库存现金进行突击盘点。经过盘点,实际的情况如下:

(1) 现钞有 100 元币 10 张,50 元币 13 张,10 元币 16 张,5 元币 19 张,2 元币 22 张,1 元币 25 张,5 角币 30 张,2 角币 20 张,1 角币 40 张,硬币 5 角 8 分,总计 1 997.58 元。

(2) 已收款尚未入账的收款凭证 3 张,计 130 元。

(3) 已收款尚未入账的付款凭证 5 张,计 520 元,其中有李华借条一张,日期为 2022 年 7 月 15 日,金额为 200 元,未经批准和说明用途。

(4) 盘点的库存现金账面余额为 1 890.20 元,2022 年 12 月 1 日至 2022 年 12 月 10 日收入现金 4 560.16 元,支出现金 4 120 元。2022 年 11 月 30 日库存现金账面余额为 1 060.04 元。

【要求】

(1) 请说明上述资料是如何获得的?

(2) 根据资料编制库存现金盘点表,计算出盈亏,并推算出 2022 年 12 月 31 日库存现金实存额。

(3) 指明宏达公司存在的问题,并提出处理意见。

四、登记库存现金日记账

大唐盛世公司 2022 年 12 月 1 日库存现金日记账余额是 5500 元,本月发生以下经济业务,请完成库存现金日记账的登记并结账,如表 3 - 11 所示。

1 日,出纳员钱一清签发现金支票,向银行提取现金 1 000 元。

2 日,采购员张伟出差,预借差旅费 2 000 元。

3 日,出售旧报纸,收到现金 500 元。

5 日,报销员工市内交通费 100 元。

13 日,支付厂部购买办公用品费用 600 元。

15 日,采购员张伟出差回来,报销差旅费 1 300 元,剩余款项退回财务部门。

19 日,收到门市部交来的营业款 16 000 元,并存入银行。

31 日,赵莉获杰出员工奖,发放奖金 4 000 元,以现金支付。

表 3 - 11 库存现金日记账

年		凭证		摘 要	借 方								贷 方								借或贷	余 额							
月	日	字	号		十	万	千	百	十	元	角	分	十	万	千	百	十	元	角	分		十	万	千	百	十	元	角	分

五、编制现金预算表

旺达餐饮企业有关预算资料如下:

(1) 预计该企业 3 月至 7 月的销售收入分别为 40 000 元、50 000 元、60 000 元、70 000 元、80 000 元。每月销售收入中,当月收到现金 30%,下月收到现金 70%。

(2) 各月直接材料采购成本按下一个月销售收入的 60% 计算。所购材料款于当月支付现金 50%,下月支付现金 50%。

(3) 预计该企业 4 月至 6 月的制造费用分别为 4 000 元、4 500 元、4 200 元,每月制造费用中包括折旧费 1 000 元。

(4) 预计该企业 4 月份购置固定资产,需要现金 15 000 元。

(5) 企业在 3 月末有长期借款 20 000 元,利率为 15%。

(6) 预计该企业在现金不足时,向银行申请短期借款(为 1 000 元的倍数);现金有多余时归还银行(为 1 000 元的倍数)。借款在期初,还款在期末,借款年利率为 12%。

(7) 预计该企业期末现金余额的额定范围是 6 000～7 000 元,长期借款利息每季度末支付一次,短期借款利息还本时支付,其他资料见 4—6 月现金预算表,如表 3 - 12 所示。

表 3 - 12　　　　　　　　　　　4—6 月现金预算表　　　　　　　　　　单位：元

项　　　目	4 月	5 月	6 月
期初现金余额	7 000		
经营现金收入			
直接材料采购支出			
直接人工工资支出	2 000	3 500	2 800
制造费用支出			
其他付现费用	800	900	750
预交所得税			8 000
购置固定资产			
现金余缺			
向银行借款			
归还银行借款			
支付短期借款利息			
支付长期借款利息			
期末现金余额			

要求：根据以上资料，完成该企业 4 月至 6 月现金预算的编制工作。

项目四　银行结算业务

◇ **知识目标**

1. 掌握银行存款结算业务的范围和管理规定。
2. 熟悉各种银行结算业务的处理程序。
3. 掌握各种转账结算方式的使用范围和方法。

◇ **能力目标**

1. 能熟练使用支票进行结算。
2. 具备使用银行汇票和商业汇票结算的能力。
3. 能通过委托收款、托收承付和汇兑方式进行结算。
4. 能掌握信用卡及信用证结算的知识与技能。
5. 能熟练登记并核对银行存款日记账。
6. 能掌握银行存款清查结果的处理。

案例导入

　　大唐盛世公司收到卓尔不凡公司用于支付上月货款的一张银行汇票,金额为120 000 元。出纳员钱一清到银行办理收款手续。银行方面因为钱一清的手续不完整而未予办理。钱一清回来向财务经理金明请教。

　　金明经理:"小钱啊,我问你个小问题,缴款单和进账单有什么不同啊?"

　　钱一清:"好像都能使单位银行存款增加,具体有什么差别不是很清楚。"

　　金明经理:"那你收到银行汇票应该填写进账单还是缴款单?"

　　钱一清:"应该是进账单吧。"

　　金明经理:"是的,缴款单一般是到银行缴存现金时所使用的。而通过转账进入我们企业账户的一般使用进账单。你收到汇票应该填写进账单,同时到银行办理进账时,你要加盖相关印章,如财务章、法人章等。"

　　钱一清:"经理,关于银行结算方面的知识我应该在哪些方面下些工夫呢?"

　　金明经理:"你应该好好学习《人民币银行结算账户管理办法》《人民币银行结

算账户管理办法实施细则》和《中华人民共和国票据法》（以下简称《票据法》），并深入理解，有任何不懂的地方都可以向同事请教，他们的业务都很熟练。"

　　钱一清："谢谢经理。我一定好好学习。"

任务一　银行结算业务概述

　　银行结算业务即转账业务，简称结算或支付结算，是指通过银行账户的资金转移所实现收付的行为，即银行接受客户的委托代收代付，从付款单位账户划山款项，转入收款单位账户，以及通过银行账户的资金转移实现收付款，以此完成经济活动主体之间债权债务的清算和资金的划拨。银行结算业务是以信用收付代替现金收付的业务。

　　银行存款结算方式是以银行作为支付结算和资金清算的中介，办理各种货币支付和资金清算。中国人民银行总行负责统一制定支付清算制度，组织、协调、管理和监督全国的支付结算工作，调解和处理银行之间的支付结算纠纷。目前，我国除了银行存款结算方式，还有丰富的票据支付结算方式，具体的票据结算方式包括银行汇票、商业汇票、银行本票、支票、汇兑、委托收款、托收承付等。各种支付结算方式的前提是已在银行开设账户。

任务导入

　　大唐盛世公司是一家制造业的上市公司，因为业务需要，于 2022 年 8 月成立了全资子公司浙江九华有限责任公司。为了保证子公司正常的核算，财务主管金明让出纳员钱一清协助新的公司财务人员周晓办理开立银行存款账户的业务，大唐盛世公司应该开立基本存款账户还是一般存款账户？开立账户前的准备工作有哪些？

一、银行存款账户管理

（一）银行存款账户概述

　　银行存款账户是客户在银行开立的各种存款、贷款以及往来账户的总称。它是银行为国民经济各部门、各企业事业单位和个体经营者办理资金收付等各项业务，进行记录和反映所设置的一种簿籍。通过银行存款账户，可以对社会经济生活进行反映、调节、监督和管理。在我国，国家机关、团体、部队、学校和企业事业单位，均须在银行开立账户，并通过银行存款账户办理信贷、结算和现金存取业务。

　　一个企业可能在多家银行中开户，但这些账户的功能不尽相同。根据我国《人民币银行结算账户管理办法》，银行存款账户一般分为基本存款账户、一般存款账户、临时存款账户和专用存款账户，如图 4-1 所示。

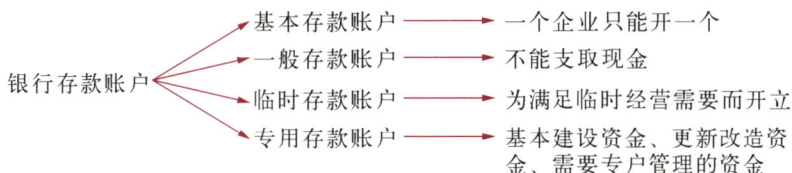

图 4-1　银行账户分类

（1）基本存款账户，是存款人办理日常转账结算和现金收付的账户。企业的工资、资金等现金的支出，只能通过基本存款账户办理。一个企业只能开立一个基本存款账户，开户时必须要有中国人民银行当地分支机构核发的开户许可证。开立基本存款账户的银行最好在单位附近，以方便提款。其他银行结算账户的开立必须以基本存款账户的开立为前提。

（2）一般存款账户，是企业在基本存款账户以外的银行借款转存，与基本存款账户的存款人不在同一地点的附属非独立核算单位开立的账户。这样既能享受不同银行的特色服务，又可以分散在一家银行开立账户的风险。一般存款账户没有数量的限制，该账户可以办理转账结算和现金缴存，不能办理现金支取。

（3）临时存款账户，是企业因临时经营活动需要开立的账户。企业可以通过该账户办理转账结算和现金收付，其功能与基本存款账户相似。临时存款账户实行有效期管理，有效期最长不超过两年。

（4）专用存款账户，是存款人对其特定用途的资金进行专项管理和使用而开立的账户，由存款人向开户行出具相应证明即可开立。特定用途的资金主要包括以下三部分：基本建设资金、更新改造资金、需要专户管理的资金。

（二）银行存款账户开立

凡新成立的单位在取得工商行政管理部门颁发的法人营业执照后，可以向银行申请开设自己的银行存款账户。基本存款账户实行开户许可制度，必须凭中国人民银行当地分支机构核发的开户许可证办理。不同的银行存款账户需要提交的审批证件和资料不同，开户单位需要根据银行存款账户的种类，准备各项资料，如表 4-1 所示。

表 4-1　　　　　　　　　　　银行账户开户资料

账户种类	需要提交的资料（原件及复印件）
基本存款账户	1. 企业法人应出具《企业法人执照》正本、副本 2. 非法人企业应出具《营业执照》正本、副本 3. 机关和实行预算管理的事业单位，应出具政府人事部门或编制委员会的批文或登记证书和财政部门同意其开户的证明；实行非预算管理的事业单位，应出具政府人事部门或编制委员会的批文或登记证书 4. 存款人为从事生产、经营活动纳税人的，还应出具税务部门颁发的税务登记证 5. 法人代表身份证明 6. 如授权人办理，需要出具授权书及代理人身份证 7. 房屋租赁协议 8. 房屋产权证明 9. 单位行政公章、财务专用章、法人代表或财务负责人印章（银行预留印鉴用）

续 表

账户种类	需要提交的资料(原件及复印件)
一般存款账户	1. 开立基本存款账户的资料 2. 开立一般账户的证明 3. 因借款需要而开立的,应出具借款合同 4. 因其他结算需要而开立的,应出具有关证明
临时存款账户	1. 临时机构,应出具驻地主管部门同意设立临时机构的批文 2. 异地建筑施工及安装单位,应出具其基本存款账户开户登记证、营业执照正本或其隶属单位的营业执照正本,以及施工及安装地建设主管部门核发的许可证或建筑施工及安装合同 3. 异地从事临时经营活动的单位,应出具其基本存款账户开户登记证、营业执照正本以及临时经营地工商行政管理部门的批文 4. 注册验资资金,应出具工商行政管理部门核发的企业名称预先核准通知书或有关部门的批文
专用存款账户	1. 开立基本存款账户规定的证明文件 2. 基本存款账户开户登记证 3. 根据具体用途选择下列证明文件: (1) 基本建设资金、更新改造资金、政策性房地产开发资金、住房基金、社会保障基金,应出具主管部门批文 (2) 财政预算外资金,应出具财政部门的证明 (3) 粮、棉、油收购资金,应出具主管部门批文 (4) 单位银行卡备用金,应按照中国人民银行批准的银行卡章程的规定出具有关证明和资料 (5) 证券交易结算资金,应出具证券公司或证券管理部门的证明 (6) 期货交易保证金,应出具期货公司或期货管理部门的证明 (7) 金融机构存放同业资金,应出具其证明 (8) 收入汇缴资金和业务支出资金,应出具基本存款账户存款人有关的证明 (9) 党、团、工会设在单位的组织机构经费,应出具该单位或有关部门的批文或证明 (10) 其他按规定需要专项管理和使用的资金,应出具有关法规、规章或政府部门的有关文件

(三) 银行账户变更、合并、撤销和迁移

1. 账户变更

开户单位由于人事变动或其他原因需要变更单位财务专用章、财务主管印鉴或出纳员印鉴的,应填写"更换印鉴申请书",并出具有关证明,经银行审查同意后,重新填写印鉴卡片,并注销原预留的印鉴卡片。

单位因某些原因需要变更账户名称,应向银行交验上级主管部门批准的正式函件,企业单位和个体工商户需交验工商行政管理部门登记注册的新执照,经银行审查核实后,变更账户名称,或者撤销原账户,重立新账户。

2. 合并、撤销账户

各单位因机构调整、合并、撤销、停业等原因,需要合并、撤销账户的,应向银行提出申请,经银行同意后,先要同开户银行核对存贷款账户的余额并结算全部利息,全部核

对无误后开出支取凭证结清余额,同时将未用完的各种重要空白凭证交给银行注销,然后才可办理合并、撤销手续。由于撤销账户单位未交回空白凭证而产生的一切问题应由撤销单位自己承担责任。

3. 迁移账户

单位发生办公或经营地点搬迁时应到银行办理迁移账户手续。如果迁入、迁出在同一城市,可以凭迁出银行出具的凭证到迁入银行开立新户,搬迁异地应按规定向迁入银行重新办理开户手续。在搬迁过程中,如需要可要求原开户银行暂时保留原账户,但在搬迁结束已在当地恢复经营活动时,则应在一个月内到原开户银行结清原账户。

另外,按照规定,连续在一年以上没有发生收付活动的账户,开户银行经过调查认为该账户无须继续保留,即可通知开户单位来银行办理销户手续,开户单位接到通知后一个月内必须办理,逾期不办理可视为自动销户,存款有余额的将作为银行收益。

二、银行转账结算

(一)银行转账结算概述

企业在经营过程中,由于商品交易和劳务供应,经常发生与其他企业单位或个人之间的结算业务。结算方法可以分为现金结算和转账结算两种方式。

现金结算方式是指直接用现金收付有关款项的结算方式。

转账结算方式是指不使用现金,而是通过银行将款项从付款单位(或个人)的银行账户直接划转到收款单位(或个人)的银行账户的货币资金结算方式。

这里的“账”,指的是各单位在银行开立的存款账户。银行接受客户委托代收代付,即从付款单位存款账户划出款项,转入收款单位存款账户,以此完成经济单位之间债权债务的清算或资金的调拨。由于转账结算不动用现金,所以又称为非现金结算或划拨清算。

按照银行结算办法的规定,除了规定的可以使用现金结算的以外,所有企业、事业单位和机关、团体、部队等相互之间发生的商品交易、劳务供应、资金调拨、信用往来等均应按照银行结算办法的规定,通过银行实行转账结算。

实行银行转账结算具有以下意义:

(1)实行银行转账结算,用银行信用收付代替现金流通,使各单位之间的经济往来,只有结算起点以下的和符合现金开支范围内的业务才使用现金,缩小了现金流通的范围和数量,使大量现金脱离流通领域,从而为国家有计划地组织和调节货币流通量,抑制和防止通货膨胀创造条件。

(2)银行转账结算是通过银行集中清算资金实现的,银行通过使用各种结算凭证和票据,在银行账户上将资金直接从付款单位(或个人)划转给收款单位(或个人),不论款项大小,也不论距离远近,只要是在结算起点以上的,均能通过银行机构及时办理,手续简单,方便快捷,省去了使用现金结算时的款项运送、清点、保管等手续,从而缩短清算时间,加速物资和资金的周转。

(3)实行银行转账结算,有利于聚集闲散资金,扩大银行信贷资金来源。实行银行转账结算,各单位的款项收支,大部分都通过银行办理结算,银行通过集中办理转账结算,便能全面地了解各单位的经济活动,监督各单位认真执行财经纪律,防止非法活动的发生。

（4）实行银行转账结算，可以避免由于实行现金结算而发生的现金运输、保管过程中的现金丢失、被抢、被窃等现象；并且由于通过银行转账结算，不论款项大小、时间长短，都有据可查，一旦发生意外情况也便于追索，从而保证结算资金的安全。

（5）实行银行转账结算，银行可监督各单位认真履行合同，遵守信用，从而减少由于对方单位不守信用而带来的损失。

（二）银行转账结算的分类

（1）银行转账结算按转账结算的范围可以分为两类：同城结算和异地结算。只能用于同城结算的转账方式是银行本票。只能用于异地结算的转账方式包括汇兑、异地托收承付、银行汇票、信用证。既可以用于同城也可以用于异地的结算方式包括支票、委托收款、商业汇票、信用卡和网上支付方式。

（2）银行转账结算按转账结算的方式可以分为三类：第一类是由银行通过记账形式划转款项，包括汇兑、委托收款、托收承付、信用证四种；第二类是票据化的结算方式，包括支票、银行汇票、银行本票、商业汇票；第三类是电子化的结算方式，如信用卡、网上结算等。

任务实施

　　大唐盛世公司于 2022 年 8 月成立了全资子公司浙江九华有限责任公司。经董事会授权，财务主管金明让出纳钱一清协助新的公司财务人员周晓办理开立基本存款账户的业务。钱一清与周晓在开立账户前的准备工作如下：

　　提供公司基本情况：

　　企业名称：浙江九华有限责任公司

　　企业类型：有限责任公司

　　注册资本：150 万元

　　经营范围：电子产品的生产与销售

　　法人代表：李明哲

　　企业地址：浙江省台州市椒江区洪州大道 351 号

　　联系方式：0576 - 89531564

　　邮政编码：318000

　　准备基础资料：

　　1. 公司法人营业执照

　　2. 法人代表李明哲的身份证原件

　　3. 法人代表李明哲的授权委托证明

　　4. 大唐盛世公司对浙江九华公司有限责任公司的统一开户证明

　　5. 浙江九华公司有限责任公司的房屋租赁协议

　　6. 周晓的身份证原件

7. 公司公章、财务专用章以及法人代表印章

工作步骤：
步骤一：准备备案材料
步骤二：填写开户申请书
步骤三：填制印鉴卡
步骤四：法人代表面签
步骤五：办理正式开户

任务二　单位结算卡及网上银行业务

任务导入

　　假设你是大唐盛世公司的出纳员钱一清，你要去中国农业银行办理一张单位结算卡，你该怎么做？

一、单位结算卡

（一）单位结算卡的概念

　　单位结算卡是指为提升企业客户支付结算便利而推出的借记卡产品。其面向企业客户发行，与企业的银行结算账户相关联，具备账户查询、转账汇款、现金存取、消费及投资理财等多种金融功能。该卡支持企业多账户管理，通过境内银联网络的所有渠道，企业客户可以全天候办理支付结算业务，极大地提升了企业资金结算及财务管理的效率，并助推商业银行零售业务资源的整合。

　　简单地说，单位结算卡就是银行面向单位客户发行的银行卡。由单位结算卡的定义可以看出，它的主要功能和个人的银行卡相似，都可以查询账户情况，可以进行转账汇款、现金存取、消费等。

（二）单位结算卡的特点

　　单位结算卡具有以下特点：

　　（1）免验印鉴，凭密支付：以卡片为介质，凭密码（或密码和附加支付密码）作为支付依据，免印鉴核验，手续更简便，支付更安全。

　　（2）渠道丰富，快捷省时：可在银行 ATM 自助终端办理现金存取、转账、查询，在银行间联 POS 机上消费，实现 7×24 小时办理支付结算业务；可就近办理业务，方便快捷，免除网点排队麻烦。

　　（3）一卡多户，统筹控管：一张卡片可同时关联客户名下多个账户，实行账户统一

图 4 - 2　单位结算卡

管理。

（4）**一户多卡，分级管理**：可根据客户内部资金管理不同级别、不同权限的使用需求，配发主卡和子卡。

（5）**支付控制，量身定做**：可进行交易对手、支付限额设置，满足客户资金结算的安全需求。

以中国建设银行为例，其单位结算卡如图 4 - 2 所示。

任务实施

大唐盛世公司出纳钱一清办理中国农业银行的单位结算卡的步骤如下：

步骤一：了解申办条件和步骤

申办条件：申请办理单位结算卡的企业需要在中国农业银行开立单位银行结算账户且年检合法有效，并同意使用密码办理支付结算等业务。

客户端申请步骤：

1. 由法人代表或单位负责人直接办理

（1）填写《中国农业银行股份有限公司单位结算卡业务申请表》（背附《中国农业银行股份有限公司单位结算卡章程》），并加盖单位公章和法定代表人签章；如果是新开户联动开办单位结算卡，则无须填写。

（2）出具法定代表人或单位负责人、指定持卡人的身份证件原件和复印件。

2. 授权他人办理

除出具上述申请材料之外，还需提供：

（1）法人授权委托书，并加盖单位公章和法定代表人签章。

（2）被授权人的身份证原件和复印件。

银行端申请步骤：

柜员审核相关资料齐全合规后，在系统中进行相应操作。

钱一清在了解相关情况后，认为本公司是符合办理条件的，并着手准备材料办理单位结算卡。

步骤二：提出申请、提交材料

与中国农业银行签订《中国农业银行单位结算卡使用协议》，并提供相关材料。

步骤三：领卡激活

钱一清在银行审核资料无误后，收到单位结算卡并激活。领卡过后需在柜面修改初始密码，如果初始密码未经修改只能办理存款业务。

步骤四：签约信息维护

钱一清在领卡激活后，可在银行网点申请办理结算卡基本信息、关联账户、交易对手、支付限额等签约信息维护。

完成以上步骤，就可以在中国农业银行各营业网点柜面、ATM 机等渠道办理现金存取、转账汇兑等支付结算业务，也可以通过 POS 机进行消费，实现 7×24 小时办理结算业务。

任务导入

大唐盛世公司已有中国工商银行的基本存款账户和中国建设银行的一般存款账户。随着网上支付结算的发展，大唐盛世公司的财务人员日益感受到网上支付结算的便利与高效，财务主管金明要求钱一清去中国建设银行办理网上银行的开通申请，然后利用网上银行办理相关结算业务，假设你是钱一清，应该怎么做？

二、网上银行

（一）网上银行的概念

网上银行又称为网络银行、在线银行，是指银行通过计算机和互联网为客户提供账户查询、转账结算、在线支付等金融服务的业务处理系统，是一种全新的电子银行服务平台。随着经济的发展和科技的进步，网上银行以其高效、便捷、安全的特性满足了企业的结算要求，得到了广泛的应用。

客户在银行网点开通企业电话银行或办理企业普通卡证书后，就可在柜面或在线自助注册企业网上银行普及版。客户凭普通卡证书卡号和密码即可登录企业网上银行普及版，获得基本的网上银行服务。

（二）企业网上银行的开立与使用

目前企业网上银行能为中小企业、集团企业、金融机构、社会团体和行政事业单位提供以下服务：

1. 账户管理

账户管理是指客户通过网上银行进行账户信息的查询、下载、维护等一系列账户服务。无论企业是集团企业还是中小企业，都可以随时查看总（母）公司及分（子）公司的各类账户的余额及明细，实时掌握和监控企业内部资金情况；企业还可以通过"电子回单"功能在线自助查询或打印往来户的电子补充回单。账户管理为企业实现集约化、现代化管理提供了有力保障。

2. 收款业务

收款业务是指收费企业客户通过网上银行，以批量方式主动收取签约个人或者其他已授权企业用户的各类应缴费用的一项精品业务。它申办手续简便，收费方式灵活，可进行异地收款，为收费客户提供了一条及时、快捷、高效的收费"通道"，解决了一直困扰收费客户的"收费难"问题，缩短了资金周转周期，加快了资金回笼的速度。

收款业务由批量扣款企业和批量扣款个人两部分组成,收费企业要对缴费企业(个人)进行扣款,必须先由银行、收费企业、缴费企业(个人)共同签订一个三方协议并建立扣款对应关系,建立对应关系的方法一般是由收费企业向银行提供,并且由银行通过内部管理系统手工建立。

3. 付款业务

付款业务包括网上汇款、证券登记公司资金清算、电子商务和外汇汇款四大精品及领先业务,它们是传统商务模式与现代电子商务模式相结合的产物,是银行为满足各类企业客户的付款需求而精心设计的全套付款解决方案。

(1) 网上汇款。集团企业总(母)公司可通过电子付款指令从其账户中把资金转出,实现与其他单位(在国内任何一家银行开户均可)之间的同城或异地资金结算,达到"足不出户"即可轻松完成企业日常结算业务的目的。

网上汇款为企业提供多种支付模式,企业可根据集团内部的管理需要,统一设计对外转出或定向汇款的支付模式,通过企业设计的安全授权和控制方案,能够达到财务管理上的各种要求。

(2) 证券登记公司资金清算。证券公司类客户可通过"证券登记公司资金清算"功能向证券登记公司指定的清算账户进行转账并进行相关信息的查询,包括提交指令、查询指令、证券登记公司清算账户信息查询、指令授权四项功能。

(3) 电子商务。B2B 在线支付是银行专门为电子商务活动中的卖方和买方提供的安全、快捷、方便的在线支付中介服务,B2B 网上支付平台将电子商务活动的卖方和买方连接起来,为 B2B 特约商户和网上采购企业提供了先进、快捷的资金流通道,打破了时空限制,提高了交易效率,降低了交易成本。

采购企业在银行任何一家 B2B 特约商户进行订货或购物时,银行为企业提供两种支付方式,一种是直接在特约网站为已产生的订单完成支付,另一种是企业登录银行企业网银后通过电子商务功能将已取得的订单信息手工输入并进行支付。支付结束后,B2B 特约商户和采购企业均可通过交易指令查询等功能获得详细的交易信息,从而掌握和监控整个交易进程。

(4) 外汇汇款。外汇汇款是向企业客户提供的通过企业网上银行对外币账户进行同城或异地资金划拨和结算的一项业务。中国工商银行率先实现了网上的外汇汇款功能,并根据不同的客户进行了有针对性的功能划分,企业可根据需要通过特定功能实现外汇资金的划拨和结算。

4. 集团理财业务

集团企业总(母)公司可直接从注册的所有分(子)公司账户主动将资金上收或下拨到集团企业任一注册账户中,而不必事先通知其分(子)公司。定向汇款功能可以使企业在不开通对外转账权限时实现对特定账户之间的转账功能。

集团理财指令提交包括逐笔指令提交和批量指令提交两种方式。批量指令提交是为满足客户成批提交电子付款指令的需要而设计的,它既可以实现批量主动对外或对分(子)公司账户付款,也可以批量主动从分(子)公司账户收款,从而可大大减轻企业财务人员的工作量,并实现工作日内银行资金的实时汇划。

5. 信用证业务

信用证是指银行有条件的付款承诺,即银行(开证银行)依照开证申请人的要求和指示,承诺在符合信用证条款的情况下,凭规定的单据,向第三者(受益人)或其指定人进行付款,或承兑;或授权另一银行进行该项付款,或承兑;或授权另一银行议付。

网上银行信用证业务为银行的企业网上银行客户提供了快速办理信用证业务的渠道,实现了通过网络向银行提交进口信用证开证和修改申请、网上自助打印《不可撤销跟单信用证开证申请书》和《信用证修改申请》、网上查询进出口信用证的功能。网上信用证业务将大大节省企业往来银行的时间与费用,提高了工作效率,同时也为集团总部查询分支机构的信用证业务情况带来了便利,满足了客户财务管理的需求。

6. 贷款业务

贷款业务向企业网上银行注册客户提供贷款查询的功能,包括主账户、利随本清和借据账查询等子功能。通过该业务,企业足不出户就能准确、及时、全面地了解总体贷款情况,并提供贷款金额、贷款余额、起息日期、到期日期、利息等比较详细的贷款信息,为企业财务预决策提供数据;特别是方便集团企业总(母)公司对注册的所有总(母)公司和分(子)公司的贷款账户的查询。

7. 投资理财

投资理财是银行为满足企业追求资金效益最大化和进行科学的财务管理需求而设计和开发的。投资理财目前包括基金、国债、通知存款及协定存款四项业务。

任务实施

2022年8月5日,出纳员钱一清准备去开通中国建设银行网上银行业务。中国建设银行单位账号为62221234567,开户银行是中国建设银行北京三环支行,联系人为钱一清,办公电话为010-87654320,办公用电子邮箱为datangshengshi@163.com,身份证号为321000198808080808,钱一清为唯一网上银行的操作员。请根据要求完成中国建设银行企业网上银行开户申请表,如表4-2所示,并提交中国建设银行北京三环办支行印鉴卡,如图4-3所示。

表4-2　　　　中国建设银行企业网上银行开户申请表

年　月　日

客户基本信息			
户　　　名		主 账 号	
开户支行		账户性质	
单位性质		所属行业	企业代码
地　　　址		邮　　编	
联 系 人		联系人电话	E-mail 地址
联系人证件类型		证件号码	
客户类别	□ 查询类客户	□ 转账类客户	

续　表

客户相关账号信息

本单位账号：　　　　　　　　　　　　　　　　　　　　　　　　　　　　　　单位：万元

账　　号	户　　名	查询权限	转账权限	借方每日限额
		是	□是□否	
		是	□是□否	
		是	□是□否	
		是	□是□否	
		是	□是□否	

下属分支机构账号：

账　　号	户　　名	查询权限	转账权限
		是	□划至本单位
		是	□划至本单位
		是	□划至本单位

客户操作员信息

操作员总数		其中普通操作员数		
操作员类型	姓　　名	性　　别	证件类型	证　件　号　码
主管操作员1				
主管操作员2				
普通操作员1				

客户资金往来信息

　　　　　　　　　　　　　　　　　　　　　　　　　　　　　　　　　　　　单位：万元

实收资本		去年营业收入		本年累计营业收入	
客户上月末银行存款			其中在上海银行存款		
客户上月末银行贷款			其中在上海银行贷款		
客户本年初至上月末在上海银行资金往来累计发生额：			借方发生额		
			贷方发生额		

客户未来经营及在上海银行资金结算往来情况展望：

续　表

<table>
<tr><td colspan="7" style="text-align:center">客户电脑配置信息</td></tr>
<tr><td>CPU 主频</td><td></td><td>内存大小</td><td></td><td colspan="2">硬盘剩余空间</td><td></td></tr>
<tr><td>显示模式</td><td></td><td>CD-ROM</td><td>□有 □无</td><td colspan="2">PS2 鼠标接口</td><td>□有 □无</td></tr>
<tr><td>9 针串行口
（未占用）</td><td>□有
□无</td><td>上网设备
具体配置</td><td></td><td colspan="2">操作系统
（中文 Windows98 以上）</td><td>□是 □否</td></tr>
</table>

申请客户：	经办单位名称： 经办人姓名： 工号： 开户支行审核意见：	网上银行科意见：
（签章） 年　月　日	（签章） 年　月　日	（签章） 年　月　日

中国建设银行北京三环办支行印鉴卡

<table>
<tr><td>户　　名</td><td colspan="3"></td></tr>
<tr><td>地　　址</td><td></td><td>电　话</td><td></td></tr>
<tr><td>启用日期</td><td colspan="3" style="text-align:center">年　月　日</td></tr>
<tr><td rowspan="3">申请开户单位印鉴

单位财务专用章</td><td rowspan="3"></td><td colspan="2" style="text-align:center">中国建设
银行印鉴</td></tr>
<tr><td>财务主管</td><td>签　章</td></tr>
<tr><td>出纳人员</td><td>签　章</td></tr>
<tr><td colspan="4">印鉴使用说明</td></tr>
</table>

图 4-3　银行印鉴卡

任务实施

钱一清为办理网上银行的各项业务,进行了如下操作:

步骤一:登录网银

首次登录时,须插入主管网银盾(通常为网银盾编号尾号最小的)。

(1)打开浏览器,登录建行网站(www.ccb.com),点击"公司机构",选择"企业网上银行"右侧的"登录",如图 4-4 所示。

(2)选择证书,输入网银盾密码,如图 4-5 所示。

4

图 4-4 登录建行网站

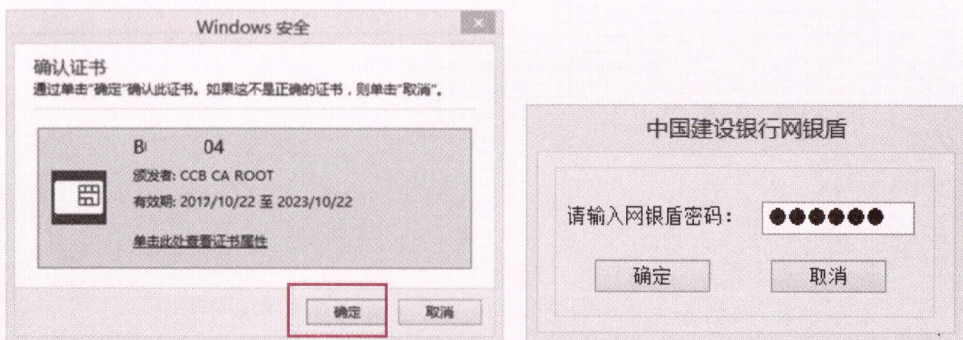

图 4-5 输入网银盾密码

（3）完成登录并激活网银盾如图 4-6 所示，操作界面如图 4-7 所示。

图 4-6 完成登录并激活网银盾

图 4-7 操作界面

步骤二：查询

(1) 查询余额，如图 4-8 所示。

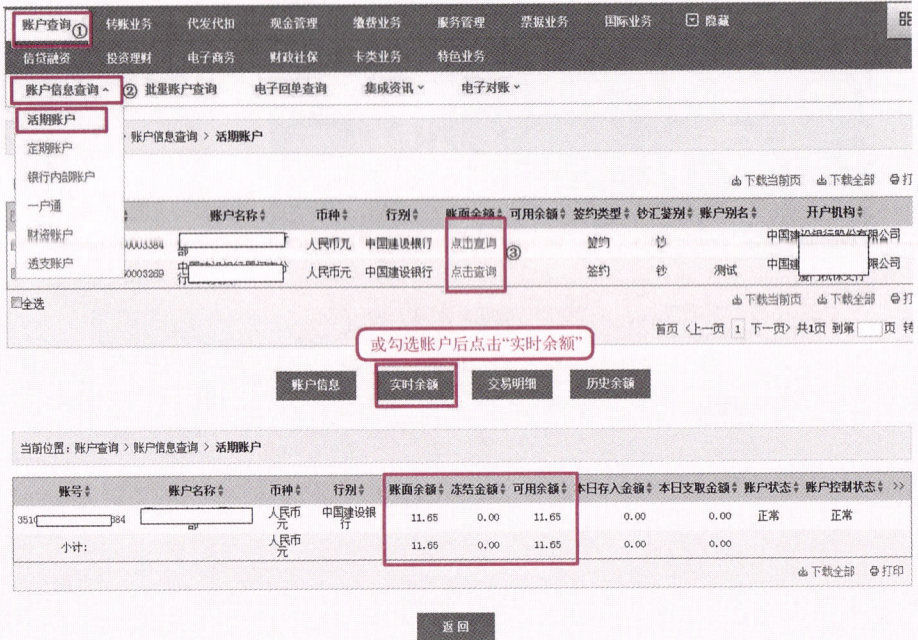

图 4-8　查询余额

(2) 查询账户基本信息，如图 4-9 所示。

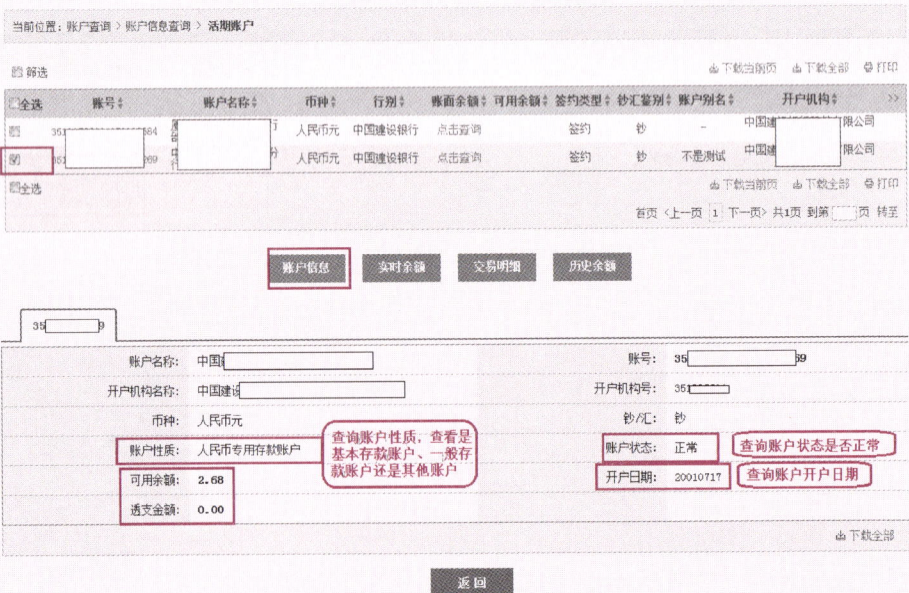

图 4-9　查询账户基本信息

（3）查询明细和打印回执分别如图 4-10 和图 4-11 所示。

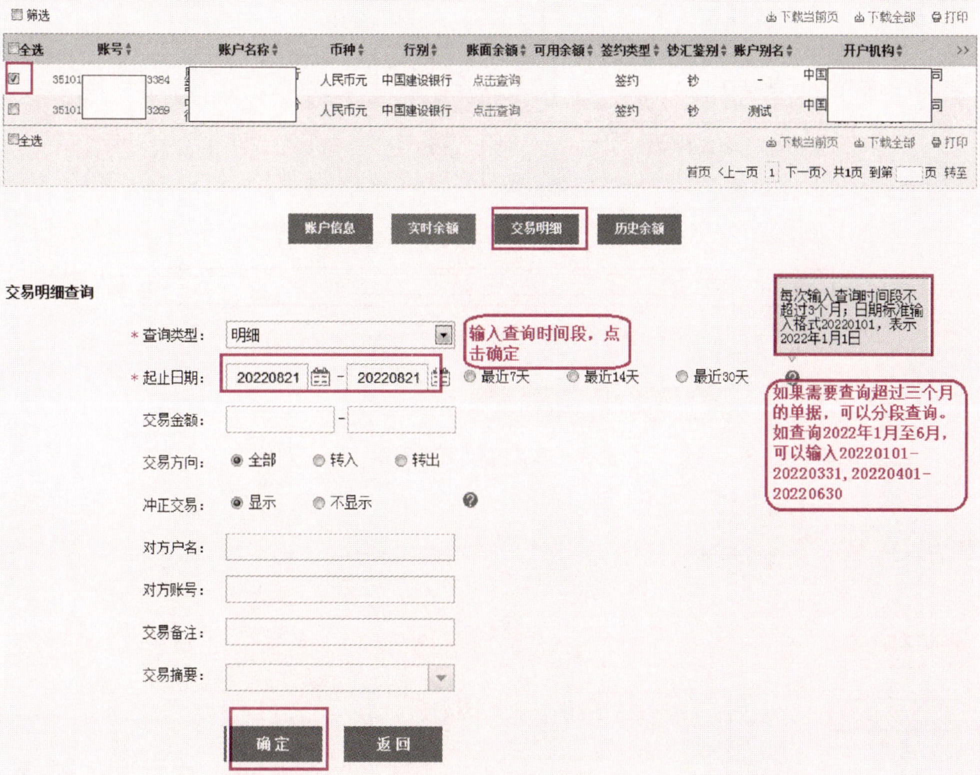

图 4-10 查询明细

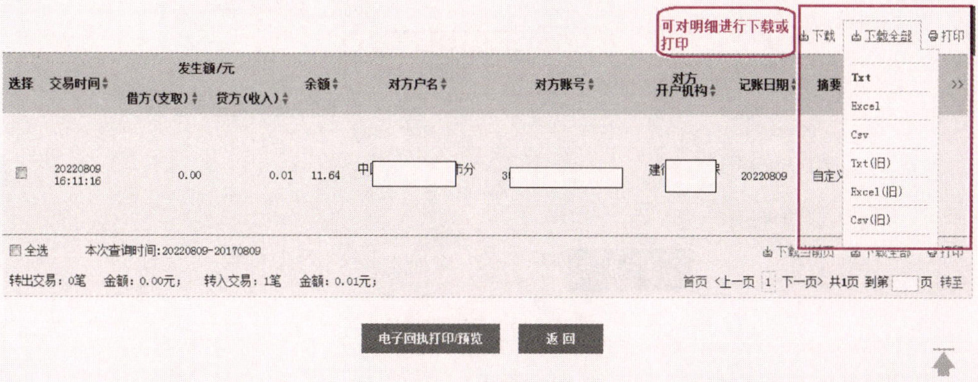

图 4-11 打印回执

（4）打印正式回单，如图 4-12 所示。

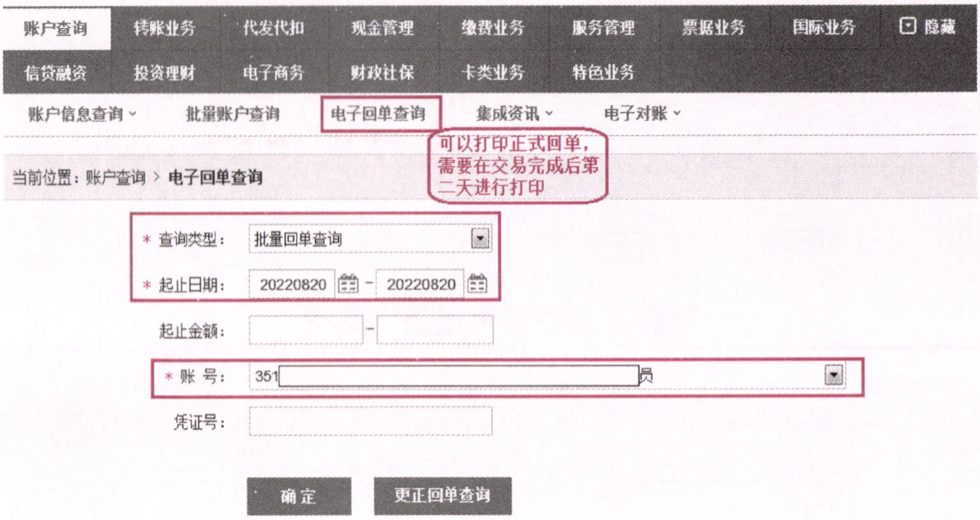

图4-12　打印正式回单

步骤三：转账

（1）转账制单，如图4-13所示。

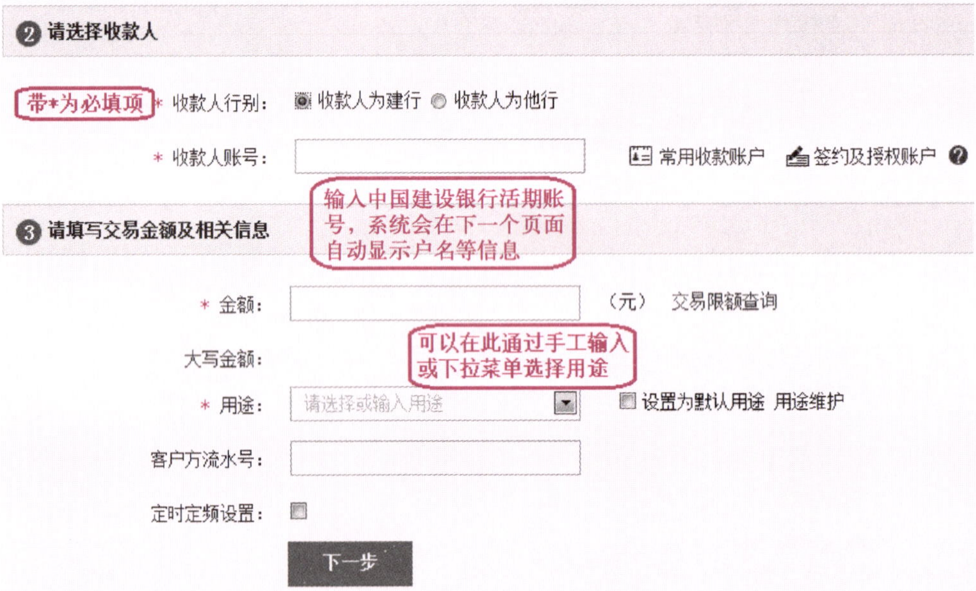

图4-13　转账制单

（2）填写付款人信息，如图4-14所示。

（3）单笔付款，如图4-15所示。

（4）填写收款人信息，如图4-16所示。

（5）查询转账流水和查询转账明细分别如图4-17、图4-18所示。

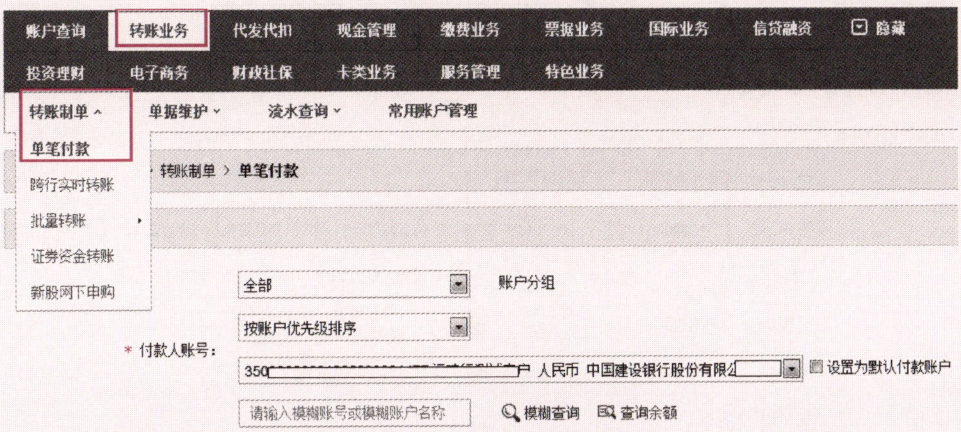

账户查询	转账业务	代发代扣	现金管理	缴费业务	票据业务	国际业务	信贷融资	⊡ 隐藏
投资理财	电子商务	财政社保	卡类业务	服务管理	特色业务			

转账制单 ^　　单据维护 ˅　　流水查询 ˅　　常用账户管理

单笔付款

跨行实时转账

批量转账 ▸

证券资金转账

新股网下申购

转账制单 > 单笔付款

全部　　　　　　　▣　　账户分组

按账户优先级排序　　▣

* 付款人账号：

350▮▮▮▮▮▮▮▮▮▮户 人民币 中国建设银行股份有限公▮ ▣　☐设置为默认付款账户

请输入模糊账号或模糊账户名称　　🔍 模糊查询　🔁 查询余额

图 4-14　填写付款人信息

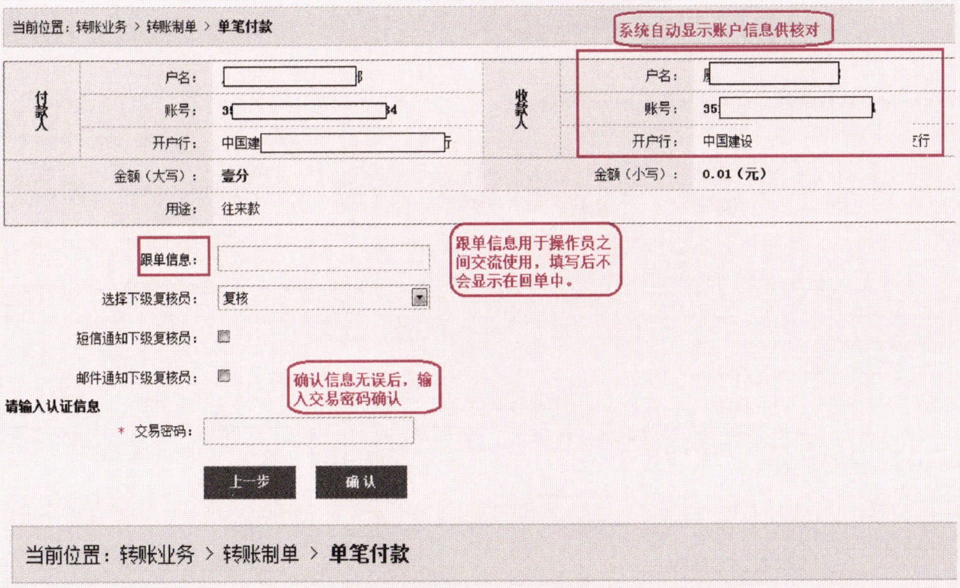

当前位置：转账业务 > 转账制单 > 单笔付款

系统自动显示账户信息供核对

付款人	户名：	▮	收款人	户名：	▮
	账号：	3▮▮▮▮▮▮▮4		账号：	35▮▮▮
	开户行：	中国建▮▮▮▮▮▮行		开户行：	中国建设▮▮▮▮行
	金额（大写）：	**壹分**		金额（小写）：	**0.01（元）**
	用途：	往来款			

跟单信息：　　　　　　　　　　　　跟单信息用于操作员之间交流使用，填写后不会显示在回单中。

选择下级复核员：　复核　　　　▣

短信通知下级复核员：　☐

邮件通知下级复核员：　☐　　　确认信息无误后，输入交易密码确认

请输入认证信息

* 交易密码：　　　　　　　　　　

上一步　　　确认

当前位置：转账业务 > 转账制单 > 单笔付款

图 4-15　单笔付款

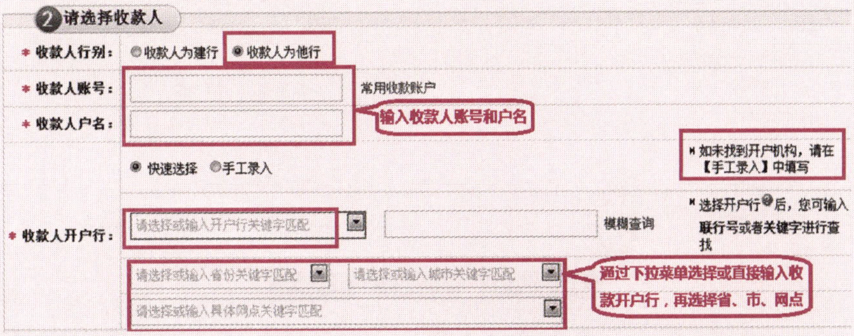

❷ 请选择收款人

* 收款人行别：　◉收款人为建行　◉收款人为他行

* 收款人账号：　　　　　　　　　常用收款账户

* 收款人户名：　　　　　　　　　输入收款人账号和户名

　　　　　◉快速选择　◉手工录入　　　　　　※如未找到开户机构，请在【手工录入】中填写

* 收款人开户行：　请选择或输入开户行关键字匹配　▣　　　　　　模糊查询　※选择开户行后，您可输入**联行号或者关键字**进行查找

　　　　　请选择或输入省份关键字匹配 ▣　请选择或输入城市关键字匹配 ▣　通过下拉菜单选择或直接输入收款开户行，再选择省、市、网点

　　　　　请选择或输入具体网点关键字匹配　　　　　　▣

图 4-16　填写收款人信息

4

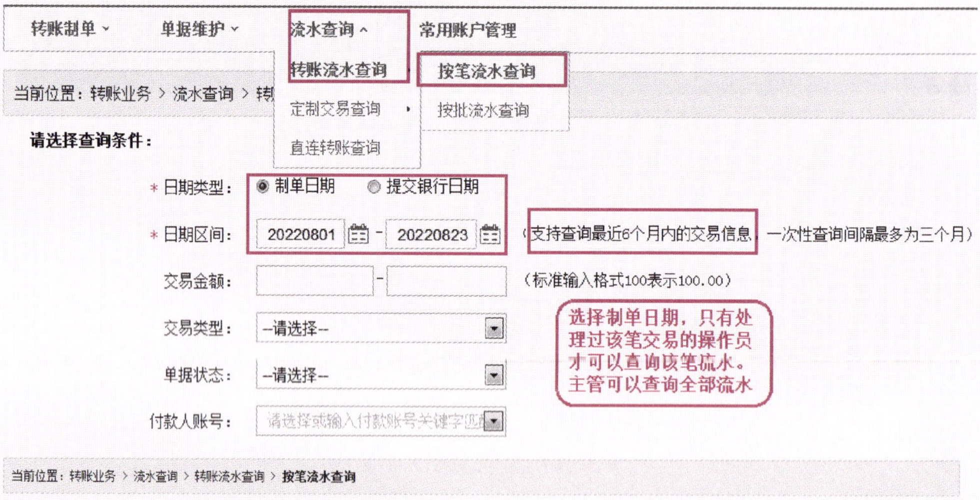

图 4-17　查询转账流水

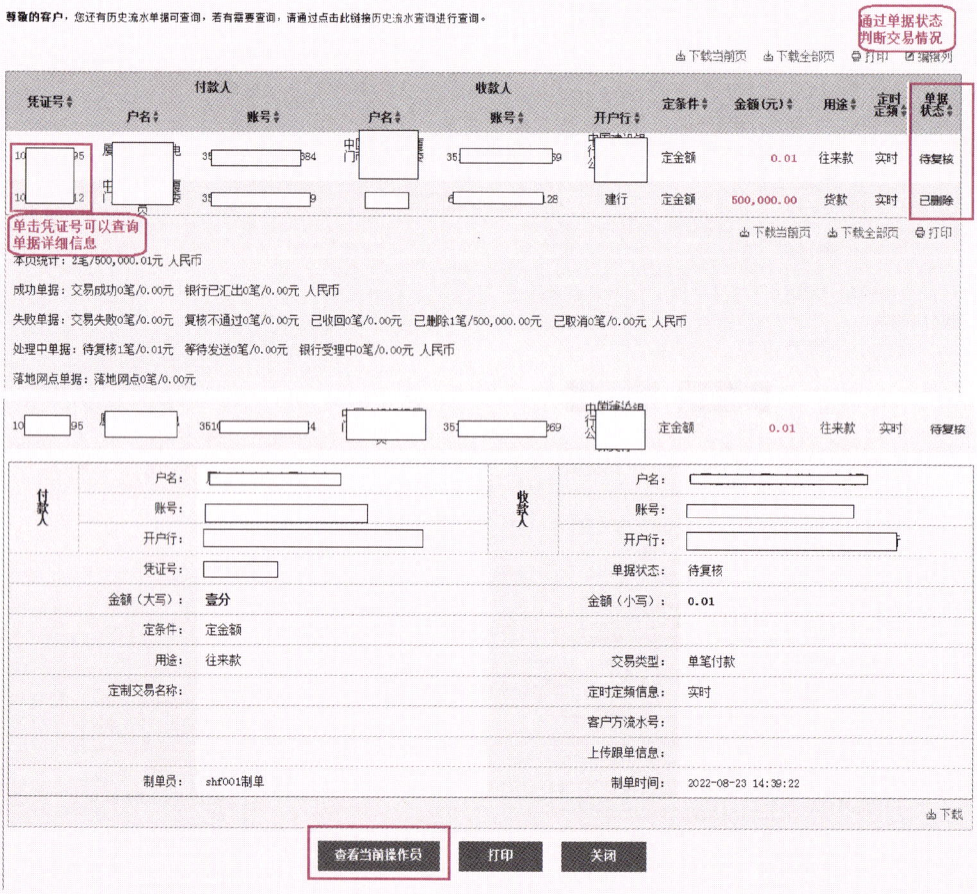

图 4-18　查询转账明细

4

步骤四：代发业务

（1）单笔代发，代发制单和确认代发分别如图4-19、图4-20所示。

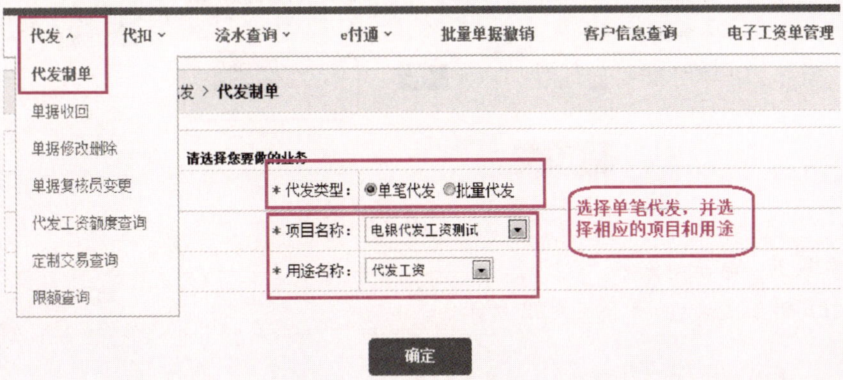

图4-19　代发制单

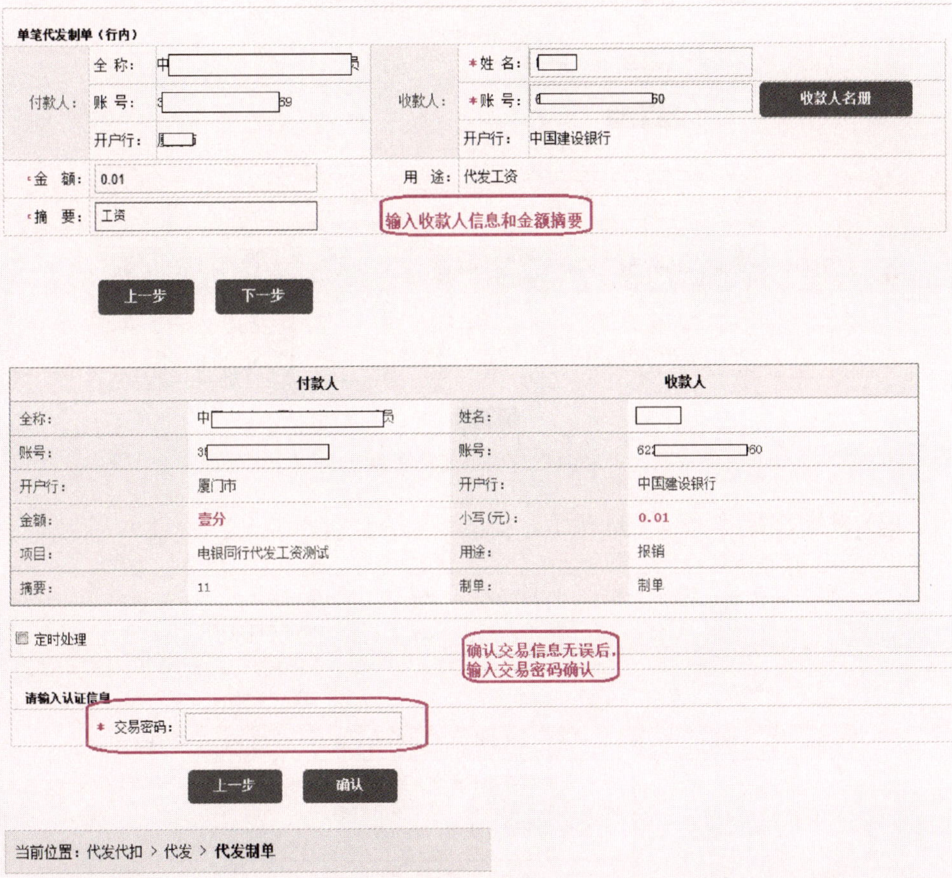

图4-20　确认代发

（2）批量代发，如图4-21所示。

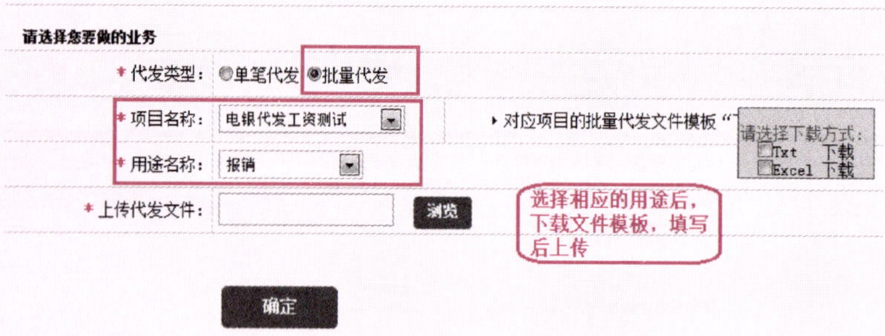

图 4 - 21   批量代发

步骤五：电子对账

（1）明细账查询，如图 4 - 22 所示。

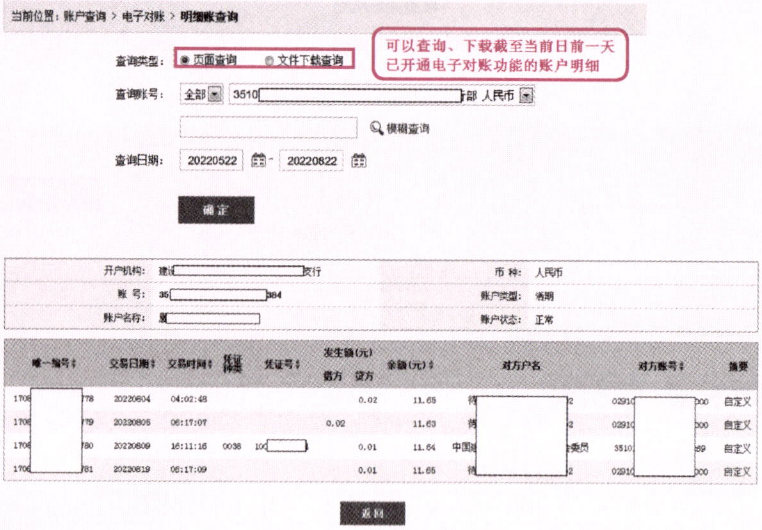

图 4 - 22   明细账查询

（2）对账回签，如图 4 - 23 所示。

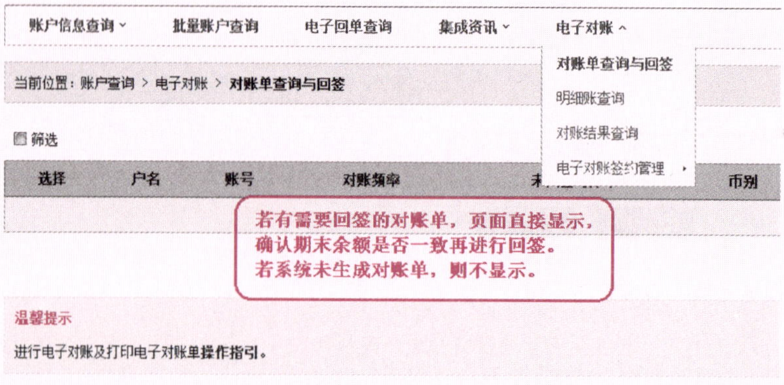

图 4 - 23   对账回签

（3）查询对账结果及打印对账单，如图 4-24、图 4-25 和图 4-26 所示。

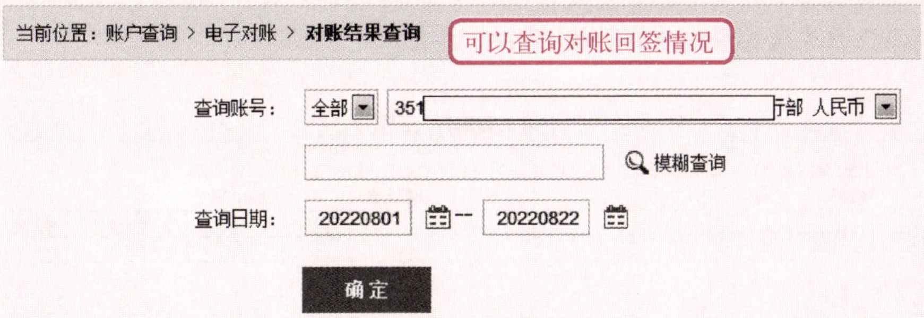

图 4-24 查询对账结果

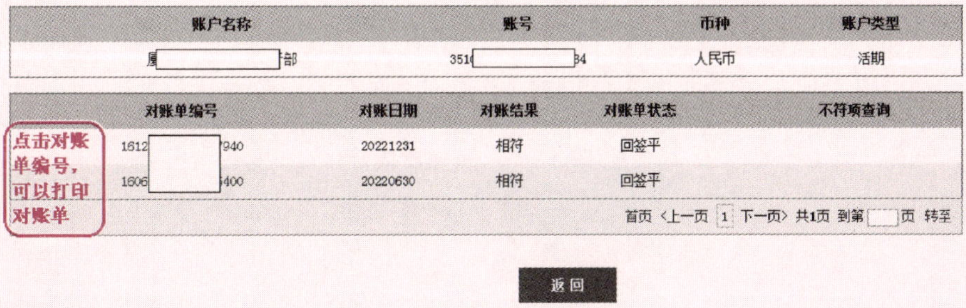

图 4-25 对账明细

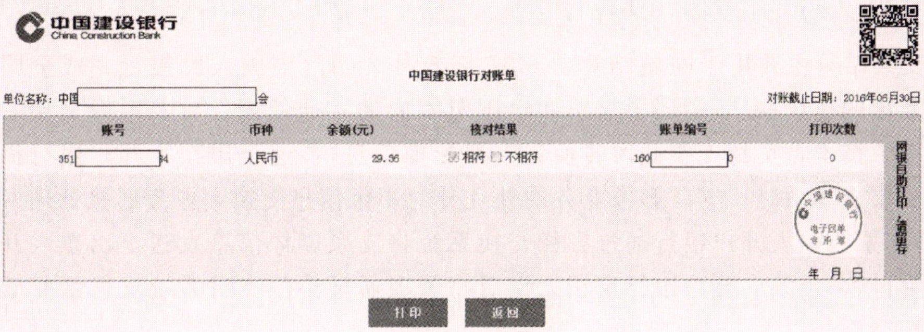

图 4-26 对账单

任务三　支票结算业务

任务导入

大唐盛世公司出纳员钱一清收到了一张北京万达公司的支票，金额为 3 万元，如图 4-27 所示。请你判断这是一张什么类型的支票？适用范围是否合理？记录的事项是否全面？如果要去银行办理进账业务，进账单位如何填写？另外，如果需要使用支票办理提现或转账手续，又应该如何操作呢？

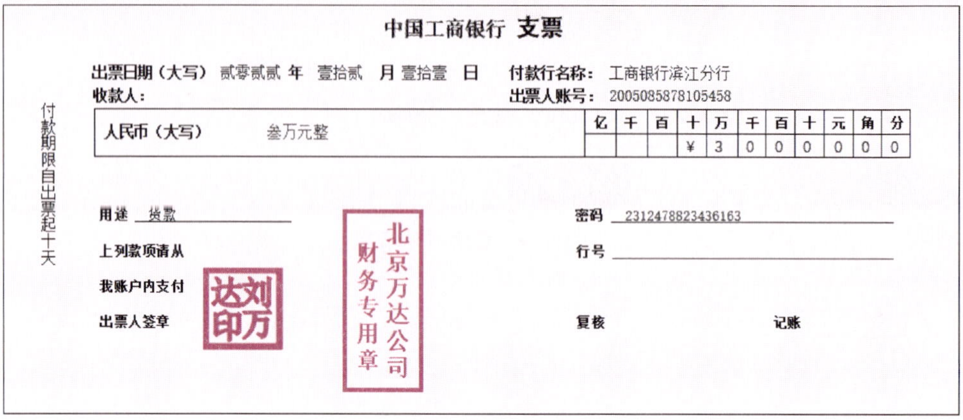

中国工商银行 支票

付款期限自出票起十天

出票日期（大写） 贰零贰贰 年 壹拾贰 月 壹拾壹 日　付款行名称：工商银行滨江分行

收款人：　出票人账号：2005085878105458

人民币（大写）	亿	千	百	十	万	千	百	十	元	角	分
叁万元整				¥	3	0	0	0	0	0	0

用途 货款　密码 2312478823436163

上列款项请从　行号

我账户内支付

出票人签章　复核　记账

图 4-27 普通支票

一、支票概述

支票是由出票人签发的，委托办理支票存款业务的银行在见票时无条件支付确定的金额给收款人或持票人的票据。

支票结算主要用于同城结算。2007 年 6 月 25 日，中国人民银行完成全国影像交换系统的建设推广，实现了支票在全国范围内的互通使用。支票影像交换系统是基于影像技术将实物支票截留转换为支票影像信息，传递至出票人开户银行提示付款的支票清算系统。支票影像业务的处理分为影像信息交换和业务回执处理两个阶段，即支票收款人开户银行通过影像交换系统将支票影像信息发送至出票人开户银行提示付款；出票人开户银行审核无误后将款项通过小额支付系统支付给收款人开户银行。

（一）支票记载事项

根据我国《票据法》的规定，支票必须记载下列事项：

（1）表明“支票”的字样。

（2）无条件支付的委托。

（3）确定的金额。

（4）付款人名称。

（5）出票日期。

（6）出票人签章。

支票的付款人为支票上记载的出票人开户银行。

(二)支票的种类

1. 记名支票和不记名支票

记名支票是指出票人在收款人栏中记载收款人的姓名的支票。这种支票转让流通时，须由持票人背书，取款时须由收款人在背面签字。目前，我国使用的支票均为记名支票。

不记名支票又称为空白支票，即支票上不记载收款人的姓名。这种支票无须背书即可转让，取款时也无须在背面签字。

2. 普通支票、现金支票和转账支票

普通支票是指支票未印有"现金"或"转账"字样的支票，该支票既能用于提取现金又能用于转账；在普通支票左上角划两条平行线的支票称为划线支票，它只能用于转账，不得支取现金。未划线的普通支票可以用于支取现金。

现金支票是指支票上印有"现金"字样的支票，该支票只能用于支取现金。

转账支票是指支票上印有"转账"字样的支票，该支票只能用于转账。

二、支票的结算程序

(一)现金支票结算的基本程序

开户单位用现金支票提取现金时，由单位出纳人员签发现金支票并加盖银行预留印鉴后，到开户银行提取现金；开户单位用现金支票向外单位或个人支付现金时，由付款单位出纳人员签发现金支票并加盖银行预留印鉴和注明收款人后交给收款人，收款人持现金支票到付款单位开户银行提取现金，并按照银行的要求交验相关证件。

(二)转账支票结算的基本程序

(1) 若由签发人交收款人办理结算，其结算程序如下：

❶ 付款人签发转账支票交给收款人；

❷ 收款人持票并填进账单，到开户行办理入账；

❸ 银行间办理划拨；

❹ 收款人开户银行下达收款通知。

(2) 若由签发人交给签发人开户银行办理结算，其结算程序如下：

❶ 签发转账支票并填进账单办理转账；

❷ 银行间办理划拨；

❸ 收款人开户银行下达收款通知。

单位将转账支票送存开户行进账、汇款，或将现金送存开户行，均应填写进账单向银行办理进账手续。进账单第一联为回单或收款通知联，是收款人开户行交给收款人的回单；第二联为收入凭证联，此联由收款人开户行作收入传票。

转账支票付款业务流程如图4-28所示。

转账支票收款业务流程如图4-29所示。

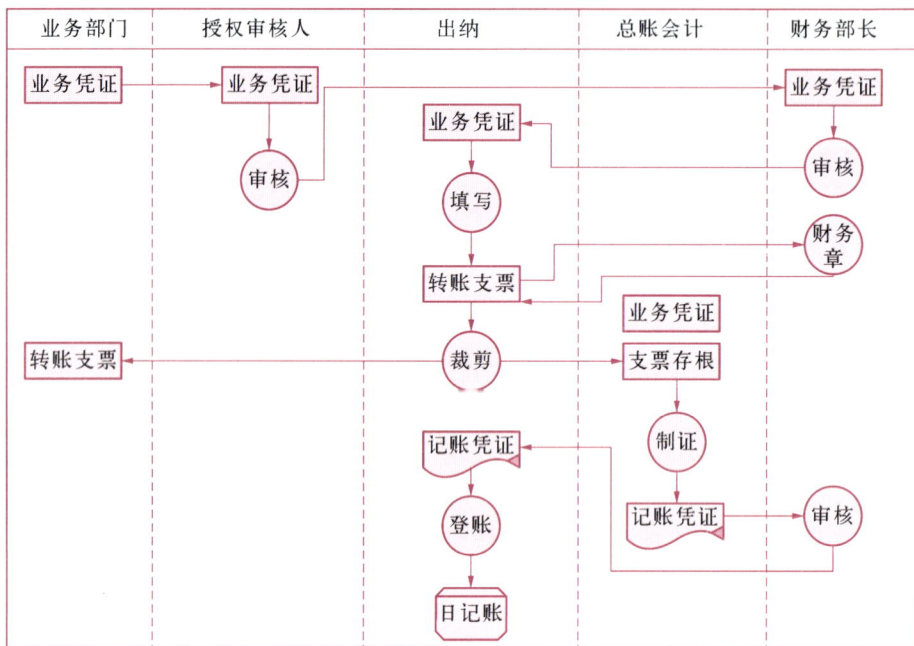

图 4-28　转账支票付款业务流程

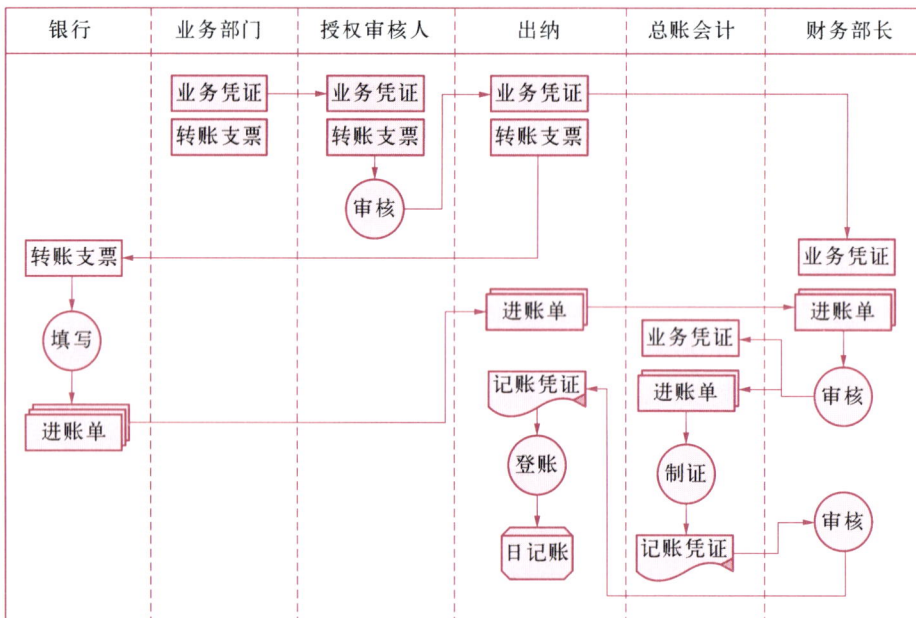

图 4-29　转账支票收款业务流程

(三) 定额支票结算的基本程序

定额支票结算程序如下:

(1) 将款项交存银行申请签发定额支票,银行签发后交给付款人。

(2) 付款人将定额支票交给收款人。

（3）收款人将定额支票交给银行。

（4）收款人是个人的，银行支付给收款人现金；收款人是单位的，通过银行划拨。

三、支票的填写

（一）支票书写规则

1. **出票日期**

支票出票日期中的数字必须大写，中文数字大写写法：零、壹、贰、叁、肆、伍、陆、柒、捌、玖、拾。具体书写规则如下：

（1）壹月、贰月前零字必写，叁月至玖月前零字可写也可不写。拾月至拾贰月必须写成壹拾月、壹拾壹月、壹拾贰月（前面多写了"零"字也可以，如零壹拾月）。

（2）壹日至玖日前零字必写，拾日至拾玖日必须写成壹拾日和壹拾×日（前面多写了"零"字也可以，如零壹拾伍日）；贰拾日至贰拾玖日必须写成贰拾日和贰拾×日；叁拾日至叁拾壹日必须写成叁拾日和叁拾壹日。

现举例如下：

2022 年 8 月 5 日写作贰零贰贰年捌月零伍日，捌月前零字可写也可不写，伍日前零字必写。

2023 年 2 月 13 日写作贰零贰叁年零贰月壹拾叁日。

2. **收款人**

（1）现金支票收款人可写为本单位名称，此时现金支票背面"被背书人"栏内加盖本单位的财务专用章和法人章，之后收款人可凭现金支票直接到开户银行提取现金。（由于有的银行各营业点联网，所以也可到联网营业点取款，具体要看联网覆盖范围而定）

（2）现金支票收款人可写为收款人个人姓名，此时现金支票背面不盖任何章，收款人在现金支票背面填上身份证号码和发证机关名称，凭身份证和现金支票签字领款。

（3）转账支票收款人应填写为对方单位名称。转账支票背面本单位不盖章。收款单位取得转账支票后，在支票背面被背书栏内加盖收款单位财务专用章和法人章，填写好银行进账单后连同该支票交给收款单位的开户银行委托银行收款。

3. **付款行名称、出票人账号**

付款行名称、出票人账号为本单位开户银行名称及银行账号，例如，开户银行名称为中国工商银行高新支行九莲分理处，银行账号为 12020274099000888888。

4. **人民币中文大写金额**

中文数字大写写法：零、壹、贰、叁、肆、伍、陆、柒、捌、玖、拾、佰、仟、万、亿。

（注意："万"字不带单人旁。）

现举例如下：

（1）289 546.52，中文数字大写：贰拾捌万玖仟伍佰肆拾陆元伍角贰分。

（2）7 560.31，中文数字大写：柒仟伍佰陆拾元零叁角壹分。此时，"陆拾元零叁角壹分""零"字可写可不写。

（3）532.00，中文数字大写：伍佰叁拾贰元整。"整"写为"正"字也可以，不能写为"零角零分"。

（4）425.03,中文数字大写：肆佰贰拾伍元零叁分。

（5）325.20,中文数字大写：叁佰贰拾伍元贰角。角字后面可加"整"字,但不能写"零分"。

5．人民币阿拉伯数字小写金额

人民币阿拉伯数字的最高金额的前一位空白格用"￥"字头替代,数字填写要求完整清楚。

（二）支票填写注意事项

1．用途的填写

（1）现金支票有一定的用途,一般填写"备用金""差旅费""工资""劳务费"等。

（2）转账支票没有具体规定,可填写"货款""代理费"等。

2．盖章

支票正面盖财务专用章和法人章,缺一不可,印泥为红色,印章必须清晰,印章模糊只能将本张支票作废,换一张重新填写并重新盖章。

3．注意事项

（1）支票正面不能有涂改痕迹,否则本支票作废。

（2）受票人如果发现支票填写不全,可以补记,但不能涂改。

（3）支票的有效期为10天,日期首尾算一天。节假日顺延。

（4）支票见票即付,不记名。若支票丢失,银行不承担责任。现金支票一般要素要填写齐全,假如支票未被冒领,可在开户银行挂失；对于转账支票,假如支票要素填写齐全,可在开户银行挂失,假如要素填写不齐,可到票据交换中心挂失。

（5）若出票单位现金支票背面的印章模糊,可把模糊印章打叉,重新盖章。

（6）若收款单位转账支票背面的印章模糊（《票据法》规定是不能用重新盖章的方法来进行补救）,收款单位可带转账支票及银行进账单到出票单位的开户银行去办理收款手续（不用付手续费）,俗称"倒打"。

四、支票结算的相关问题

（一）支票结算中应该注意的问题

（1）存款人向开户银行领取支票时,必须填写"支票领用单",并加盖预留银行印鉴章,经银行核对印鉴相符后,按规定收取工本费和手续费,发放空白支票,并在支票登记簿上注明领用日期、存款人名称和支票起止号码,以备查对。

单位撤销、合并结清账户时,应将剩余的空白支票填列一式两联清单,全部交回银行注销。清单一联由银行盖章后退交给收款人,一联作为清户传票的附件。

（2）要严格控制携带空白支票外出采购。对事先不能确定采购物资的单价、金额的,经单位领导批准,可将填明收款人名称和签发日期、明确了款项用途和款项限额的支票交给采购人员,使用支票人员回单位后必须及时向财务部门结算。款项限额的办法是在支票正面用文字注明所限金额,并在小写金额栏内用"＊"填定数位。

（3）支票应由财会人员或使用人员签发,不得将支票交给收款人代为签发。支票存根要同其他会计凭证一样妥善保管。

（4）收款人在接受付款人交来的支票时,应注意审核以下内容:支票收款人或被背书人是否确为本收款人;支票签发人及其开户银行的属地是否在本结算区;支票签发日期是否在付款期内;大小写金额是否一致;背书转让的支票其背书是否连续,是否有"不准转让"字样;支票是否按规定用墨汁或碳素墨水填写;大小写金额、签发日期和收款人名称是否有更改;其他内容更改后是否加盖印鉴证明;签发人盖章是否齐全等。

（5）对持支票前来购货的购货人必须核对身份,查验有关证件。为了防止发生诈骗、冒领或收受空头支票的现象,收款人或被背书人接受支票时,可检查持票人的身份证、摘录身份证号码并问明联系电话等。按常规应将受理的支票及时送存银行,待银行将款项收妥并存入本单位账户后再行发货。

（6）支票的出票人禁止签发空头支票,出票人签发的空头支票,签章与预留银行签章不符合的支票,支付密码地区、支付密码错误的支票,银行应予以退票,并按票面金额处以不低于1 000元的罚款;持票人有权要求出票人赔偿支票金额2‰的赔偿金。

（二）支票丢失的处理

支票作为一种结算工具,其主要功能是用来代替现金流通的。遗失了支票,就等于遗失了货币资金,可能会给单位或集体带来经济损失。但支票毕竟不是现金,只要正确、及时采取有效措施,是可以避免经济损失的。这里所说的有效措施有两种:一是及时到开户银行挂失止付;二是请求有关单位协助防范。需要注意的是:不要到电视台、电台、报社等新闻单位刊登"声明作废"一类的广告。

任务实施

一、大唐盛世公司出纳钱一清收到北京万达公司金额为3万元的支票后,进行了如下处理:

步骤一:审核支票,在备查簿中登记。

步骤二:到银行填写进账单,如图4-30所示,办理进账业务。

ICBC 中国工商银行

进账单 （收账通知）

NO 40971961

年　月　日

出票人	全 称		收款人	全 称										
	账 号			账 号										
	开户银行			开户银行										
汇票金额	人民币（大写）				千	百	十	万	千	百	十	元	角	分
票据种类		票据张数												
票据号码														

开户银行签章

复核　　　记账

图4-30 进账单

步骤三：编制收款凭证，如表 4-3 所示。

表 4-3

收 款 凭 证

借方科目：　　　　　　　　　　　　年　月　日　　　　　　　　　　字　号

摘　要	总账科目	明细科目	√	贷　方　金　额									
				千	百	十	万	千	百	十	元	角	分
			√										
合　　计													

附件　　张

会计主管：　　　记账：　　　出纳：　　　复核：　　　制单：

二、假设你是出纳钱一清，公司于 2022 年 12 月 12 日提现 5 000 元备用，请你填写一张支票，如图 4-31 所示。

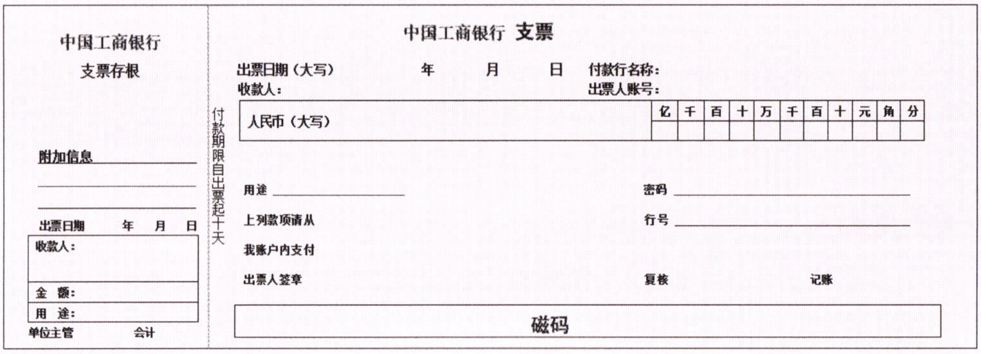

图 4-31　普通支票

三、2022 年 12 月 13 日，大唐盛世公司向海天保险公司预付下一个季度的保险费 6 000 元，开出转账支票一张，如图 4-32、图 4-33 所示。

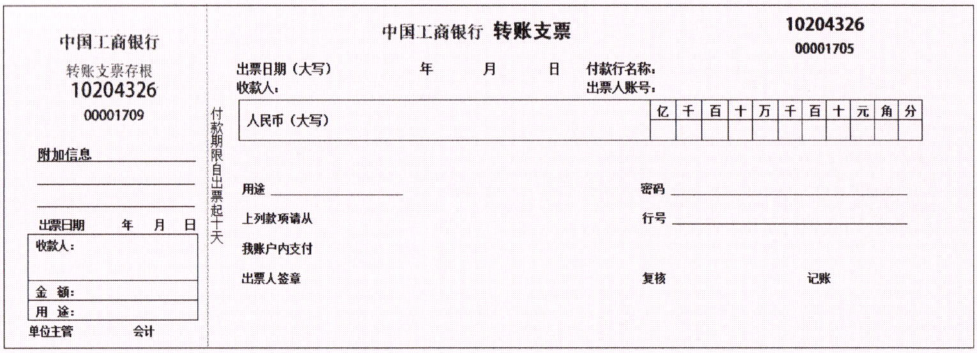

图 4-32　转账支票正面

图 4 - 33　转账支票背面

文本：机打支票

学后思

　　什么是空头支票？大唐盛世公司周五的银行存款余额是 250 000 元，周五下午下班前开出一张金额为 300 000 元的支票给 M 公司，大唐盛世公司知道 M 公司会在下周一办理进账，而大唐盛世公司周六会有一笔 400 000 元的货款进账。大唐盛世公司的支票是否是空头支票？

学中做

　　2022 年 12 月 1 日，供应部马行空出差预借差旅费 2 400 元，钱一清开出现金支票。完成下列凭证的填制，如图 4 - 34、图 4 - 35、图 4 - 36 和表 4 - 4 所示。

借款单

年　　月　　日　　　　　　　　　No.02858

借款人：		所属部门：	
借款用途：			
借款金额：人民币（大写）			
部门负责人审批：		借款人（签章）：	
财务部门审核：			
单位负责人批示：		签字：	
核销记录：			

第一联　付款联（付款人记账）

图 4 - 34　进账单

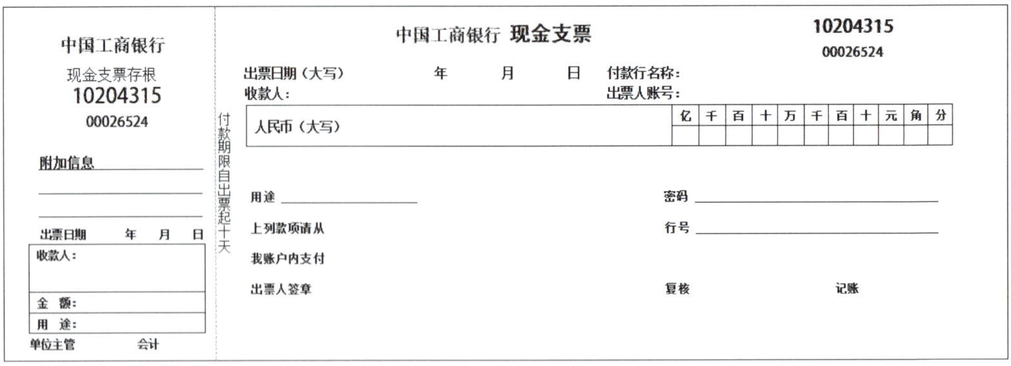

中国工商银行
现金支票存根
10204315
00026524

付款期限自出票起十天

附加信息
_____

出票日期 年 月 日
收款人:

金 额:
用 途:
单位主管 会计

中国工商银行 **现金支票**
10204315
00026524

出票日期(大写)	年	月	日	付款行名称:
收款人:				出票人账号:

人民币(大写)	亿	千	百	十	万	千	百	十	元	角	分

用途 _____ 密码 _____

上列款项请从 行号 _____

我账户内支付

出票人签章 复核 记账

图 4-35 现金支票正面

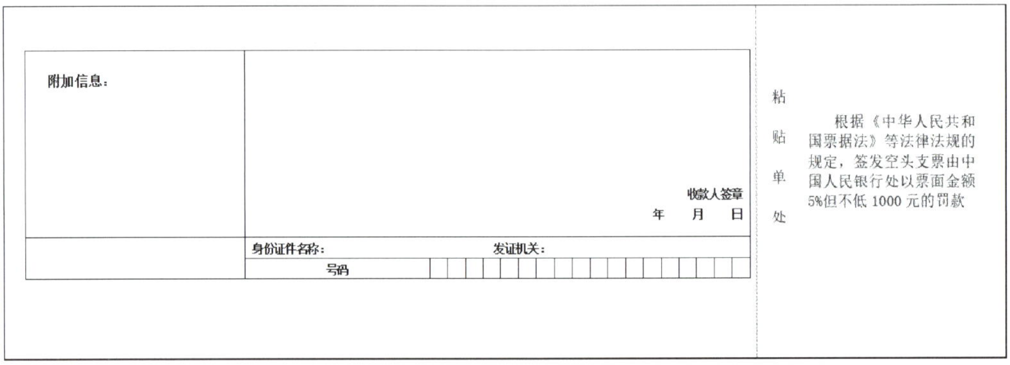

附加信息:

收款人签章
年 月 日

身份证件名称: 发证机关:
号码 [ ][ ][ ][ ][ ][ ][ ][ ][ ][ ][ ][ ]

粘贴单据处

根据《中华人民共和国票据法》等法律法规的规定,签发空头支票由中国人民银行处以票面金额5%但不低1000元的罚款

图 4-36 现金支票背面

表 4-4
付 款 凭 证

贷方科目: 年 月 日 付字 号

摘 要	总账科目	明细科目	√	贷 方 金 额									
				千	百	十	万	千	百	十	元	角	分
合 计													

会计主管 记账 出纳 复核 制单

附件 张

2022 年 12 月 5 日,马行空出差回来报销差旅费。马行空 12 月 1 日上午从扬州出发到上海,12 月 5 日下午回到扬州。单程车票为 80 元,如图 4-36 所示。每天伙食补贴为 60 元,交通补贴为 50 元/天。住宿费实报实销 220 元/晚,通信费为 300 元。供应部负责人是王平,公司财务副总是张大山,财务负责人是金明。根据上述情况,完成有关单据填制。

4

车票如图 4-37 所示。

图 4-37 火车票

差旅费报销单如图 4-38 所示。

差旅费报销单

年 月 日

附原始单据 张

姓名					工作部门				出差事由					
日期		地点		车船费			深夜补贴	途中补贴	住勤费			旅馆费	公交费	金额合计
起	讫	起	讫	车次或船名	时间	金额			地区	天数	补贴			
报销金额(大写)人民币									合计(小写)					
补付金额:						退回金额:								
领导批准			会计主管			部门负责人		审核			报销人			

图 4-38 差旅费报销单

收款收据如图 4-39 所示。

收 款 收 据

No.000823

年 月 日

今 收 到_____

交 来:_____

金额(大写)　佰　拾　万　仟　佰　拾　元　角　分

¥_____ □现金 □转账支票 □其他

收款单位(盖章)

核准　会计　记账　出纳　经手人

图 4-39 收款收据

收款凭证如表 4-5 所示。

表 4-5　　　　　　　　收 款 凭 证

借方科目：　　　　　　　　　　　　年　月　日　　　　　　　　收字　　号

摘　要	总账科目	明细科目	√	贷 方 金 额									
				千	百	十	万	千	百	十	元	角	分
合　计													

会计主管　　　　记账　　　　出纳　　　　　复核　　　　　制单

附件　张

转账凭证如表 4-6 所示。

表 4-6　　　　　　　　转 账 凭 证

　　　　　　　　　　　　　　　年　月　日　　　　　　　　　　字　　号

摘　　要	总账科目	明细科目	√	借方金额								贷方金额							
				百	十	万	千	百	十	元	角	分	百	十	万	千	百	十	元	角	分
合　　计																			

会计主管　　　　记账　　　　出纳　　　　　复核　　　　　制单

附件　张

任务四　银行汇票结算业务

任务导入

　　任务一：2022 年 12 月 5 日，大唐盛世公司向 H 科技股份有限公司购买甲材料，按双方协议规定使用银行汇票进行结算。假如你是出纳员钱一清，你该如何办理银行汇票申请业务？当大唐盛世公司持票进行采购业务时应如何操作？若有多余款项退回，又应如何操作？

　　任务二：2022 年 12 月 20 日，大唐盛世公司收到河南全胜科技公司的银行汇票一张，金额 5 万元整，如图 4-40 所示，出纳员钱一清根据原始相关单据确认实际结算金额与出票日期准确无误，并到银行办理收款。假如你是钱一清，你要做些什么工作？

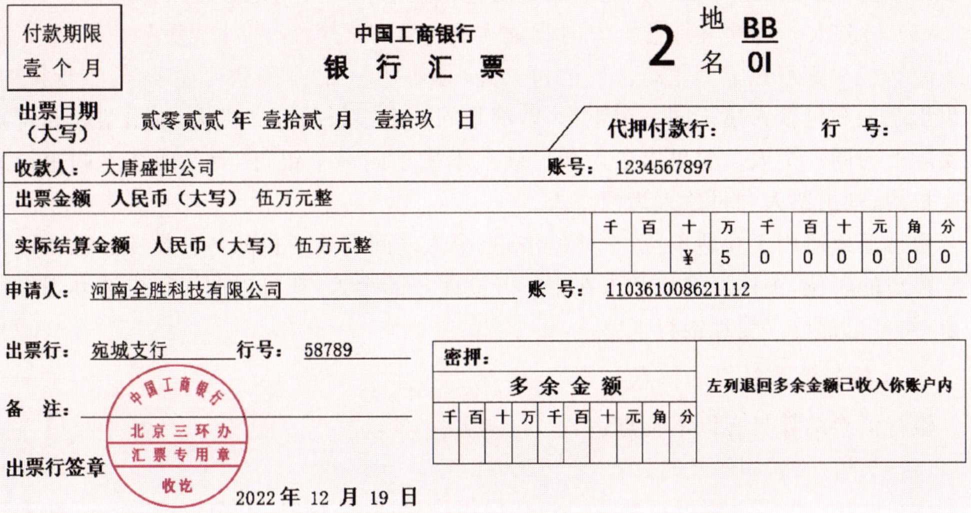
付款期限　壹个月

中国工商银行
银行汇票　2　地名 BB 01

出票日期（大写）　贰零贰贰 年 壹拾贰 月 壹拾玖 日　　代押付款行：　　行号：

收款人：大唐盛世公司　　账号：1234567897

出票金额　人民币（大写）　伍万元整

实际结算金额　人民币（大写）　伍万元整

千	百	十	万	千	百	十	元	角	分
		¥	5	0	0	0	0	0	0

申请人：河南全胜科技有限公司　　账号：110361008621112

出票行：宛城支行　行号：58789　　密押：

备　注：

出票行签章　中国工商银行 北京三环办 汇票专用章 收讫　2022 年 12 月 19 日

多余金额

千	百	十	万	千	百	十	元	角	分

左列退回多余金额已收入你账户内

图 4－40　银行汇票

一、银行汇票概述

银行汇票是汇款人将款项交存当地银行，由银行签发给汇款人持往异地办理转账结算或支取现金的票据。银行汇票结算方式是指利用汇票办理转账结算的方式。银行汇票如图 4－41 所示。

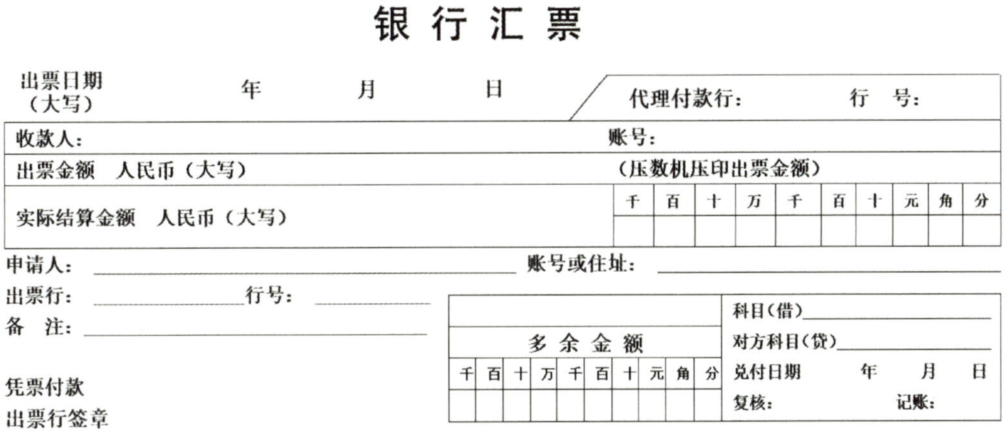
银行汇票

出票日期（大写）　年　月　日　　代理付款行：　　行号：

收款人：　　账号：

出票金额　人民币（大写）　　（压数机压印出票金额）

实际结算金额　人民币（大写）

千	百	十	万	千	百	十	元	角	分

申请人：　　账号或住址：

出票行：　行号：

备　注：

凭票付款

出票行签章

多余金额

千	百	十	万	千	百	十	元	角	分

科目（借）

对方科目（贷）

兑付日期　年　月　日

复核：　记账：

图 4－41　银行汇票

（一）银行汇票结算的当事人

（1）出票人。银行汇票结算的出票人是指签发汇票的银行。按照银行规定，银行汇票的签发和解付，全国范围内仅限于中国人民银行和各商业银行参加“全国联行往来”的银行机构办理，非银行机构不得签发银行汇票。

（2）收款人。收款人是指从银行提取汇票所汇款项的单位和个人。收款人可以是汇款人本身,也可以是与汇款人有商品交易往来或汇款人要与之办理结算的人。

(3)付款人。付款人是指负责向收款人支付款项的银行。同出票人一样,并不是所有银行机构都可以充当银行汇票的付款人,必须是参加"全国联行往来"的银行机构。如果出票人和付款人属于同一个银行,若都是同一个银行的分支机构,则出票人和付款人实际上为同一个人。如果出票人和付款人不属于同一个银行,而是两个不同银行的分支机构,则出票人和付款人为两个人。

银行汇票适用于异地单位、个体经济户、个人之间需要支付的各种款项。凡在银行开立账户的单位、个体经济户和未在银行开立账户的个人,都可以向银行申请办理银行汇票,而且也都可以受理银行汇票。

(二)银行汇票结算的特点

银行汇票结算具有以下特点:

(1)票随人到,用款及时。

(2)付款有保证。银行汇票是以银行信用作保证,结算时,不会出现"空头"和无款支付的情况。

(3)使用灵活。持票人可一笔转账,也可分次付款,还可通过银行办理转汇,也可将银行汇票背书转让。

(4)兑现性强。异地付款需支付现金时,只要在汇款时向银行说明用途或以现金交汇,由汇出银行在签发银行汇票"汇款金额"栏中文大写金额前注明"现金"字样,就可以在兑付银行支取现金。

(三)银行汇票结算的基本规定

(1)银行汇票一律记名。

(2)新的《支付结算办法》取消了银行汇票的汇款额起点为500元的限制。

(3)银行汇票的付款期为一个月(不分大月、小月,统按次月对日计算;到期日遇节假日顺延;逾期的汇票,兑付银行不予受理)。

(4)汇款人申请办理银行汇票,应向签发银行填写"银行汇票委托书",详细填明兑付地点、收款人名称、用途(军工产品可免填)等项内容。能确定收款人的,须详细填明单位、个体经济户名称或个人姓名;确定不了的,应填写汇款人指定人员的姓名。银行汇票委托书一式三联,第一联银行盖章后交给汇款人,第二联、第三联交给开户银行办理收款手续。

(5)收款人持银行汇票可以向填明的收款单位或个体经济户办理结算。收款人为个人的,也可以持转账的银行汇票,经背书向兑付地的单位或个体经济户办理结算。

(四)单位或个体经济户受理银行汇票时应审查的内容

(1)收款人或被背书人确为本收款人。

(2)银行汇票在付款期内,日期、金额等填写无误。

(3)印章清晰,有压数机压印的金额。

(4)银行汇票和解讫通知齐全、相符。

(5)汇款人或背书人的证明或证件无误,背书人证件上的姓名与其背书相符。

(6)在银行开立账户的收款人或被背书人受理银行汇票后,在汇票背面加盖预留银行印章,连同解讫通知、进账单送交开户银行办理转账。

（7）未在银行开立账户的收款人持银行汇票向银行支取款项时,必须交验本人身份证或兑付地有关单位足以证实收款人身份的证明,并在银行汇票背面盖章或签字,注明证件名称、号码及发证机关后,才能办理支取手续。

（8）汇票的签发和解付限于中国人民银行和各专业银行参加"全国联行往来"的银行机构办理,跨系统银行签发的转账银行汇票的解付,应通过同城票据交换将银行汇票和解讫通知提交给同城的有关银行审核支付后抵用;省、自治区、直辖市内的跨省、市的经济区域内,按照有关规定办理。

在不能签发银行汇票的银行开户的汇款人若需要使用银行汇票,应将款项转交附近签发银行汇票的银行办理。

（五）银行汇票支取的规定

（1）支取现金的规定。收款人如需要在兑付地支取现金的,汇款人在填写"银行汇票委托书"时,须在"汇款金额"大写金额栏先填写"现金"字样,后填写汇款金额。

（2）分次支取的规定。收款人持银行汇票向银行支取款项时,如需分次支取,应以收款人的姓名开立临时存款户办理支付,临时存款只付不收,付完清户,不计利息。

（六）银行汇票转汇、退汇及挂失的规定

（1）转汇的规定。银行汇票可以转汇,可委托兑付银行重新签发银行汇票,但转汇的收款人和用途必须是原收款人和用途,兑付银行必须在银行汇票上加盖"转汇"戳记,已转汇的银行汇票,必须全额兑付。

（2）退汇的规定。汇款人因在银行汇票超过付款期或因其他原因要求退款时,可持银行汇票和解讫通知到签发银行办理退汇。

（3）挂失的规定。持票人如果遗失了填明"现金"字样的银行汇票,持票人应当立即向兑付银行或签发银行请求挂失。在银行受理挂失前（包括对方行收到挂失通知前）被冒领,银行概不负责。如果遗失了填明收款单位或个体经济户名称的汇票,银行不予挂失,可通知收款单位或个体经济户、兑付银行、签发银行请求协助防范。遗失的银行汇票在付款期满后 1 个月内,确认未冒领的,可以办理退汇手续。

二、银行汇票的结算程序

（一）银行汇票的申请

申请人需要使用银行汇票,应向银行填写一式三联的"银行汇票申请书"。第一联存根,由申请人留存,第二、三联是银行内部使用的凭证。申请人在填写时,要用双面复写纸套写（其他多联结算凭证的套写要求与此相同）,按"银行汇票申请书"所列项目逐项填明收款人名称、汇票金额、申请人名称、申请日期等事项,并在第二联"申请人盖章"处签章,签章为其预留银行的签章。申请人和收款人均为个人,需要使用银行汇票向代理付款人支取现金的,申请人须在银行汇票申请书上填明代理付款人名称,在"汇票金额"栏先填写"现金"字样,后填写汇票金额。申请人或者收款人为单位的,不得在银行汇票申请书上填明"现金"字样。申请人填妥后将"银行汇票申请书"的第二、三联连同

所汇款项一并送交银行。

（二）银行汇票的出票

出票银行对"银行汇票申请书"的内容和印鉴验证无误,收妥款项后签发银行汇票,并用压数机压印出汇票金额。银行汇票一式四联:第一联卡片,由出票银行留存;第二联汇票;第三联解讫通知,汇票联和解讫通知联由出票银行一并交给申请人,申请人便可持此两联银行汇票到异地办理支付结算或支取现金,两联缺一不可;第四联是多余款收账通知,出票银行将银行汇票金额结算后将此联交给申请人。

银行签发转账银行汇票,不得填写代理付款人名称。签发现金银行汇票,申请人和收款人必须均为个人,收妥申请人交存的现金后,在银行汇票"出票金额"栏先填写"现金"字样,后填写出票金额,并填写代理付款人名称。申请人或者收款人为单位的,银行不得为其签发现金银行汇票。

（三）银行汇票的兑付

（1）在银行开立存款账户的收款人受理银行汇票后向开户银行提示付款时,应在汇票背面"持票人向银行提示付款签章"处签章,签章须与预留银行签章相同,并填写一式两联进账单,连同银行汇票联和解讫通知联一并送交开户银行,银行审查无误后办理转账。

（2）未在银行开立存款账户的个人持票人（或收款人）,可以向选择的任何一家银行机构提示付款。提示付款时,应在汇票背面"持票人向银行提示付款签章"处签章,并填明本人身份证件名称、号码及发证机关,由本人向银行提交身份证及其复印件。银行审核无误后,将其身份证复印件留存备查,并以持票人的姓名开立应解汇款及临时存款账户,该账户只付不收,付完清户,不计付利息。

（四）银行汇票的背书

背书是指汇票持有人将票据权利转让他人的一种票据行为。其中票据权利是指票据持有人向票据债务人（主要是指票据的承兑人,有时也指票据的出票人、保证人和背书人）直接请求支付票据中所规定的金额的权利。通过背书转让其权利的人称为背书人,接受经过背书汇票的人称为被背书人。由于这种票据权利的转让,一般都是在票据的背面（如果记在正面就容易和承兑、保证等其他票据行为混淆）进行的,所以称为背书。

按照现行规定,填明"现金"字样的银行汇票不得背书转让。区域性银行汇票仅限于本区域内背书转让。银行汇票的背书转让以不超过汇款金额为准。未填写实际结算金额或实际结算金额超过汇款金额的银行汇票不得背书转让。在背书时,背书人必须在银行汇票第二联背面"背书"栏填明个人身份证件及号码并签章,同时填明被背书人名称,并填明背书日期。被背书人在受理银行汇票时,除按前述收款人要求对汇票进行审查之外,还应审查银行汇票是否记载实际结算金额,有无更改;背书金额是否超过汇款金额;背书是否连续,背书人签章是否符合规定;背书使用粘单是否按规定签章;背书人为个人的,其身份证是否真实;等等。被背书人按规定在汇票有效期内,在被背书人一栏签章并填制一式二联进账单后到开户行办理结算,其会计核算办法与一般银行汇票收款人相同。

（五）银行汇票的结算与退款

兑付银行按实际结算金额办理入账后,将银行汇票第三联解讫通知传递给汇票签发银行,签发银行核对后将余款转入汇款人账户,并将银行汇票第三联多余款收账通知转给汇款人,汇款人据此办理余款入账手续。汇款人收到通知后借记"银行存款"账户,贷记"其他货币资金——银行汇票"账户。

汇款单位因汇票超过了付款期限或其他原因没有使用汇票款项时,可以分情况向签发银行申请退款:

(1)在银行开立账户的汇款单位要求签发银行退款时,应当备函向签发银行说明原因,并将未用的银行汇票联和解讫通知联交回汇票签发银行办理退款。银行将银行汇票联、解讫通知联和银行留存的银行汇票的卡片联核对无误后办理退款手续,将汇款金额划入汇款单位账户。

(2)未在银行开立账户的汇款单位要求签发银行退款时,应将未用的银行汇票联和解讫通知联交回汇票签发银行,同时向银行交验申请退款单位的有关证件,经银行审核后办理退款。

(3)汇款单位因缺少解讫通知联而向签发银行申请退款时,应将银行汇票联退给汇票签发银行,并备函说明短缺的原因,经签发银行审查同意后于银行汇票提示付款期满一个月后办理退款手续。

银行汇票收款业务流程如图4-42所示。

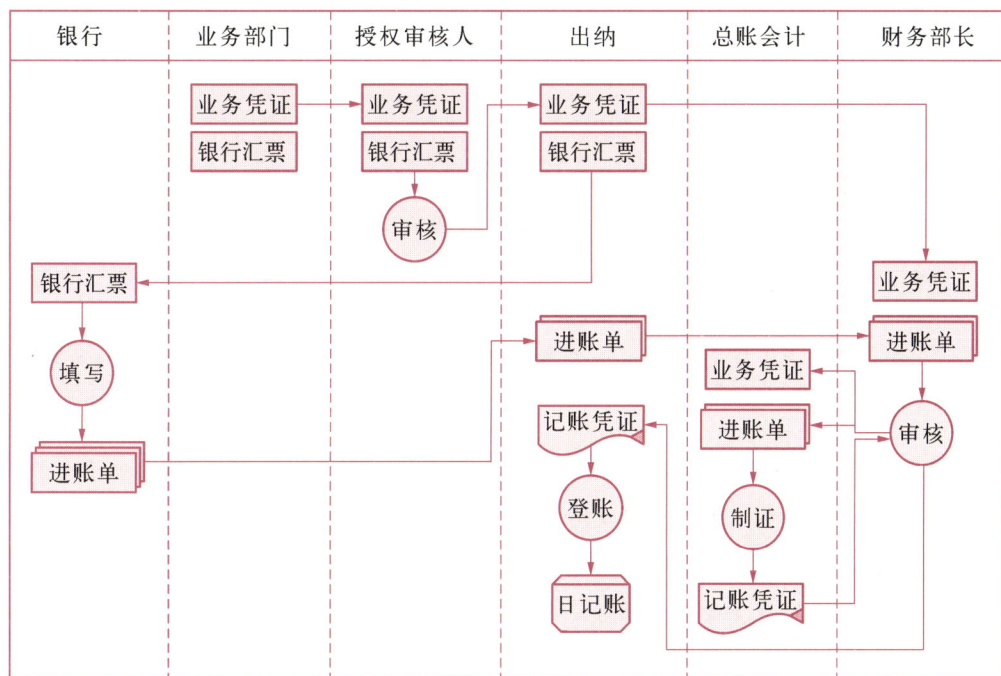

图4-42　银行汇票收款业务流程

三、银行汇票的核算

银行汇票应通过"其他货币资金"科目核算。其他货币资金是指企业除现金、银行存款之外的其他各种货币资金,即存放地点和用途均与现金和银行存款不同的货币资金。

在资产负债表中并入货币资金项目中,包括外埠存款、银行汇票存款、银行本票存款、信用证存款和在途货币资金。外埠存款是指企业因零星采购商品而汇往采购地银行采购专户的款项;银行汇票存款是指企业为取得银行汇票而按照规定存入银行的款项;银行本票存款是指企业为取得银行本票而按照规定存入银行的款项;信用证存款是指企业存入银行作为信用证保证金专户的款项;在途货币资金是指企业与其所属单位或上下级之间的汇解款项。

企业在填写"银行汇票申请书"并将款项交存银行,取得银行汇票后,应根据银行盖章退回的申请书存根联,借记"其他货币资金"科目,贷记"银行存款"科目。企业使用银行汇票后,根据发票账单等有关凭证,借记"材料采购"(或"原材料")"库存商品""应交税费——应交增值税(进项税额)"等科目,贷记"其他货币资金"科目;如有多余款或因汇票超过付款期等原因而退回的款项,应根据开户行转来的银行汇票第四联(多余款收账通知),借记"银行存款"科目,贷记"其他货币资金"科目。

如果是收入方,则可以记入"银行存款"账户。

【例 4-1】 A公司向开户银行申请办理银行汇票,公司开出汇票委托书并将款项 9 500 元交存银行取得银行汇票。编制会计分录如下:

借:其他货币资金——银行汇票存款　　　　　　　　　　　9 500
　　贷:银行存款　　　　　　　　　　　　　　　　　　　　　　9 500

【例 4-2】 A公司用银行汇票办理采购货款的结算,其中货款为 8 000 元,适用的增值税税率为 13%,材料已验收入库。编制会计分录如下:

借:原材料　　　　　　　　　　　　　　　　　　　　　　8 000
　　应交税费——应交增值税(进项税额)　　　　　　　　　1 040
　　贷:其他货币资金——银行汇票存款　　　　　　　　　　　9 040

【例 4-3】 银行汇票结算完毕,昌通公司收到开户银行的收账通知,汇票余款 460 元已经汇还入账。编制会计分录如下:

借:银行存款　　　　　　　　　　　　　　　　　　　　　460
　　贷:其他货币资金——银行汇票存款　　　　　　　　　　　460

【例 4-4】 若银行汇票因超出付款期限未曾使用,向开户银行申请退款并退回款项。编制会计分录如下:

借:银行存款　　　　　　　　　　　　　　　　　　　　　9 500
　　贷:其他货币资金——银行汇票存款　　　　　　　　　　　9 500

【例4-5】 A公司收到购货单位M公司转来的银行汇票40 000元,系归还前所欠货款。A公司准备将该汇票用于支付材料款。

借:其他货币资金——银行汇票存款　　　　　　　　40 000
　贷:应收账款——M公司　　　　　　　　　　　　　　40 000

【例4-6】 A公司将M公司转来的银行汇票40 000元背书转让给供货单位H公司,用于抵付应付购货款。

借:应付账款——H公司　　　　　　　　　　　　　　40 000
　贷:其他货币资金——银行汇票存款　　　　　　　　40 000

学后思

银行汇票是用于异地结算的,支票也可用于异地结算,这两者在异地结算方面各有何优缺点?

任务实施

任务一:2022年12月5日,大唐盛世公司向H科技股份有限公司购买甲材料,按双方协议规定使用银行汇票进行结算。出纳钱一清向中国工商银行申请办理银行汇票,填写银行汇票委托(申请)书,如图4-43所示。申请金额为320 000元。大唐盛世公司账号为1234567897,开户行为中国工商银行北京三环办。H科技股份有限公司账号为987654321。

图4-43 银行汇票委托书

步骤一：填写汇票委托书

填写好汇票委托书后提交银行申请开具金额为 320 000 元的银行汇票一张。银行开具收费凭证向申请人收取手续费 100 元，以现金支付，如图 4-44 所示。

中国工商银行
INDUSTRIAL AND COMMERCIAL BANK OF CHINA

收费凭证

2022 年 12 月 05 日

户 名	大唐盛世公司	开户银行	中国工商银行北京三环办						
账 号	1234567897	收费种类	手续费						

	凭证（结算）种类	单价	数量	金额						
				万	千	百	十	元	角	分
1. 客户购买凭证时在"收费种类"栏填写"工本费"，在"凭证种类"栏填写所购置凭证名称。	银行汇票					1	0	0	0	0
2. 客户在办理结算业务时，在"收费种类"栏分别填写手续费或邮电费，在"结算种类"栏填写办理的结算方式。										
	合计人民币（大写）	壹佰元整				¥	1	0	0	0	0

图 4-44 收费凭证

编制付款凭证如表 4-7 所示。

表 4-7   **付 款 凭 证**

贷方科目：   年 月 日   付字 号

摘 要	总账科目	明细科目	√	贷 方 金 额									
				千	百	十	万	千	百	十	元	角	分
合 计													

附件 张

会计主管   记账   出纳   复核   制单

步骤二：收到银行汇票

12 月 5 日，收到办妥的中国工商银行汇票，如图 4-45 所示。

编制付款凭证如表 4-8 所示。

步骤三：持该汇票购买材料

12 月 5 日，向 H 科技股份有限公司购买甲材料用上述汇票支付，材料已入库。增值税专用发票如图 4-46 所示。

编制转账凭证如表 4-9 所示。

<table>
<tr><td colspan="2">付款期限
壹个月</td><td colspan="2">中国工商银行
银 行 汇 票</td><td>地
名</td><td>BB
0l</td></tr>
</table>

| 付款期限
壹个月 | 中国工商银行
银 行 汇 票 | 地 名 | BB 0l |

出票日期
（大写）　贰零贰贰 年 壹拾贰 月 零伍 日　　代押付款行：　　行 号：

收款人：H科技股份有限公司　　账号：987654321

出票金额　人民币（大写）　叁拾贰万元整

实际结算金额　人民币（大写）　　千 百 十 万 千 百 十 元 角 分
　　　　　　　　　　　　　　　¥ 3 2 0 0 0 0 0 0

申请人：大唐盛世公司　　账 号：1234567897

出票行：中国工商银行北京三环办行号：007

密押：　多余金额　左列退回多余金额已收入你账户内

备注：

出票行签章（中国工商银行 北京三环办 汇票专用章 收讫）

2022 年 12 月 05 日

图 4-45 银行汇票

表 4-8　　付 款 凭 证

贷方科目：　　年 月 日　　付字 号

摘 要	总账科目	明细科目	√	贷 方 金 额								
				千	百	十	万	千	百	十	元	角	分
合 计												

附件　张

会计主管　　记账　　出纳　　复核　　制单

北京增值税专用发票
抵扣联
5655466　开票日期：2022 年 12 月 5 日

购置单位：名 称：大唐盛世公司　纳税人识别号：110199514160154　地址、电话：北京市三环路 999 号 01022165542　开户行及账号：中国工商银行北京三环办 1234567897

密码区：LP[SADSA';.DA;'SLD;AS;C.A;S'.;AS.D;A;SMCSOM;LSFDFF FSFSDFSDFSDFDSFSDFSDFS,F;S.DFS;F.SF[S.F;'SF;'.S;'F.;..;<><1<s1:1s:<x1:s<1x<s1:<x1:<x<x1s<x:<s:x<1:s<1:<'

货物或应税劳务名称	规格型号	单位	数量	单价	金额	税率	税额
甲材料		千克	10000	27	270000.00	13%	35100.00
合 计					¥270000.00		¥35100.00

价税合计（大写）　⊗叁拾万零伍仟壹佰元整　（小写）¥305100.00

销货单位：名 称：H科技股份有限公司　纳税人识别号：420563426735637　地址、电话：北京市五棵松 777 号 0103456888　开户行及账号：中国工商银行五棵松支行 987654321　备注

收款人：夏东海　复核：刘梅　开票人：刘星　销货单位：（章）

图 4-46 增值税专用发票

表 4-9   转 账 凭 证

年 月 日   字 号

摘 要	总账科目	明细科目	√	借方金额								贷方金额							
				百	十	万	千	百	十	元	角	分	百	十	万	千	百	十	元	角	分
合 计																					

附件 张

会计主管   记账   出纳   复核   制单

步骤四：退回多余款项

12月8日，接开户行通知，上述汇票余款已经转回大唐盛世公司的账户。进账单如图4-47所示。

中国工商银行 INDUSTRIAL AND COMMERCIAL BANK OF CHINA

进账单 （回 单）

2022 年 12 月 08 日

出票人	全 称	H科技股份有限公司	收款人	全 称	大唐盛世公司
	账 号	987654321		账 号	1234567897
	开户银行	中国工商银行北京五棵松支行		开户银行	中国工商银行北京三环办

金额	人民币（大写）	陆仟捌佰元整	亿	千	百	十	万	千	百	十	元	角	分
							￥	6	8	0	0	0	0

票据分类	银汇	票据张数	1
票据号码	N158964		
备注：			

中国工商银行北京
五棵松支行
2022.12.08
转讫
(8)

开户银行签章

复核   记账

图 4-47 进账单

编制收款凭证如表4-10所示。

表 4-10   收 款 凭 证

借方科目：   年 月 日   收字 号

摘 要	总账科目	明细科目	√	贷 方 金 额								
				千	百	十	万	千	百	十	元	角	分
合 计													

附件 张

会计主管   记账   出纳   复核   制单

任务二：大唐盛世公司收到河南全胜科技有限公司的银行汇票一张，金额5万元整。钱一清进行了如下操作：

步骤一：

审核业务员交来的银行汇票，并在备查簿中登记。

步骤二：

次日，钱一清去银行办理进账手续，进账单如图4-48所示。

ICBC 中国工商银行

进账单 （收账通知）
NO 40971961

			年　月　日											
出票人	全　称			收款人	全　称									
	账　号				账　号									
	开户银行				开户银行									
汇票金额	人民币（大写）					千	百	十	万	千	百	十	元	角	分
票据种类		票据张数												
票据号码														
						开户银行签章								
复核　　　　记账														

图4-48 进账单

步骤三：

编制收款凭证并登账，如表4-11所示。

表4-11　　　　　　收款凭证

借方科目：　　　　　　　年　月　日　　　　　　　字　号

摘　要	总账科目	明细科目	√	贷　方　金　额									附件　张
				千	百	十	万	千	百	十	元	角	分	
			√											
合　计														

任务五　银行本票结算业务

任务导入

2022年12月9日，大唐盛世公司财务经理金明要求出纳员钱一清去银行申请签发一张金额为11 300元的银行本票，用以向H科技股份有限公司支付材料款。假如你是钱一清，请你思考应如何办理银行本票的申请和签发工作。

一、银行本票结算

（一）银行本票概述

银行本票是申请人将款项交存银行,由银行签发的承诺自己在见票时无条件支付确定的金额给收款人或者持票人的票据。银行本票是应客户请求而签发,以代替现金流通,节约现金成本,缓冲货币投放压力。银行本票一律为记名式,允许背书转让,简化了结算手续,有利于实现资金清算的票据化,并加速资金周转,扩展资金来源。

1. 银行本票的种类

我国银行本票目前有两种:一种是定额本票,另一种是不定额本票。定额本票一式一联,由中国人民银行统一规定票面规格、颜色和格式并统一印制,面额有 1 000 元、5 000 元、10 000 元和 50 000 元四种;不定额本票一式两联,第一联由申请人保留,签发银行结清本票时作为付出传票,第二联由签发行保留,作为结清本票时的传票附件。

2. 银行本票的适用范围

《银行结算办法》规定,单位、个体经济者和个人在同城范围的商品交易和劳务供应,以及其他款项的结算均可以使用银行本票。

3. 银行本票结算的基本规定

(1) 银行本票一律记名,并允许背书转让。

(2) 不定额银行本票的金额起点为 1 000 元;定额银行本票面额为 1 000 元、5 000元、10 000 元和 50 000 元。

(3) 银行本票的付款期限为一个月(不分大月、小月,统一按次月对日计算;到期日遇到节假日顺延)。逾期的银行本票,兑付银行不予受理。

(4) 申请人办理银行本票,应向银行填写银行本票申请书,详细填明收款人名称,需要支取现金的,在银行本票上划去"转账"字样,填明"现金"字样。不定额银行本票用压数机压印出汇票金额后,将办妥的银行本票交给申请人。银行本票申请书一式三联,第一联由签发单位或个人留存,第二联为签发行办理本票的付款凭证,第三联为签发行办理本票的收款凭证。

(5) 未在银行开立账户的收款人,凭具有"现金"字样的银行本票向银行支取现金,应在银行本票背面签字或盖章,并向银行交验有关证件。

(6) 银行本票见票即付,不予挂失。遗失的不定额银行本票在付款期满后一个月,确未冒领,可以办理退款手续。

(7) 申请人因银行本票超过付款期或者其他原因要求退款时,可持银行本票到签发银行办理。

（二）银行本票结算程序

银行本票的结算程序,基本上包括签发银行本票和款项结算两个阶段。

1. 申请签发银行本票

(1) 申请人向银行交存款项,填写"银行本票申请书",申请签发银行本票。

(2) 银行向申请人签发银行本票。

(3) 申请人(付款人)持票在同城范围内办理结算。

（4）收款人持本票、进账单到开户银行办理收款。

（5）收款人开户银行收妥入账，并退回进账单回单给收款人。

（6）银行间传递凭证，划转款项。

付款单位需要使用银行本票办理结算，应向银行填写一式三联的"银行本票申请书"，详细写明收款单位名称、申请人名称、支付金额、申请日期等各项内容。若申请人在签发银行开立账户的，应在"银行本票申请书"第二联上加盖预留银行印鉴。若申请人和收款人均为个人，需要支取现金的，应在申请书的"支付金额"栏注明"现金"字样。若申请人或收款人为单位的，不得申请签发现金银行本票。"银行本票申请书"的格式由中国人民银行各分行确定和印制。

在签发不定额本票时，如果是用于转账的，应在本票上划去"现金"字样；如果是用于支取现金的，应在本票上划去"转账"字样。最后，银行把本票第一联连同"银行本票申请书"存根联一并退给银行本票申请人。

银行受理"银行本票申请书"，在收妥款项后，据以签发银行本票。申请人取回本票后应借记"其他货币资金——银行本票"科目，贷记"银行存款"科目。

2．出票

申请人持银行本票可以向填明的收款单位或个体经济户办理结算。按照《票据法》的规定，本票必须记载下列事项：

（1）表明"本票"的字样。

（2）无条件支付的承诺。

（3）确定的金额。

（4）收款人名称。

（5）出票日期。

（6）出票人签章。

未记载上述规定事项之一的，本票无效。本票上记载付款地、出票地等事项的，应当清楚、明确。本票上未记载付款地的，以出票人的营业场所为付款地。除了上述规定事项之外，本票上可以记载其他出票事项，但是该记载事项不具有汇票上的效力。

3．收款人受理银行本票

收款人收到银行本票后，应审查下列事项：

（1）收款人是否确为本单位或本人。

（2）银行本票是否在提示付款期限内。

（3）必须记载的事项是否齐全。

（4）出票人签章是否符合规定，不定额银行本票是否有压数机压印的出票金额，并与大写出票金额一致。

（5）出票金额、出票日期、收款人名称是否有更改，更改的其他记载事项是否由原记载人签章证明。

收款人审查无误后，填写一式两联进账单，将进账单连同收到的银行本票，交至本单位开户银行办理收款人入账手续。收款人为个人的，也可以持转账的银行本票经背书向被背书人的单位或个体经济户办理结算，具有"现金"字样的银行本票可以向银行支取现金。

4. 银行间划拨资金

收款人开户行收妥入账后,通知收款人。付款人开户行和收款人开户行办理资金划拨。

银行本票收款业务和付款业务流程如图 4-49 和图 4-50 所示。

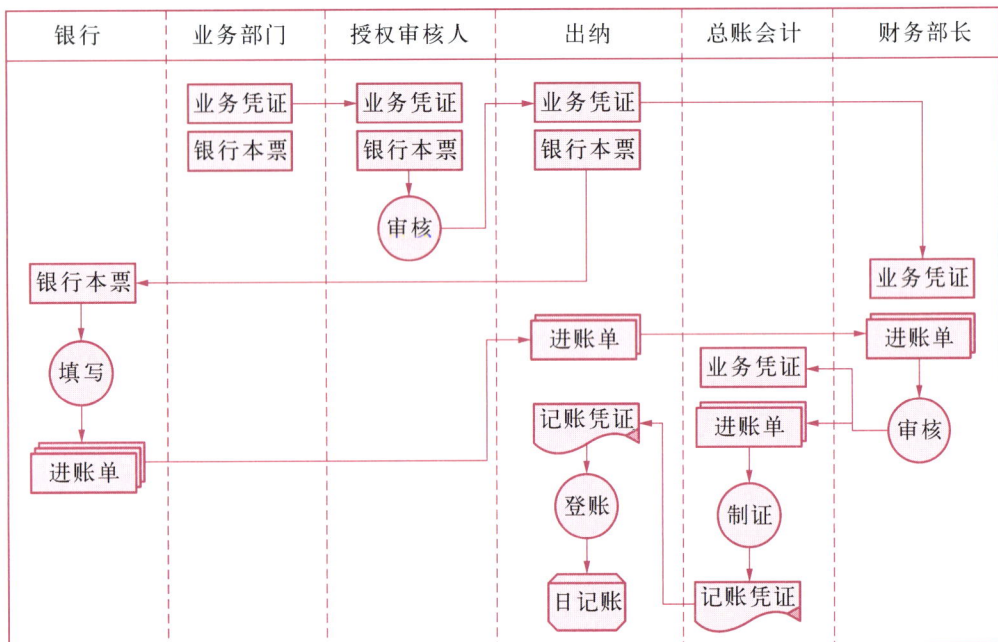

图 4-49　银行本票收款业务流程

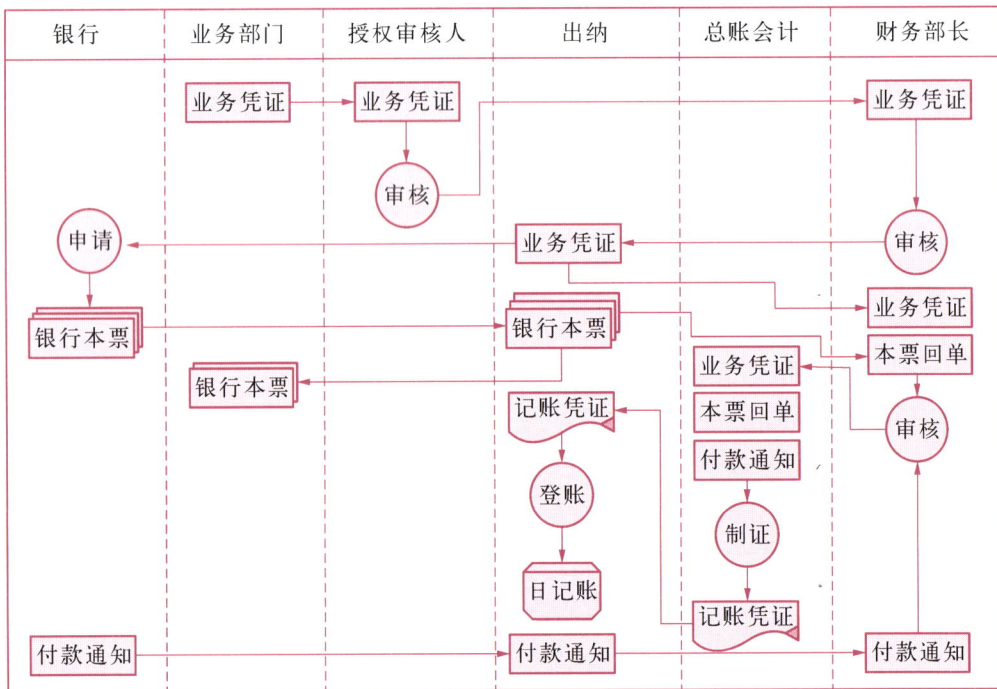

图 4-50　银行本票付款业务流程

(三)银行本票核算

银行本票是通过"其他货币资金——银行本票存款"科目进行核算。其核算的基本方式、程序和银行汇票核算类似,主要区别在于使用范围和时间。

(四)银行本票的退款与背书

银行本票见票即付。其流动性极强,一旦遗失或被窃,后果由银行本票持有人自负,银行不予挂失。所以银行本票持有人必须认真、妥善保管银行本票,防止遗失或被窃。

按照规定,超过付款期限的银行本票如果同时具备下列两个条件的,可以办理退款:一是该银行本票由签发银行签发后未曾背书转让;二是持票人为银行本票的收款单位。付款单位办理退款手续时,应填制一式两联进账单,并将其连同银行本票一并送交签发银行,签发银行审查同意后在第一联进账单上加盖"转讫"章,将其退给付款单位作为收账通知。付款单位凭银行退回的进账单的第一联编制银行存款收款凭证,其会计分录如下:

> 借:银行存款
>   贷:其他货币资金——银行本票存款

如果遗失不定额银行本票,且付款期满一个月确未冒领的,可以到银行办理退款手续。在办理退款手续时,应向签发银行出具盖有单位公章的遗失银行本票退款申请书,连同填制好的一式两联进账单,一并交银行办理退款,并根据银行退回的进账单第一联编制银行存款收款凭证,其会计分录同上。

按照规定,银行本票一律记名,允许背书转让。银行本票的持有人转让本票,应在本票背面"背书"栏内背书,并加盖本单位预留银行印鉴,注明背书日期,在"被背书人"栏内填写受票单位名称,之后将银行本票直接交给被背书单位,同时向被背书单位交验有关证件,以便被背书单位查验。被背书单位对收受的银行本票应认真进行审查,其审查内容与收款单位审查内容相同。银行本票的背书必须连续,也就是说银行本票上的任意一个被背书人就是紧随其后的背书人,并连续不断。如果本票的签发人在本票正面注有"不准转让"字样,则该本票不得背书转让;背书人也可以在背书时注明"不准转让",以防止本票背书转让后再次转让。

如果收款单位收受银行本票之后,不准备立即到银行办理进账手续,而是准备背书转让,用来支付款项或偿还债务,则应在取得银行本票时编制转账凭证,其会计分录如下:

> 借:其他货币资金——银行本票存款
>   贷:主营业务收入
>   应交税费——应交增值税(销项税款)

收款单位将收受的银行本票背书转让给其他单位时,应根据有关原始凭证编制转账凭证。如果用收受的银行本票购买物资,则按发票账单等原始凭证编制转账凭证,其会计分录如下:

借：原材料

　　应交税费——应交增值税（进项税额）

　贷：其他货币资金——银行本票存款

如果用收受的银行本票偿还债务，则其会计分录如下：

借：应付账款

　贷：其他货币资金——银行本票存款

学后思

企业本地结算有支付期为10天的支票可以使用，为什么还要使用结算期为2个月的银行本票？哪些业务需要使用银行本票结算？

任务实施

2022年12月9日，大唐盛世公司向H科技股份有限公司支付材料款，申请签发一张金额为11 300元的银行本票。钱一清进行了如下操作：

步骤一：审核采购凭证，确认支付方式为银行本票支付，金额为11 300元。

步骤二：填写银行本票申请书，提交银行审核。如图4－51所示。

银行汇（本）票申请书

□ 银行汇票　☑ 银行本票　　2022 年 12 月 09 日

申请人	大唐盛世公司	收款人	H科技股份有限公司
帐号	1234567897	帐号	987654321
开户行	中国工商银行北京三环办	代理付款行	中国工商银行五棵松支行
用途	支付材料款	支付密码	
金额	人民币（大写）壹万壹仟叁佰元整	亿 千 百 十 万 千 百 十 元 角 分	¥ 1 1 3 0 0 0 0
备注：大唐盛世公司财务专用章　李盛世印		银行专用栏	

会计主管　　复核　　记账

第三联 客户回单

图 4－51　银行本票申请书

步骤三：银行柜员根据本票申请书上的信息直接打印银行本票给申请人，要求申请人核对出票日期、收款人、付款人、金额等信息。银行本票（第一联）如图4－52所示，银行本票（第二联）正反两面如图4－53所示。

付款期限
壹个月

本　票　　1　　地名　EB 03　00000000

出票日期（大写）　贰零贰贰　年　壹拾贰　月　零玖　日

收款人：H科技股份有限公司		申请人：大唐盛世公司
凭票即付　人民币（大写）壹万壹仟叁佰元整		￥ 11300.00
转账 ☑　现金 ☐		
备注：		出纳　复核　经办

图 4-52　银行本票（第一联）

付款期限
壹个月

本　票　　2　　地名　EB 03　00000000

出票日期（大写）　贰零贰贰　年　壹拾贰　月　零玖　日

收款人：H科技股份有限公司		申请人：大唐盛世公司	
凭票即付　人民币（大写）壹万壹仟叁佰元整		￥ 11300.00	
转账 ☑　现金 ☐			
备注：	出票行签章	出纳　复核　经办	

此联出票行结清本票时作借方凭证

注意事项
一、本票在指定的城市范围使用。
二、本票经背书人可以转让。

被背书人	被背书人	被背书人
背书人签章 年　月　日	背书人签章 年　月　日	背书人签章 年　月　日

图 4-53　银行本票（第二联）正反两面

步骤四：钱一清拿到银行本票以后，检查出票日期、收款人、付款人、金额等项目准确无误，在银行本票的第一联（卡片联）上加盖公司预留的银行印鉴，然后将第一联（卡片联）交给银行柜员，如图 4-54 所示。待银行柜员审核无误后将第二联（正联）盖上银行的印章，交给出票人，如图 4-55 所示。

4

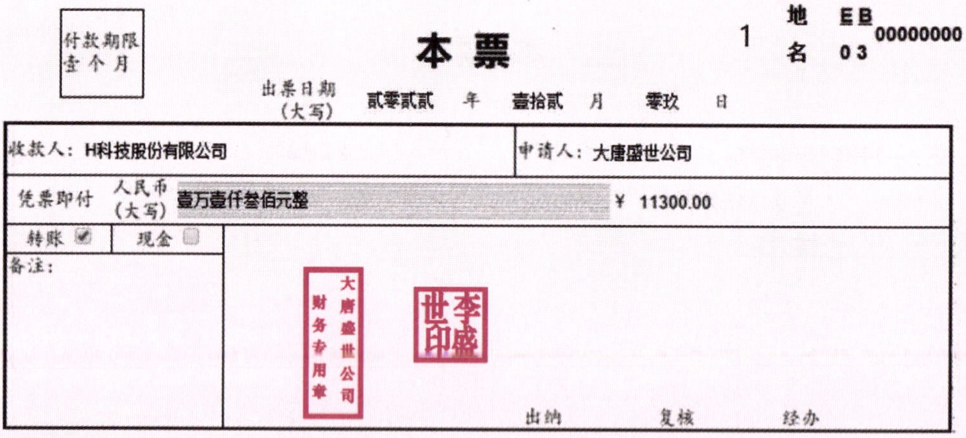

付款期限 壹个月

本 票 1

地名 EB 03 00000000

出票日期（大写） 贰零贰贰 年 壹拾贰 月 零玖 日

收款人：H科技股份有限公司		申请人：大唐盛世公司
凭票即付 人民币（大写） 壹万壹仟叁佰元整		¥ 11300.00
转账 ☑	现金 ☐	
备注：	大唐盛世公司财务专用章 李盛世印	出纳 复核 经办

图 4-54 银行本票第一联（卡片联）

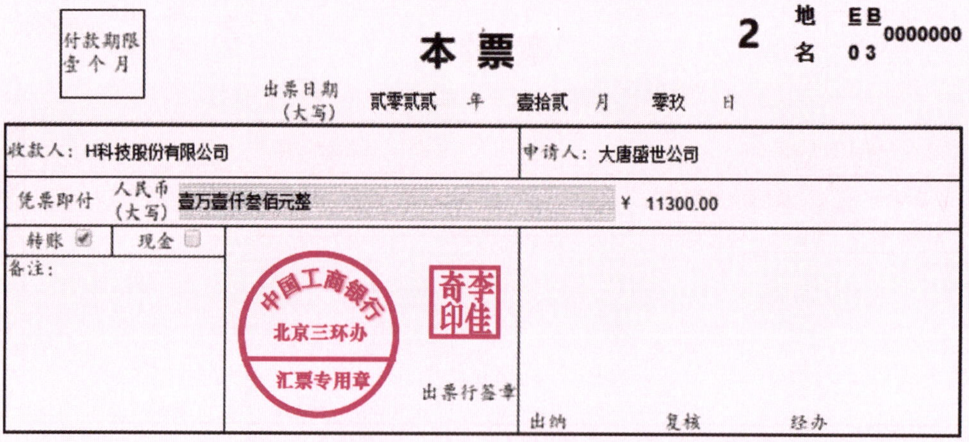

付款期限 壹个月

本 票 2

地名 EB 03 0000000

出票日期（大写） 贰零贰贰 年 壹拾贰 月 零玖 日

收款人：H科技股份有限公司		申请人：大唐盛世公司
凭票即付 人民币（大写） 壹万壹仟叁佰元整		¥ 11300.00
转账 ☑	现金 ☐	
备注：	中国工商银行 北京三环办 汇票专用章 李奇佳印 出票行签章	出纳 复核 经办

图 4-55 银行本票第二联（正联）

任务六 商业汇票结算业务

任务导入

任务一：2022 年 12 月 6 日，乐力科技有限责任公司用以支付货款的一张商业承兑汇票即将到期，出票金额为 23 2000 元，利率为 5%，期限为 6 个月。假设你是大唐盛世公司的出纳员钱一清，你将如何办理此业务，并进行账务处理？

任务二：2022 年 6 月 12 日，出纳员钱一清收到财务负责人的通知：按购货合同规定，办理一张付款期为 6 个月、出票金额为 116 000 元的银行承兑汇票，用以向华远科技有限责任公司支付购货款。假设你是大唐盛世公司的出纳员钱一清，你将如何办理此业务，并进行账务处理？

4

一、商业汇票概述

（一）商业汇票的概念

商业汇票,是指收款人或付款人(或承兑申请人)签发,由承兑人承兑,并于到期日向付款人或被背书人支付款项的票据。

（二）商业汇票的分类

(1)商业汇票按照其承兑人的不同,分为商业承兑汇票和银行承兑汇票。

商业承兑汇票按双方约定签发,由收款人签发的商业承兑汇票,应交给付款人承兑;由付款人签发的商业承兑汇票,应经本人承兑。

银行承兑汇票是指由收款人或承兑申请人签发,并由承兑申请人向开户银行申请,经银行审查同意承兑的票据。

(2)商业汇票按照是否计息,分为带息商业汇票和不带息商业汇票。

带息商业汇票,是指商业汇票到期时,承兑人除向收款人或被背书人支付票面金额之外,还应按票面金额和票据规定的利息率,支付自票据生效日起至票据到期日止的利息的票据。

带息商业汇票到期值＝面值＋利息

不带息商业汇票是指在承兑并支付现金时,承兑人只按票面金额向收款人或背书人支付款项的票据。不带息商业汇票的票面价值一般为本利和,即已将票面利息计入面值,不另外标有票面利率。

不带息商业汇票到期值＝面值

（三）商业汇票的相关规定

商业汇票适用于在银行开立账户的法人之间,根据购销合同先发货后收款或延期付款而进行的商品交易,无论是同城还是异地,其款项结算均可使用商业汇票结算方式。

另外,商业汇票结算的基本规定为:

(1)在银行开立存款账户的法人以及其他组织之间,必须具有真实的交易关系或债务关系,才能使用商业汇票。

(2)签发商业汇票必须记载下列事项:表明"商业承兑汇票"或"银行承兑汇票"的字样;无条件支付的委托;确定的金额;付款人名称;收款人名称;出票日期;出票人签章。欠缺记载上列事项之一的,商业汇票无效。

(3)商业汇票可以在出票时向付款人提示承兑后使用,也可以在出票后先使用再向付款人提示承兑。定日付款或者出票后定期付款的商业汇票人应当在汇票到期日前向付款人提示承兑。见票后定期付款的汇票,持票人应当自出票日起一个月内向付款人提示承兑。付款人接到提示承兑的汇票时,应当在自收到提示承兑的汇票之日起三日内承兑或者拒绝承兑(拒绝承兑必须出具拒绝承兑的证明)。

(4)商业汇票的付款期限,最长不得超过六个月(按到期月的对日计算;无对日的,月末日为到期日;遇法定休假日顺延)。

❶ 定日付款的汇票的付款期限自出票日起计算,并在汇票上记载具体的到期日。

❷ 见票后定期付款的汇票的付款期限自承兑或拒绝承兑日起按月计算,并在汇票上记载。

(5)商业汇票的提示付款期限,为自汇票到期日起 10 日内。

(6)符合条件的商业汇票的持票人可持未到期的商业汇票向银行申请贴现。

(四)商业汇票在使用中应注意的问题

(1)商业汇票的出票人应与付款人具有真实的委托关系,具有支付汇票金额可靠的资金来源。

(2)申请使用银行承兑汇票,申请人必须与银行签订一式三联的银行承兑协议,并向承兑银行支付手续费。

二、商业汇票结算程序

(一)银行承兑汇票结算的步骤

1. 签发与承兑

承兑申请人(即付款人)持银行承兑汇票和购销合同,向其开户银行申请承兑。银行按有关规定审查同意后,与承兑申请人签订一式三联的承兑协议,并在银行承兑汇票上注明承兑协议编号,加盖银行印章,用压数机压印汇票金额后,将第二联银行承兑汇票和第三联解讫通知交给承兑申请人。

2. 收款人收款

收款人收到银行承兑汇票后,出纳员应对汇票中记载的收款单位名称及金额等各项目进行严格审查,审查无误后收存。出纳员应在银行承兑汇票提示付款期限内(自汇票到期日起 10 日内)填写进账单,在"票据种类"栏注明"银行承兑汇票"字样及号码,并在银行承兑汇票背面加盖预留银行印鉴,然后将汇票连同进账单一起送交开户银行办理收取票款的手续。

收款人收到开户银行盖有转账收讫章的进账单第一联(收账通知)时,据以编制银行存款收款凭证,出纳员据以登记银行存款日记账。

3. 到期兑付

银行承兑汇票申请人(即付款人)应于汇票到期前将票款足额交存其开户银行。承兑银行应在汇票到期日或到期日后的见票当日支付票款。

承兑银行存在合法抗辩事由拒绝支付的,应自接到汇票的次日起三日内,作出拒绝付款证明,连同银行承兑汇票邮寄持票人开户银行转交持票人。

银行承兑汇票的出票人(付款人)于汇票到期日未能足额交存票款的,承兑银行除凭票向持票人无条件付款之外,对出票人尚未支付的汇票金额按照每天万分之五计收利息。

(二)商业承兑汇票结算的步骤

1. 签发与承兑

商业承兑汇票按照双方协定,可以由付款单位签发,也可以由收款人签发。商业承兑汇票一式三联,第一联由付款人(即承兑人)留存,付款人据此借记有关账户,贷记"应付票据"账户,并登记应付票据登记簿。第二联由付款人(即承兑人)在承兑栏加盖预留银行印鉴章,并在商业承兑汇票正面签署"承兑"字样,以示承兑后,将商业承兑汇票交给收款人,收款人据此借记"应收票据"账户,贷记有关账户。第三联为存根联,由签发人存查。应付票据备查登记簿如表 4-12 所示。

表 4-12   应付票据备查登记簿

总第　页
分第　页

票据种类

年		凭证		摘要	合同字号	票据基本情况						到期付款		延期付款	
月	日	字	号			号码	签发日期	到期日期	收款人	金额		日期	金额	日期	金额

2. 收款人收款

收款人或被背书人将要到期的商业汇票送交开户银行办理收款手续,收款一般采取的是委托收款方式。出纳员办理收款手续时,应填写银行规定的一式五联的委托收款凭证,在"凭证名称"栏注明"商业承兑汇票"及号码,在商业承兑汇票背后加盖收款单位业务公章后,一并交给开户银行,银行审核无误后盖章,并退回委托收款凭证第一联(回单)给收款人。

收款人收到开户银行转来的盖有转账收讫章的委托收款凭证第四联(收款通知),据以编制银行存款凭证,出纳员根据审核无误的收款凭证登记银行存款日记账。

3. 到期兑付

付款人收到开户银行转来的委托收款凭证第五联(付款通知)及所附商业承兑汇票与留底卡片(即商业承兑汇票第一联),核对无误后,应在当日通知银行付款。付款人在接到通知的次日起三日内(遇法定休假日顺延,下同)未通知银行付款的,视同付款人承诺付款,银行应于付款人接到通知的次日起第四日(法定休假日顺延,下同)上午开始营业时,将票款划给持票人。付款人提前收到由其承兑的商业汇票,应通知银行于汇票到期日付款。付款人在接到通知的次日起三日内未通知银行付款,并且付款人接到通知日次日起第四日,在汇票到期日之前的,银行应于汇票到期日将票款划给持票人。

银行在办理划款时,付款人存款账户不足支付的,应填制付款人未付款通知书,连同商业承兑汇票邮寄持票人开户银行转交持票人。

付款人存在合法抗辩事由拒绝支付的,应自接到通知的次日起三日内,作出拒绝付款证明(即拒绝付款理由书)送交开户银行,银行将拒绝付款证明和商业承兑汇票邮寄持票人开户银行转交持票人。

商业汇票收款业务流程和付款业务流程如图 4-56 和图 4-57 所示。

4

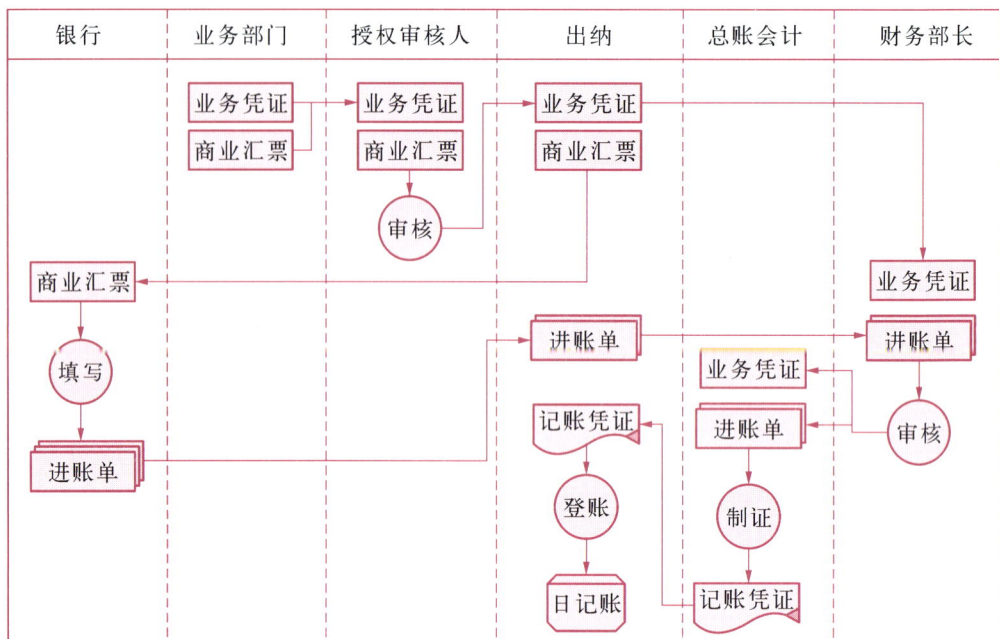

图 4 - 56 商业汇票收款业务流程

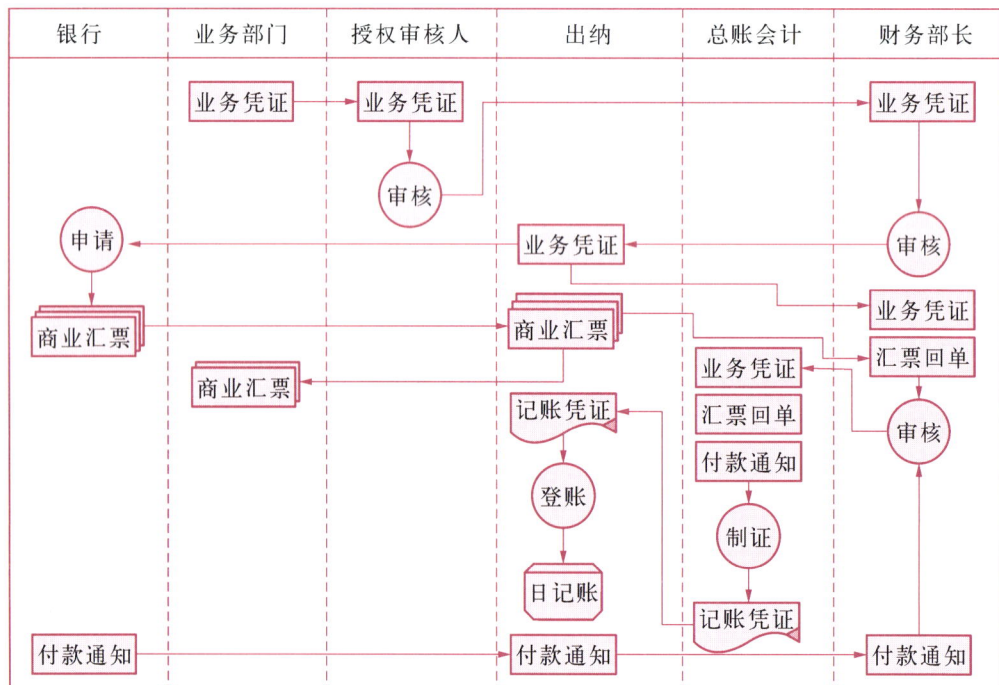

图 4 - 57 商业汇票付款业务流程

三、商业汇票的核算

(一) 银行承兑汇票的签发与承兑

银行承兑汇票的签发与承兑主要分为以下几个步骤：

第一步，交易双方经过协商，签订商品交易合同，并在合同中注明采用银行承兑汇票进行结算。作为销货方，如果对方的商业信用不佳、对对方的信用状况不甚了解或信心不足，使用银行承兑汇票较为稳妥。因为银行承兑汇票由银行承兑，由银行信用作为保证，因而能保证及时地收回货款。

第二步，付款方按照双方签订的合同规定，签发银行承兑汇票。银行承兑汇票一式四联，第一联为卡片，在承兑银行支付票款时作付出传票；第二联在收款人开户行向承兑银行收取票款时，作联行往来账付出传票；第三联为解讫通知联，在收款人开户银行收取票款时，随报单寄给承兑行，承兑行将其作付出传票附件；第四联为存根联，由签发单位编制有关凭证。付款单位出纳员在填制银行承兑汇票时，应当逐项填写银行承兑汇票中的签发日期，收款人和承兑申请人（即付款单位）的单位全称、账号、开户银行，汇票金额大、小写，汇票到期日，交易合同编号等内容，并在银行承兑汇票的第一联、第二联、第三联的"汇票签发人盖章"处加盖预留银行印鉴及负责人和经办人印章。

第三步，付款单位出纳员在填制完银行承兑汇票后，应将汇票的有关内容与交易合同进行核对，核对无误后填制银行承兑协议，并在"承兑申请人"处盖单位公章。银行承兑协议一式三联，其内容主要是汇票的基本内容，汇票经银行承兑后，承兑申请人应遵守的基本条款等。

第四步，按照银行承兑协议的规定，付款单位办理承兑手续应向承兑银行支付手续费，由开户银行从付款单位存款账户中扣收。银行承兑汇票按票面金额向承兑申请人收取万分之五的手续费，不足 10 元的按 10 元计。承兑期限最长不超过六个月。承兑申请人在银行承兑汇票到期未付款的，按规定计收逾期罚息。其会计分录如下：

> 借：财务费用
> 　　贷：银行存款

第五步，付款单位按照交易合同规定，向供货方购货，将经过银行承兑后的汇票第二联、第三联寄交收款单位，以便收款单位到期收款或背书转让。付款单位寄交汇票后，编制转账凭证，其会计分录如下：

> 借：在途物资
> 　　贷：应付票据

出纳员在寄交汇票时，应同时登记应付票据备查簿，逐项登记发出票据的种类（银行承兑汇票）、交易合同号、票据编号、签发日期、到期日期、收款单位及汇票金额等内容。

收款单位财务部门收到付款单位的银行承兑汇票时，应按规定编制转账凭证。其会计分录如下：

4

借：应收票据
　　贷：主营业务收入
　　　　应交税费——应交增值税（销项税额）

　　收款单位出纳员据此登记应收票据备查簿，逐项填写备查簿中票据的种类（银行承兑汇票）、交易合同号、票据编号、签发日期、到期日期、票面金额、付款单位、承兑单位等有关内容。

　　第六步，按照银行承兑协议的规定，承兑申请人即付款人，应于汇票到期前将票款足额地交存其开户银行（即承兑银行），以便承兑银行于汇票到期日将款项划拨给收款单位或贴现银行。付款单位财务部门应经常检查专类保管的银行承兑协议和应付票据备查簿，及时将应付票款足额交存银行。

　　第七步，收款单位财务部门也应当经常检查专类保管的银行汇票或应收票据备查簿，确认汇票是否到期。汇票到期日，收款单位应填制一式两联进账单，并在银行承兑汇票第二联、第三联背面加盖预留银行的印鉴，将汇票和进账单一并送交其开户银行，委托开户银行收款。开户银行按照规定对银行承兑汇票进行审查，审查无误后将第一联进账单加盖"转讫"章交收款单位作为收款通知，按规定办理汇票收款业务。收款单位根据银行退回的第一联进账单编制银行存款收款凭证，作会计分录如下：

借：银行存款
　　贷：应收票据

　　同时，在应收票据备查簿上登记承兑的日期和金额情况，并在注销栏内予以注销。
　　承兑银行按照规定办理银行承兑汇票票款划拨，并向付款单位发出付款通知。付款单位收到银行支付到期汇票的付款通知，编制银行存款付款凭证，作会计分录如下：

借：应付票据
　　贷：银行存款

　　同时在应付票据备查簿上登记到期付款的日期和金额，并在注销栏内予以注销。
　　如果汇票到期，而承兑申请人无款支付或不足支付的，承兑银行将继续向收款单位开户银行划拨资金，同时按照承兑协议规定将不足支付的票款转入承兑申请人的逾期贷款账户，并对不足支付票款每天计收罚息。按照规定，承兑申请人无款支付时，承兑银行将开送一张特种转账传票，在传票的"转账原因"栏中注明"××汇票无款支付转入逾期贷款账户"字样并加盖银行业务章；承兑申请单位不足支付时，承兑银行将开来两张特种转账传票，在其中一张的"转账原因"栏中注明"××汇票因存款不足，未付部分转入逾期贷款账户"，另一张的"转账原因"栏中注明"××汇票已支付部分款项"。

付款单位因无款支付而收到银行转来的特种转账传票时,应编制转账凭证,作会计分录如下:

借:应付票据
　贷:短期借款

付款单位因不足支付而收到银行转来的特种转账传票时,应根据已付款项编制银行存款付款凭证,作会计分录如下:

借:应付票据
　贷:银行存款

根据不足支付部分,编制转账凭证,作会计分录如下:

借:应付票据
　贷:短期借款

同时,在应付票据备查簿中加以记录。

对于因无款支付或不足支付的罚息,应在收到银行罚息通知时,编制银行存款付款凭证,作会计分录如下:

借:营业外支出
　贷:银行存款

如果交易双方商定由收款单位签发银行承兑汇票,那么其基本步骤为:首先,由收款单位签发银行承兑汇票一至四联,然后第四联留存备查;其次,将第一联、第二联、第三联寄交付款单位;最后由付款单位向银行申请承兑,其他步骤与付款单位签发汇票的步骤相同。

(二)商业承兑汇票的签发与承兑

商业承兑汇票的签发和承兑手续和银行承兑汇票基本相同,但是在以下几个方面有所区别:

(1)商业承兑汇票按照双方协定,可以由付款单位签发,也可以由收款人签发。

商业承兑汇票一式三联,第一联为卡片,由承兑人(付款单位)留存;第二联为商业承兑汇票,由收款人开户银行随结算凭证寄给付款人开户银行作付出传票附件;第三联为存根联,由签发人存查。商业承兑汇票由付款单位承兑。付款单位承兑时,无须填写承兑协议,也不通过银行办理,因而也就无须向银行支付手续费,只需在商业承兑汇票的第二联正面签署"承兑"字样并加盖预留银行的印鉴后,交给收款单位。由收款人签发的商业承兑汇票,应先交付款单位承兑,再交收款单位专类保管。

（2）收款单位计算从本单位至付款人开户银行的邮程,在汇票到期前,提前委托银行收款。

收款单位委托银行收款时,应填写一式五联的委托收款凭证,在其中委托收款凭证名称栏内注明"商业承兑汇票"字样及汇票号码,在商业承兑汇票第二联背面加盖收款单位公章后,一并送交开户银行。开户银行审查后办理有关收款手续,并将盖章后的委托收款凭证第一联退回给收款单位保存。

（3）当商业承兑汇票到期,付款单位存款账户无款支付或不足支付时,付款单位开户银行将按规定按照商业承兑汇票票面金额的5%收取罚金,不足50元的按50元收取,并通知付款单位送回委托收款凭证及所附商业承兑汇票。付款单位应在接到通知的次日起两天内将委托收款凭证第五联及商业承兑汇票第二联退回开户银行。付款单位开户银行收到付款单位退回的委托收款凭证和商业承兑汇票后,应在其收存的委托收款凭证第三联和第四联"转账原因"栏注明"无款支付"字样并加盖银行业务公章后,一并退回收款单位开户银行,转交给收款单位,再由收款单位和付款单位自行协商票款的清偿问题。如果付款单位财务部门已将委托收款凭证第五联及商业承兑汇票第二联作了账务处理因而无法退回时,可以填制一式二联的"应付款项证明单",将其第一联送至付款单位开户银行,由其连同其他凭证一并退回收款单位开户银行,再转交收款单位。

作为付款单位,由于无力支付而退回商业承兑汇票时,应编制转账凭证,将应付票据转为应付账款,其会计分录如下:

> 借:应付账款
> 　　贷:应付票据

同时,在应付票据备查簿中加以登记。

相应地,收款单位收到其开户银行转来的付款单位退回的商业承兑汇票时,应编制转账凭证,将应收票据转为应收账款,其会计分录如下:

> 借:应收账款
> 　　贷:应收票据

同样地,也应在应收票据备查簿中加以记录。

如果付款单位与收款单位经过协商,继续采用商业承兑汇票方式进行结算,应另开商业承兑汇票,并编制转账凭证,其会计分录如下:

> 借:应付票据
> 　　贷:应付账款

同样收款单位在收到付款单位承兑的商业承兑汇票后,也应编制转账凭证,其会计分录如下:

借:应收票据
　　贷:应收账款

付款单位在收到其开户银行转来的因无力支付票据而收取的罚金凭证时,应按规定编制银行存款付款凭证,其会计分录如下:

借:营业外支出
　　贷:银行存款

(4)贴现的商业承兑汇票到期,由贴现银行向付款单位收取款项。如汇票到期而付款单位存款不足或无款支付时,按照相关规定,银行应将商业承兑汇票退回给贴现申请人,并从贴现申请人(收款单位)账户收取已贴现票款,收款单位收到银行特种传票后,可立即向付款单位追索票款。如果申请贴现单位的银行存款余额不足,银行将作逾期贷款处理。因此,商业承兑汇票的申请贴现还存在着一个"或有负债"的问题,即申请贴现的企业负有一种潜在的、可能发生的债务。

(5)商业承兑汇票遗失或未使用而办理注销,无须向银行办理注销手续,而由收付款单位双方自行联系处理。

(三)商业汇票贴现

(1)商业汇票的收款人或被背书人需要资金时,可持到期的商业汇票填写贴现凭证,向其开户银行申请贴现。

贴现凭证一式五联。第一联(申请书)交银行作贴现付出传票;第二联(收入凭证)交银行作贴现申请人账户收入传票;第三联(收入凭证)交银行作贴现利息收入传票;第四联(收款通知)交银行作贴现申请人的收款通知;第五联到期后由会计部门按到期日排列保管,到期日作贴现收入传票。

(2)贴现的期限一律从其贴现之日起至汇票到期日止。实付贴现金额按票面金额扣除贴现日至汇票到期前一日的利息计算。贴现利率按现有同档次信用贷款利率上浮3%执行。

贴现利息和实付贴现金额的计算公式如下:

$$贴现利息=票面到期值×贴现天数×贴现率$$

$$实付贴现金额=票面到期值-贴现利息$$

【例4-7】 A公司将上月收到的商业承兑汇票到银行贴现。贴现票据的金额为8 000元,贴现天数60天,贴现率月息为9.45‰,则:

贴现利息=8 000×60×(9.45‰÷30)=151.2(元)
实付贴现金额=8 000-151.2=7 848.8(元)

应编制以下会计分录：

借：银行存款 7 848.8

　　财务费用 151.2

　贷：应收票据 8 000

（3）贴现到期，贴现银行向承兑人收取票款。如商业承兑汇票，承兑人的银行账户不足支付时，其开户银行除按规定收取罚款之外，应立即将商业承兑汇票退给贴现银行，贴现银行从贴现申请人账户内收取。

任务实施

任务一：收到带息银行承兑汇票业务

2022 年 12 月 6 日，乐力科技有限责任公司用以支付货款的一张银行承兑汇票即将到期，如图 4－58 所示，出票金额为 232 000 元，利率为 5%，期限为 6 个月。请办理此业务，并进行账务处理。

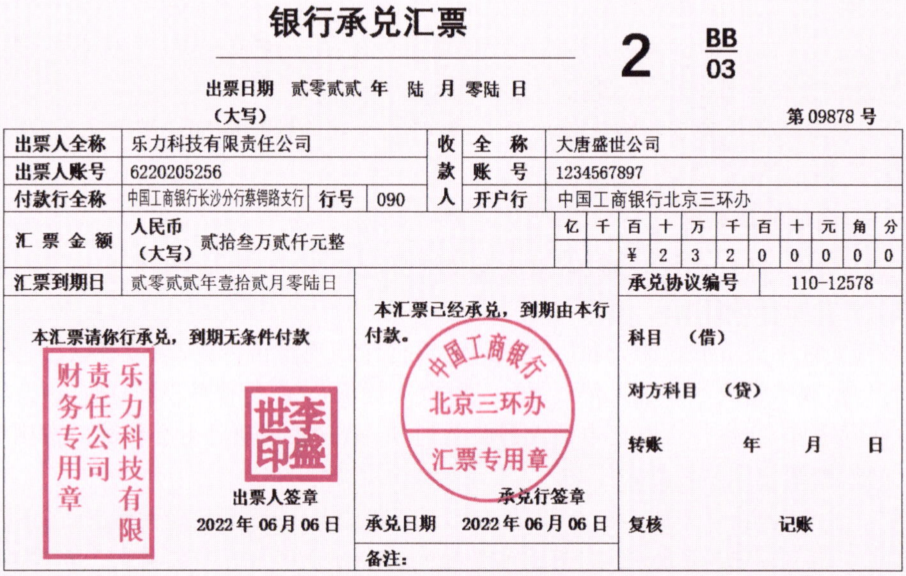

银行承兑汇票　2　BB 03

出票日期（大写）贰零贰贰 年 陆 月 零陆 日　　第 09878 号

出票人全称	乐力科技有限责任公司	收款人	全　称	大唐盛世公司	
出票人账号	6220205256		账　号	1234567897	
付款行全称	中国工商银行长沙分行蔡锷路支行　行号 090		开户行	中国工商银行北京三环办	
汇票金额	人民币（大写）贰拾叁万贰仟元整			亿 千 百 十 万 千 百 十 元 角 分	¥ 2 3 2 0 0 0 0 0
汇票到期日	贰零贰贰年壹拾贰月零陆日			承兑协议编号	110-12578
本汇票请你行承兑，到期无条件付款	乐力科技有限责任公司财务专用章　李世盛印　出票人签章　2022 年 06 月 06 日	本汇票已经承兑，到期由本行付款。中国工商银行北京三环办汇票专用章　承兑行签章　承兑日期 2022 年 06 月 06 日　备注：		科目（借）　对方科目（贷）　转账　年　月　日	复核　记账

图 4－58　商业承兑汇票

资料如下：

公司名称：乐力科技有限责任公司

开户行及账号：中国工商银行长沙分行蔡锷路支行 6220205256

步骤一：办理收取商业承兑汇票手续

先审核票据。出纳钱一清收到乐力科技有限责任公司交来的商业承兑汇票，逐项审核其内容，并与销货合同相核对，登记应收票据登记簿。再将商业承兑汇票交与会计人员据以编制转账凭证并登记相关账簿。

步骤二：办理商业承兑汇票委托收款手续

首先，应收商业承兑汇票即将到期，钱一清审查应收票据登记簿中的记录，以便于及时委托银行收款。其次，钱一清要根据合同约定的利率计算利息和到期值并填制应收票据计算表，如表 4-13 所示。最后填制完毕将其交与会计人员以编制相关记账凭证并登账。

表 4-13

应收票据利息计算表

2022 年 12 月 6 日

单位：元

计 息 期 间	票据面值	年利率	票据利息
2022.11.6—2022.12.6	232 000	5%	966.67

备注：票据期限为 6 个月，已计提 5 个月利息，共计 4 833.33 元。

再次，办理托收手续。填写一式五联的委托收款凭证并在第二联加盖收款单位预留银行印鉴，如图 4-59 和图 4-60 所示。将汇票随托收凭证一并交与开户银行并支付手续费，待银行受理。

图 4-59　托收凭证回单

任务二：申请办理银行承兑汇票业务

2022 年 6 月 12 日，出纳钱一清收到财务负责人的通知：按购货合同规定，办理一张付款期为 6 个月、出票金额为 116 000 元的银行承兑汇票，用以向华远科技有限责任公司支付购货款。请办理此业务，并进行账务处理。

资料如下：

公司名称：华远科技有限责任公司

图 4-60 托收凭证收账通知

开户行及账号：中国工商银行株洲分行新华路支行；622020528357

步骤一：签发银行承兑汇票

付款单位出纳员钱一清按照双方购货合同的约定，签发一式三联的银行承兑汇票（本联为第二联，如图 4-61 所示），逐项填写票据内容，并在每一联的"出票人签章"处加盖本单位财务专用章和法人代表章（与银行预留印鉴相同）。

图 4-61 银行承兑汇票

步骤二：填制银行承兑协议并交与银行受理

付款单位出纳员钱一清在填制完成银行承兑汇票后，应对汇票的有关内容与交易合同进行审核，确认无误后填制银行承兑协议，如图 4-62 所示。出纳员钱一清将一式三联的银行承兑协议、银行承兑汇票、交易合同一并递交银行申请承兑。

银行承兑协议　　1

银行承兑汇票的内容：

出票人全称：大唐盛世公司	收款人全称：华远科技有限责任公司
开户银行：中国工商银行北京三环办	开户银行：中国工商银行株洲分行新华路支行
账　号：1234567897	账　号：622020528357
汇票号码：00866	汇票金额（大写）：壹拾壹万陆仟元整
出票日期：2021 年 12 月 12 日	到期日期：2022 年 6 月 12 日

以上汇票经承兑银行承兑，出票人愿遵守《支付结算办法》的规定及下列条款：

一、申请人于汇票到期日前将应付票款足额交存承兑银行。

二、承兑手续费按票面全额的千分之一计算，在银行承兑时一次付清。

三、承兑汇票如发生任何交易纠纷，均由收付双方自行处理，票款于到期前仍按第一条办理不误。

四、承兑汇票到期日，承兑银行见票时无条件支付票款，如到期日之前申请人不能足额交付票款时，
承兑银行对不足支付部分的票款转作承兑申请人逾期贷款，并按照有关规定计收罚息。

五、承兑汇票款付清后，协议自动失效。

承兑银行签章（中国工商银行 北京三环办 汇票专用章）　　出票人签章（大唐盛世公司 财务专用章）

订立承兑协议日期2022年6月12日

图 4-62　银行承兑协议

步骤三：支付 58 元手续费

银行会计部门审核后，向付款单位开具银行收费凭证收取承兑手续费，如图 4-63 所示。

中国工商银行　　收费凭证

2022 年 06 月 12 日

户名	大唐盛世公司			开户银行	中国工商银行北京三环办						
账号	1234567897			收费种类	手续费						

	凭证（结算）种类	单价	数量	万	千	百	十	元	角	分
1.客户购买凭证时在"收费种类"栏填写"工本费"，在"凭证种类"栏填所购置凭证名称。	银行承兑汇票						5	8	0	0
2.客户在办理结算业务时，在"收费种类"栏分别填写手续费或邮电费，在"结算种类"栏填写办理的结算方式。										
	合计人民币（大写）	伍拾捌元整		¥	5	8	0	0		

图 4-63　收费凭证

学中做

2022 年 12 月 10 日,大唐盛世公司向方圆科技有限责任公司销售商品,价值 80 000 元。大唐盛世公司收到对方公司开来的商业承兑汇票一张,如图 4 - 64 所示,增值税税率为 13%,承兑期限为 90 天。请根据商业承兑汇票编制记账凭证(增值税发票略)并完成应收票据备查簿登记。

商业承兑汇票

签发日期			贰零贰贰 年 壹拾贰 月 壹拾 日					汇票号码: 01068						

收款人	全 称	大唐盛世公司		付款人	全 称	方圆科技有限责任公司
	账 号	1234567897			账 号	147258369
	开户银行	中国工商银行北京三环办			开户银行	建行明星办 行号:102

汇票金额	人民币（大写）	玖万零肆佰元整	千	百	十	万	千	百	十	元	角	分
						¥	9	0	4	0	0	0

汇票到期日	贰零贰贰 年 叁 月 壹拾 日	交易合同号码	963852741

本汇票已由承兑单位承兑,到期日无条件支付票款此致

承兑人签章

承兑日期: 2022 年   12 月   10 日

出票人签章:

图 4 - 64   商业承兑汇票

应收票据备查登记簿如表 4 - 14 所示。

表 4 - 14   应收票据备查登记簿

总第   页
分第   页

票据种类

年		凭证		摘要	合同		票据基本情况				承兑人及单位名称	背书人及单位名称	贴现		承兑		转　　让			
月	日	字	号		字	号	号码	签发日期	到期日期	金额			日期	净额	日期	金额	日期	受理单位	票面金额	实收金额

转账凭证如表4-15所示。

表4-15　　　　　　　　　　　　**转 账 凭 证**

年　月　日　　　　　　　　　　　　　　　　字　　　号

摘　要	总账科目	明细科目	√	借 方 金 额									贷 方 金 额									
				百	十	万	千	百	十	元	角	分	百	十	万	千	百	十	元	角	分
合　　计																					

附件　张

会计主管　　　　　记账　　　　　出纳　　　　　复核　　　　　制单

12月20日,大唐盛世公司持上述汇票到银行贴现,贴现率为12%。请计算贴现利息及贴现金额,在上述备查簿中登记,并完成贴现凭证(代申请书)和记账凭证,如表4-16、表4-17和表4-18所示。

表4-16　　　　　　　　　　　　**贴现凭证(代申请书)**

填写日期　年　月　日　　　　　　　　　　　　　　第　号

申请人	名　称			贴现汇票	种　类			号　码										
	账　号				发票日			年　　月　　日										
	开户银行				到期日			年　　月　　日										
汇票承兑人(或银行)	名称			账号			开户银行											
汇票金额(即贴现金额)	人民币(大写)								千	百	十	万	千	百	十	元	角	分
贴现率 每 月	‰	贴现利息	百 十 万 千 百 十 元 角 分				实付贴现金额		千	百	十	万	千	百	十	元	角	分
兹根据《支付结算办法》的规定,附送承兑汇票申请贴现,请审核。 此致 贴现银行 申请人盖章		银行审批 负责人　信贷员					科目_____ 对方科目_____ 复核　　记账											

次年3月10日,上述汇票到期,方圆科技有限责任公司无力付款。贴现行扣除本单位相应款项。完成相关凭证,如表4-19和表4-20所示。

4

表 4-17
收 款 凭 证
借方科目： 年 月 日 收字 号

摘 要	总账科目	明细科目	√	贷 方 金 额									
				千	百	十	万	千	百	十	元	角	分
合 计													

附件 张

会计主管 记账 出纳 复核 制单

表 4-18
转 账 凭 证
年 月 日 字 号

摘 要	总账科目	明细科目	√	借 方 金 额									贷 方 金 额								
				百	十	万	千	百	十	元	角	分	百	十	万	千	百	十	元	角	分
合 计																					

附件 张

会计主管 记账 出纳 复核 制单

表 4-19
中国工商银行付款通知单
付款单位：大唐盛世公司 年 月 日

收款人	全 称	中国工商银行北京三环办		付款内容：贴现汇票到期扣款										
	账 号	5865621												
	开户行		行号											
汇票金额	人民币(大写)玖万零肆佰元整			千	百	十	万	千	百	十	元	角	分
					￥	9	0	4	0	0	0	0	0
公司领导	财务部门		部门经理		经办人								

表 4-20
付 款 凭 证
贷方科目： 年 月 日 付字 号

摘 要	总账科目	明细科目	√	借 方 金 额									
				千	百	十	万	千	百	十	元	角	分
合 计													

附件 张

会计主管 记账 出纳 复核 制单

任务七　委托收款、托收承付结算业务

任务导入

任务一：2022 年 12 月 16 日，大唐盛世公司向长乐公司销售乙产品 80 000 元，增值税税率为 13%，于 12 月 20 日向银行办理托收手续。长乐公司账号是 586685989，开户行是中国建设银行镇江支行。货已经发出，经双方协商，决定采用委托收款的方式结算。出纳员钱一清到开户行办理委托收款手续，并用现金缴纳委托收款的手续费 120 元。钱一清去银行时要准备什么材料？具体应如何操作？

任务二：2022 年 12 月 15 日，大唐盛世公司出纳员钱一清接到开户行托收凭证付款通知，通知支付拖欠上海佳慧有限责任公司的货款及代垫的运费共计 50 000 元。假设你是公司出纳员钱一清，你应该如何处理此项业务？

一、委托收款

（一）委托收款概述

委托收款，是指收款人委托银行向付款人收取款项的一种结算方式。凡在银行或其他金融机构开立账户的单位和个体经营户的商品交易，和公用事业单位向用户收取水费、邮电费、煤气费、公房租金等劳务款项以及其他应收款项，在同城范围内均可使用委托收款的结算方式。委托收款凭证一式四联：第一联交付款人开户银行作借方凭证；第二联作付款人开户银行给付款人的支款通知；第三联交收款人开户银行作贷方凭证；第四联作收款人开户银行给收款人的回单。

委托收款结算具体规定如下：

（1）委托收款结算不受金额起点限制。

（2）委托，是指收款人向银行提交委托收款凭证和有关债务证明，并办理委托收款手续的行为。委托收款凭证即是如前所述的按规定填写凭证；有关债务证明即是能够证明付款到期，并应向收款人支付一定款项的证明。

（3）付款，是指银行在接到寄来的委托收款凭证及债务证明，经审查无误后，向收款人办理付款的行为。根据《支付结算办法》的规定，银行可根据付款人的不同而在不同的时间付款，从而改变了《中国人民银行支付结算办法》统一三天的付款期。

具体而言：

❶ 以银行为付款人的，银行应在当日将款项主动支付给收款人。

❷ 以单位为付款人的，银行应及时通知付款人，按照有关办法规定，需要将有关债务证明交给付款人的应交给付款人并签收。付款人应于接到通知的当日书面通知银行付款；如果付款人未在接到通知的次日起三日内通知银行付款的，视同付款人同意付款，银行应于付款人接到通知的次日起第四日上午开始营业时，将款项划给收款人。

（4）付款人拒绝付款。付款人审查有关债务证明后，对收款人委托收取的款项需

4

要拒绝付款的,可以办理拒绝付款。付款人对收款人委托收取的款项需要全部拒绝付款的,应在付款期内填制"委托收款结算全部拒绝付款理由书",并加盖银行预留印鉴章,连同有关单证送交开户银行,银行不负责审查拒付理由,将拒绝付款理由书和有关凭证及单证寄给收款人开户银行,并转交收款人。付款人对收款人委托收取的款项需要部分拒绝付款的,应在付款期内出具"委托收款结算部分拒绝付款理由书",并加盖银行预留印鉴章,送交开户银行,银行办理部分划款,并将部分拒绝付款理由书寄给收款人开户银行,并转交收款人。

（5）无款支付的规定。付款人在付款期满日、银行营业终了前,若无足够资金支付全部款项,即为无款支付。银行于次日上午开始营业时,通知付款人将有关单证（单证已作账务处理的,付款人可填制"应付款项证明书"）在两天内退回开户银行,银行再将有关结算凭证连同单证或应付款项证明单退回收款人开户银行,并转交收款人。

（6）付款人逾期不退回单证的,开户银行应按照委托收款的金额自发出通知的第三天起,每天处以 0.05％但不低于 50 元的罚金,并暂停付款人委托银行向外办理结算业务,直到退回单证为止。

（二）委托收款的结算程序

委托收款的收款方业务流程和付款方业务流程如图 4-65、图 4-66 所示。

委托收款结算方式是一种建立在商业信用基础上的结算方式,即由收款人先发货或提供劳务,然后通过银行收款,银行不参与监督,结算中发生争议由双方自行协商解决。因此,收款单位在选用此种结算方式时应当慎重,应当了解付款方的资信状况,以

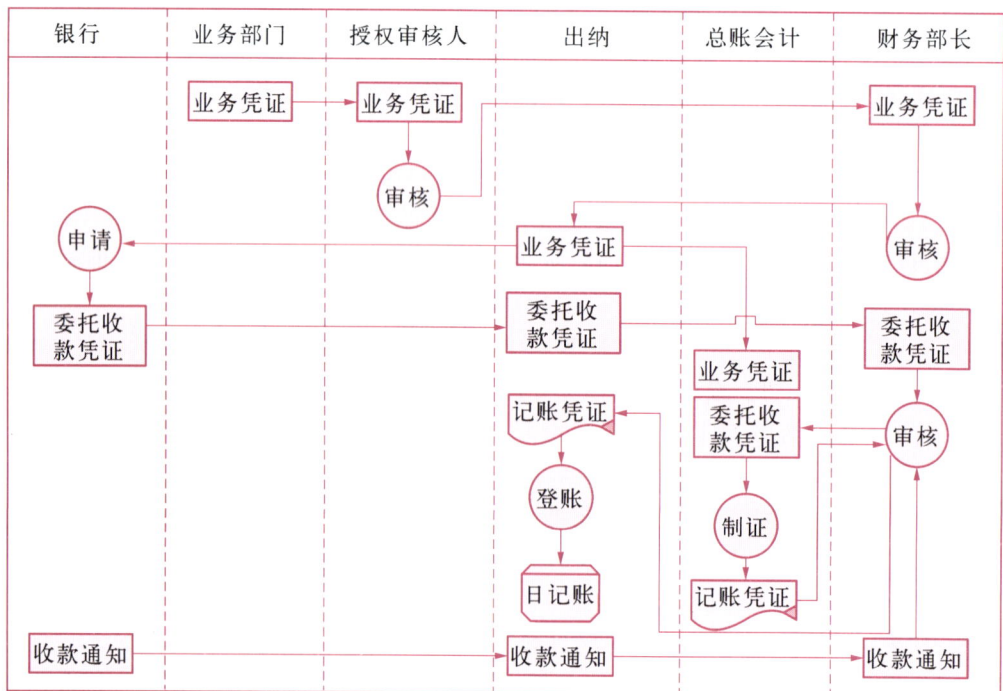

图 4-65   委托收款的收款方业务流程

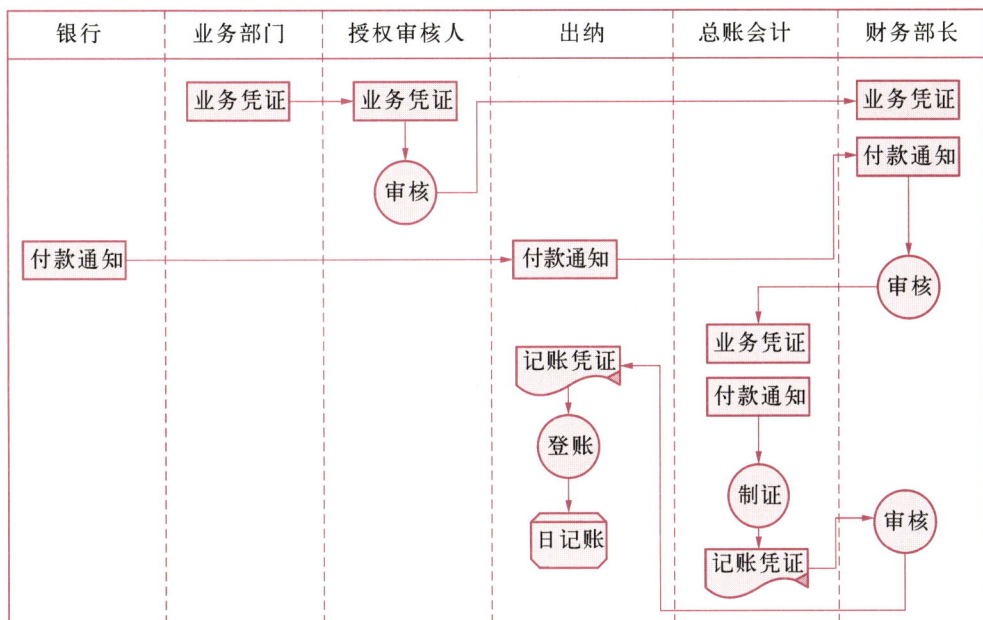

图 4-66 委托收款的付款方业务流程

免发货或提供劳务后不能及时收回款项。

(三) 委托收款的核算

【例 4-8】 A 公司向前行公司销售甲商品,价值为 200 000 元,增值税税率为 13%。双方协商以委托收款方式结算。商品已经发出,已办妥收款手续。编制会计分录如下:

借:应收账款——前行公司 226 000
　　贷:主营业务收入 200 000
　　　　应交税费——应交增值税(销项税额) 26 000

出纳用现金支付办理托收的手续费为 15.5 元。编制会计分录如下:

借:财务费用——手续费 15.5
　　贷:库存现金 15.5

A 公司收到前行公司汇来的货款,存入银行。编制会计分录如下:

借:银行存款 226 000
　　贷:应收账款——前行公司 226 000

学后思

如果前行公司提出商品不合格,拒付该款项,则 A 公司应如何处理?

（四）委托收款结算中付款方核算与拒付的处理

1. 委托收款结算中付款方核算的处理

付款人开户银行接到收款人开户银行寄来的委托收款凭证,经审查无误后,应及时通知付款人。付款人接到通知和有关附件,应认真进行审核。审查的内容主要包括三项:❶ 委托收款凭证是否应由本单位受理。❷ 凭证内容和所附的有关单证填写是否齐全正确。❸ 委托收款金额和实际应付金额是否一致,承付期限是否到期。

付款人审查无误后,应在规定的付款期内付款。付款期为三天,从付款人开户银行发出付款通知的次日算起(付款期内遇节假日顺延),付款人在付款期内未向银行提出异议的,银行视作同意付款,并在付款期满的次日(节假日顺延)上午开始营业时,将款项主动划给收款人。如在付款期满前,付款人通知银行提前付款,应立即办理划款。付款人审查付款通知和有关单证,发现有明显的计算错误,应该多付款项时,可由出纳员填制一式四联的多付款理由书(可以由拒绝付款理由书替代),于付款期满前交给开户银行,并将多付款项一并划给收款单位。银行审查同意后,将多付款项连同委收金额划转给收款单位,同时将第一联多付款理由书加盖"转讫"章后作支款通知交给收款单位。

【例 4-9】　A 公司采用委托收款方式购买一品公司商品 70 000 元(不含税价,税率为 13%),根据银行转来的委托收款凭证第五联和有关单证,编制银行存款付款凭证,其会计分录如下:

借:在途物资　　　　　　　　　　　　　　　　　　　　70 000
　　应交税费——应交增值税(进项税额)　　　　　　　　9 100
　　　贷:银行存款　　　　　　　　　　　　　　　　　　　　79 100

【例 4-10】　A 公司采用委托收款方式购买 B 公司某产品,适用的增值税税率为 13%,委托收款凭证注明委收金额含税价为 40 000 元,因乙公司需要补充购买该产品 10 000 元,故要求办理多付款手续。财务部门根据委托收款凭证第五联和有关单证,编制银行存款付款凭证,其会计分录如下:

借:在途物资　　　　　　　　　　　　　　　　　　　　35 398.23
　　应交税费——应交增值税(进项税额)　　　　　　　　4 601.77
　　　贷:银行存款　　　　　　　　　　　　　　　　　　　　40 000

同时,根据委托收款凭证第五联和银行盖章退回的多付款理由书第一联编制银行存款付款凭证,其会计分录如下:

借:预付账款——B 公司　　　　　　　　　　　　　　　　10 000
　　　贷:银行存款　　　　　　　　　　　　　　　　　　　　10 000

收到 B 公司的发票账单等凭证时,编制会计分录如下:

借：在途物资	8 849.56
应交税费——应交增值税（进项税额）	1 150.44
贷：预付账款——B公司	10 000

2. 委托收款结算中付款方拒付的处理

付款单位审查有关单证后，认为所发货物的品种、规格、质量等与双方签订的合同不符，或者因其他原因对收款单位委托收取的款项需要全部或部分拒绝付款的，应在付款期内出具委托收款结算全部或部分拒绝付款理由书（以下简称"拒绝付款理由书"），连同开户银行转来的有关单证送交开户银行。

拒绝付款理由书一式四联，第一联（回单或支款通知）作付款单位的支款通知；第二联（支款凭证）作银行付出传票或存查；第三联（收款凭证）作银行收入传票或存查；第四联（代通知或收账通知）作收款单位收账通知或全部拒付通知书。

付款单位出纳员在填写拒绝付款理由书时，除认真填写收款单位的名称、账号、开户银行，付款单位的名称、账号、开户银行，委托收款金额和附寄单证张数等之外，对于全部拒付的，"拒付金额"栏填写委托收款金额，"部分付款金额"栏的大小写都为零，并具体说明全部拒绝付款的理由；对于部分拒付的，"拒付金额"栏填写实际拒绝付款金额，"部分付款金额"栏填写委托收款金额减去拒绝付款金额后的余额，即付款单位实际支付的款项金额，并具体说明部分拒付理由和出具拒绝付款部分商品清单。填完后，在"付款人盖章"处加盖本单位公章，并注明拒付日期。

按照规定，银行对收到的付款单位的拒绝付款理由书连同委托收款凭证第五联及所附有关单证，不审查拒绝付款理由，只对有关内容进行核对，核对无误即办理有关手续；实行部分拒付的，将部分付款款项划给收款单位，在拒绝付款理由书第一联上加盖业务专用章退还给付款单位，将拒绝付款理由书第四联寄给收款单位开户银行由其转交收款单位。

付款单位收到银行盖章退回的拒绝付款理由书第一联后，对于全部拒付的，由于未引起资金增减变动，因而不必编制会计凭证和登记账簿，只需将拒绝付款理由书妥善保管以备查，并在委托收款登记簿上登记全部拒付的情况。如果拒绝付款时，对方发出的货物已经收到，则应在代管物资登记簿中详细登记拒绝付款物资的有关情况。对于部分拒付的，应当根据银行盖章退回的拒绝付款理由书第一联，按照实际部分付款金额编制银行存款付款凭证，其会计分录和全部付款会计分录相同。

【例4-11】 A公司收到开户银行转来T公司的委托收款凭证及有关单证后，经过审查后，只承付其中的100 000元，对其余80 000拒绝付款，按规定填写拒绝付款理由书并送银行办理有关手续后，根据银行盖章退回的拒绝付款理由书第一联编制银行存款付款凭证，其会计分录如下：

借：在途物资	88 495.57
应交税费——应交增值税（进项税额）	11 504.43
贷：银行存款	100 000

收款单位收到开户银行转来的付款单位委托收款凭证第四联和拒绝付款理由书第四联(如部分拒付的还附有拒付部分商品清单及有关单证),应立即与付款单位取得联系,协商解决方法,对于全部拒付的,如果由付款方退回所购货物,收款单位应编制转账凭证,冲减原有销售收入,其会计分录如下:

借:主营业务收入 88 495.57
应交税费——应交增值税(销项税额) 11 504.43
贷:应收账款 100 000

仕务实施

2022 年 12 月 16 日,大唐盛世公司向长乐公司销售乙产品 80 000 元,增值税税率为 13%,增值税专用发票如图 4 - 67 所示,于 12 月 20 日向银行办理托收手续。长乐公司账号是 586685989,开户行是中国建设银行镇江支行。请填制下列委托收款结算凭证和记账凭证。钱一清到开户行办理委托收款手续,并用现金缴纳委托收款的手续费 120 元。

北京增值税专用发票

发 票 联 NO02353127

1300133456 开票日期:2022 年 12 月 16 日

购买单位	名 称:长乐公司 纳税人识别号:210123157958435 地址 、电话:镇江市京口区东吴路 12 号 051184425789 开户行及账号:中国建设银行镇江支行	密码区	LP[SADSA';.DA;'SLD;AS;C.A;S'.;AS.D;A;SMCSOM;LSFDFF FSFSDFSDFSDFDSFSDFSDFS,F;S.DFS;F.SF[S.F;'SF;'.S;'F LP[SADSA';.DA;'SLD;AS;C.A;S'.;AS.D;A;SMCSOM;LSFDFF

货物或应税劳务名称	规格型号	单位	数 量	单 价	金 额	税率	税 额
乙产品		件	100	800	80000.00	13%	10400.00
合 计					¥80000.00		¥10400.00

价税金额(大写)	玖万零肆佰元整		(小写)¥90400.00

销货单位	名 称:大唐盛世公司 纳税人识别号:110199514160154 地址 、电话:北京市三环路 999 号 01022165542 开户行及账号:中国工商银行北京三环办 1234567897	备注	

收款人:钱一清 复核:林海 开票人:刘佳 销货单位(章)

图 4 - 67 增值税专用发票

步骤一:办理邮寄委托收款结算的托收手续

审核相关的原始单据,并计算确定委托收款金额。

步骤二:填制一式五联的委托收款凭证

填制凭证后,银行受理并收费,在委托收款回单联加盖银行业务专用章,银行收取手续费。钱一清从银行取得托收凭证受理回单和收费凭证回执联。托收凭证如图 4 - 68 所示。

转账凭证如表 4 - 21 所示。

中国工商银行
INDUSTRIAL AND COMMERCIAL BANK OF CHINA

托收凭证（受理回单）

委托日期 2022 年 12 月 20 日

业务类型	委托收款（☑邮化、□电邮）			托收承付（□邮化、□电邮）													
付款人	全称	长乐公司		收款人	全称	大唐盛世公司											
	账号	586685989			账号	1234567897											
	地址	江苏 省 镇江	开户行 建行镇江支行		地址	省 北京	开户银行 中国工商银行北京三环办										
金额	人民币（大写）	玖万零肆佰元整					亿	千	百	十	万	千	百	十	元	角	分
										¥	9	0	4	0	0	0	0
款项内容	货款		托收凭据名称	商业承兑汇票		附寄单证张数	2										
商品发运情况	已发运			合同名称号码	20221206												
备注： 复核 记账			款项受托日期 年 月 日		收款人开户银行签章 2022 年 12 月 20 日												

图 4－68 托收凭证

表 4－21 **转账凭证**

年 月 日 字 号

摘要	总账科目	明细科目	√	借方金额 百	十	万	千	百	十	元	角	分	贷方金额 百	十	万	千	百	十	元	角	分
合计																					

附件 张

会计主管 记账 出纳 复核 制单

出纳钱一清用现金支付相关手续费 120 元。收费凭证如图 4－69 所示。

中国工商银行
INDUSTRIAL AND COMMERCIAL BANK OF CHINA

收费凭证

2022 年 12 月 20 日

户名	大唐盛世公司	开户银行	中国工商银行北京三环办							
账号	1234567897	收费种类	手续费 邮电费							
1. 客户购买凭证时在“收费种类”栏填写“工本费”，在“凭证种类”栏填所购置凭证名称。 2. 客户在办理结算业务时，在“收费种类”栏分别填写“手续费”或“邮电费”，在“结算种类”栏填写办理的结算方式。	凭证（结算）种类	单价	数量	金额 万	千	百	十	元	角	分
	邮寄委托收款					1	2	0	0	0
	合计人民币（大写）	壹佰贰拾元整			¥	1	2	0	0	0

北京三环办 2022.12.20 收讫

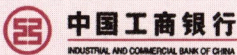

图 4－69 收费凭证

付款凭证如表 4-22 所示。

表 4-22　　　　　　　　　**付款凭证**

贷方科目：　　　　　　　　　　　年　月　日　　　　　　　　　　付字　　　号

摘要	总账科目	明细科目	√	借方金额										附件张
				千	百	十	万	千	百	十	元	角	分	
	合　计													

会计主管　　　　　记账　　　　　出纳　　　　　复核　　　　　制单

二、托收承付

（一）托收承付概述

托收承付也称为异地托收承付，该结算方式只适用于异地订有经济合同的商品交易及相关劳务款项的结算。

该结算办法的最大特点是其适用范围受到严格的限制，具体限制如下：

1. 结算起点上

《支付结算办法》规定，托收承付结算每笔的金额起点为 1 万元；新华书店系统每笔金额起点为 1 千元。

2. 结算适用范围上

《支付结算办法》规定，托收承付的适用范围是：

（1）使用该结算方式的收款单位和付款单位，必须是国有企业、供销合作社以及经营较好并经开户银行审查同意的城乡集体所有制工业企业。

（2）办理结算的款项必须是商品交易以及因商品交易而产生的劳务供应款项。代销、寄销、赊销商品款项，不得办理托收承付结算。

3. 结算适用条件上

《支付结算办法》规定，办理托收承付，除符合以上两个条件之外，还必须具备以下三个前提条件：

（1）收付双方使用托收承付结算必须签有符合《中华人民共和国经济合同法》的购销合同，并在合同中注明使用异地托收承付结算方式。

（2）收款人办理托收，必须具有商品确已发运的证件。

（3）收付双方办理托收承付结算，必须重合同、守信誉。

根据《支付结算办法》规定，若收款人对同一付款人发货托收累计三次收不回货款的，收款人开户银行应暂停收款人向付款人办理托收；付款人累计三次提出无理拒付的，付款人开户银行应暂停其向外办理托收。

　　托收是指销货单位(即收款单位)委托其开户银行收取款项的行为。办理托收时，必须具有符合《中华人民共和国经济合同法》规定的经济合同，并在合同上注明使用托收承付结算方式和遵守发货结算的原则。所谓发货结算，是指收款方按照合同发货，并取得货物发运证明后，方可向开户银行办理托收手续。

　　承付是指购货单位(即付款单位)在承付期限内，向银行承认付款的行为。承付方式有两种：验单承付和验货承付。

　　验单承付是指付款方接到其开户银行转来的承付通知和相关凭证，并与合同核对相符后，就必须承认付款的结算方式。验单承付的承付期为3天，从付款人开户银行发出承付通知的次日算起，节假日顺延。

　　验货承付是指付款单位除了验单之外，还要等商品全部运达并验收入库后，才承付货款的结算方式。验货承付的承付期为10天，从承运单位发出提货通知的次日算起，节假日顺延。付款方若在验单或验货时发现货物的品种、规格、数量、质量、价格等与合同规定不符，可在承付期内提出全部或部分拒付的意见。拒付款项要填写拒绝承付理由书送交其开户银行审查，并办理拒付手续。应注意的是，拒付货款的商品是对方所有，必须妥善为其保管。付款人在承付期内未向开户银行提出异议的，银行作默认承付处理，在承付期满的次日上午将款项主动从付款方账户划转到收款方账户。

　　付款方在承付期满后，如果其银行账内没有足够的资金承付货款，其不足部分作延期付款处理。延期付款部分要按一定比例支付给收款方赔偿金。待付款方账内有款支付时，由付款方开户银行将欠款及赔偿金一并划转给收款人。

(二) 异地托收承付核算

1. 收款单位

　　收款单位按照收付双方签订的合同的要求发货或提供劳务后，填制托收承付结算凭证。由于托收承付结算分为邮划和电划两种，因而相应地托收承付结算凭证也分为邮划托收承付结算凭证和电划托收承付结算凭证两种。

　　邮划托收承付结算凭证一式五联，第一联(回单)是收款单位开户银行给收款单位的回单，第二联(委托收款凭证)是收款单位委托开户银行办理托收款项后的收款凭证，第三联(支款凭证)是付款单位向开户银行支付贷款的支款凭证，第四联(收账通知)是收款单位开户银行在款项收妥后给收款单位的收账通知，第五联(承付支款通知)是付款单位开户银行通知付款单位按期承付货款的承付(支款)通知。电划托收承付结算凭证也是一式五联，第一联、第二联、第三联、第五联的作用与邮划托收承付结算凭证相同，第四联是付款单位开户银行拍发电报的依据。

　　收款单位出纳员在填写托收承付结算凭证时，应按照要求逐项认真填写凭证的各项内容，包括收款单位(即本单位)的全称、账号、开户银行，付款单位的全称、账号或地址、开户银行，托收金额的大、小写，随凭证附寄单证的张数或册数，商品发运情况(如运单的号码等)，合同名称号码等，并在托收承付结算凭证的第二联"收款单位盖章"栏加盖本单位预留银行印鉴。然后，将托收承付结算凭证连同发运单证或有关证件和交易凭证(如销货发票、代垫运杂费单据等)，一并送交开户银行办理托收手续。如开户银行认为有必要,还需附送收、付款双方签订的经济合同。如果收款单位的发运证件经银行验证后需要取回的,应向银行说明。

开户银行收到收款单位的托收凭证后,将按照托收承付结算的范围、条件和托收凭证的要求进行认真的审查,必要时还将查验收付款双方签订的经济合同。按照规定,开户银行审查时间最长不超过 2 天。经审查认为不符合要求的,银行将不予办理,退回托收凭证。审查无误的,办理托收手续,在托收承付结算凭证第一联上加盖业务用公章退还给收款单位。对收款单位提供发运证件交银行验证后,需要取回保管或寄存的,应在各联凭证和发运证件上加盖"已验发运证件"戳记,然后将发运证件退还给收款单位。

收款单位在收到银行盖章退回的托收承付结算凭证第一联后,应根据托收承付结算凭证第一联和有关单证编制转账凭证,其会计分录如下:

借:应收账款——××单位
　贷:主营业务收入
　　　应交税费——应交增值税(销项税额)

对于收款单位在发运货物时代付款单位垫付的运杂费,应在垫付后凭运杂费单据复制件(原件随托收承付结算凭证寄给付款单位)编制银行存款或现金付款凭证,其会计分录如下:

借:应收账款——××单位
　贷:银行存款或库存现金

【例 4-12】 A 公司向 W 公司销售商品,价值为 60 000 元,增值税税率为 13%,已到银行办妥托收手续,收到银行盖章退回的托收承付结算凭证第一联后,应根据托收承付结算凭证第一联和有关单证编制转账凭证。另用现金代垫运费 400 元。其会计分录如下:

借:应收账款——W 公司　　　　　　　　　68 200
　贷:主营业务收入　　　　　　　　　　　60 000
　　　应交税费——应交增值税(销项税额)　　7 800
　　　库存现金　　　　　　　　　　　　　　400

2. 付款单位

付款单位出纳员收到其开户银行转来的托收承付结算凭证第五联及有关发运单证和交易单证后,应按规定立即登记异地托收承付付款登记簿和异地托收承付处理单,然后交供应(业务)部门等职能部门签收。

出纳员在登记时,应逐项认真地登记托收单号、收单日期、收款单位名称、托收款项内容、托收金额等各项内容。

供应部门会同财务部门应认真仔细地审查托收承付结算凭证及发运单证和交易单证,看其价格、金额、品种、规格、质量、数量等是否符合双方签订的合同的规定,并签出全部承付、部分拒付以及全部拒付的意见。如为验货付款的还应将有关单证和实际收到货物作进一步核对,以签出处理意见。

付款单位承付货款有验货付款和验单付款两种方式,由收付双方协商选用,并在合同中明确加以规定。实行验货付款的,收款单位在办理托收手续时应在托收凭证上加盖"验货付款"戳记。实行验单付款的,其承付期为三天,从付款单位开户银行发出承付通知的次日算起,承付期内遇到节假日顺延,对距离较远的付款单位必须邮寄的另加邮寄时间。付款单位收到银行发出的承付通知后,在承付期内未向银行表示拒付货款的,银行视作承付处理,在承付期满的次日将款项按收款单位指定的划款方式划给收款单位。

实行验货付款的,其承付期为 10 天,从运输部门向付款单位发出提货通知的次日算起。另外也可根据实际情况由双方协商确定验货付款期限,并在合同中明确规定,并由收款单位在托收承付凭证上予以注明,这样银行便可按双方约定的付款期限办理付款。

付款单位收到提货通知后,应立即通知银行并交验提货通知。付款单位在银行发出承付通知后的 10 天或收付双方约定的期限(从次日算起)内,如未收到提货通知,则应在第 10 天或约定期限内将货物尚未到达的情况通知银行。如果未通知,银行即视作已经验货,于第 10 天或约定期限满日的次日上午开始营业时将款项划给收款单位。在第 10 天付款单位通知银行货物未到而以后收到提货通知没有及时通知银行的,银行仍按 10 天期满的次日作为划款日期,并按超过天数,计扣逾期付款的滞纳金。

4

【例 4-13】 A 公司向 M 公司购入 50 000 元材料,增值税税率为 13%。在收到银行的承付通知后经审查同意承付,根据托收承付结算凭证第五联及有关单证编制银行存款付款凭证,另根据运费发票,用现金支付了 500 元运费,取得运费专用发票,运费允许 9% 进项抵扣。其会计分录如下:

借:材料采购　　　　　　　　　　　　　　　　　　　　　50 455
　　应交税费——应交增值税(进项税额)　　　　　　　　　6 545
　　贷:银行存款　　　　　　　　　　　　　　　　　　　　　56 500
　　　　库存现金　　　　　　　　　　　　　　　　　　　　　500

总之,不论是验单付款还是验货付款,付款人都可以在承付期内提前向银行表示承付,并通知银行提前付款,银行应立即办理划款。因商品的价格、数量或金额变动,付款人因多承付款项的,须在承付期内向银行提出书面通知,银行据此将当次托收的款项划给收款人。付款人不得在承付货款中,扣抵其他款项或以前托收的款项。

任务实施

2022 年 12 月 15 日,大唐盛世公司出纳员钱一清接到开户行托收凭证付款通知,通知支付拖欠上海佳慧有限责任公司的货款及代垫的运费共计 50 000 元。钱一清的操作如下:

步骤一:审核原始单据

出纳员钱一清认真审核托收凭证付款通知联,应仔细与合同、增值税专用发票、运费发票等相关单据进行核对。托收凭证如图 4-70 所示。

步骤二:承付款项

钱一清对付款通知审核无误,报财务主管审批,向银行承付货款。

中国工商银行
INDUSTRIAL AND COMMERCIAL BANK OF CHINA

5

托 收 凭 证（付款通知）

委托日期 2022 年 12 月 15 日

业务类型	委托收款（✓ 邮化、□电邮）		托收承付（□邮化、□电邮）	
付款人	全称	大唐盛世公司	收款人	全称	上海佳慧有限责任公司

付款人 账号 1234567897　地址 省 北京 开户行 中国工商银行北京三环办
收款人 账号 0200212345　地址 省 上海 开户银行 中国工商银行四川北路支行

金额 人民币（大写）伍万元整　　亿 千 百 十 万 千 百 十 元 角 分　¥ 5 0 0 0 0 0 0 0

项款内容 货款　托收凭据名称 增值税专用发票　附寄单证张数 1

商品发运情况 已发运　合同名称号码 20221206

备注:
付款人开户银行收到日期　年 月 日

付款人开户行签章（中国工商银行北京三环办业务专用章 收讫）

付款人备注:
1. 根据支付结算办法,上列委托（托收承付）款项在付款期限内未提出拒付,即视为同意付款,以此代付款通知。
2. 如需提出全部或部分拒付,应在规定期限内,将拒付理由书并附倒债务证明退交开户行。

图 4-70　托收凭证

步骤三:编制付款凭证,如表 4-23 所示。

表 4-23　　　**付 款 凭 证**

贷方科目:　　　　年 月 日　　　　付 字 号

摘要	总账科目	明细科目	√	贷 方 金 额									
				千	百	十	万	千	百	十	元	角	分
合　计													

会计主管　　记账　　出纳　　复核　　制单

附件 张

任务八　汇兑结算业务

任务导入

　　2022 年 12 月 16 日,大唐盛世公司以电汇的方式向河北兴业公司购入 X 材料一批,数量 300 件,单价为 100 元,增值税税率为 13%,货款共计 33 900 元,另外支付电汇手续费 50 元。大唐盛世公司使用汇兑结算。假设你是出纳钱一清,你会如何处理?

一、汇兑结算概述

(一) 含义与种类

　　汇兑是指汇款单位委托银行将款项汇往异地收款单位的一种结算方式,俗称"汇款"。

　　汇兑根据划转款项方法的不同以及传递方式的不同可以分为信汇和电汇两种,由汇款人自行选择。信汇是汇款人向银行提出申请,同时交存一定金额及手续费,汇出行将信汇委托书以邮寄方式寄给汇入行,授权汇入行向收款人解付一定金额的一种汇兑结算方式。电汇是汇款人将一定款项交存汇款银行,汇款银行通过电传或电报传给目的地的分行或代理行(汇入行),指示汇入行向收款人支付一定金额的一种汇兑结算方式。

　　在这两种汇兑结算方式中,信汇费用较低,但速度相对较慢;而电汇具有速度快的优点,但汇款人要负担较高的电报电传费用,因而通常只在紧急情况下或者金额较大时适用。另外,为了确保电报的真实性,汇出行在电报上须加注双方约定的密码;而信汇则无须加密码,签字即可。

(二) 汇兑结算的特点

　　(1) 汇兑结算适用范围广,手续简便易行,灵活方便,无论是信汇还是电汇,都没有金额起点的限制,单位和个人在同城或者异地的各种款项结算,且无论是否在银行开立账户,均可使用。

　　(2) 汇兑结算属于汇款人向异地主动付款的一种结算方式。它对于异地上下级单位之间的资金调剂、清理旧欠以及往来款项的结算等都十分方便。汇兑结算方式还广泛地用于先汇款后发货的交易结算方式。如果销货单位对购货单位的资信情况缺乏了解或者在商品较为紧俏的情况下,可以让购货单位先汇款,等收到货款后再发货,以免收不回货款。当然购货单位采用先汇款后发货的交易方式时,应详尽了解销货单位的资信情况和供货能力,以免盲目地将款项汇出却收不到货物。如果对销货单位的资信情况和供货能力缺乏了解,可将款项汇到采购地,在采购地开立临时存款户,派人监督支付。

　　(3) 汇兑结算方式除了适用于单位之间的款项划拨之外,也可用于单位对异地的个人支付有关款项,如退休工资、医药费、各种劳务费、稿酬等,还可适用于个人对异地单位所支付的有关款项,如邮购商品、书刊等。

4

二、汇兑结算程序及会计核算

（一）汇兑结算手续

收款人委托银行办理汇兑，应向汇出银行填写信汇（或电汇）凭证，详细填明汇入地点、汇入银行名称、收款人名称、汇款金额、汇款用途（军工产品可以免填）等各项内容，并在信汇（或电汇）凭证第二联上加盖预留银行印鉴。需要注意的是：

（1）汇款单位需要派人到汇入银行领取汇款时，除在"收款人"栏写明取款人的姓名之外，还应在"账号或住址"栏内注明"留行待取"字样。留行待取的汇款，需要指定具体收款人领取汇款的，应注明收款人的单位名称。

（2）个体经济户和个人需要在汇入银行支取现金的，应在信汇（或电汇）凭证上的"汇款金额"大写栏先填写"现金"字样，接着再紧靠其后填写汇款金额大写数字。

（3）汇款人确定不得转汇的，应在"备注"栏内注明。

（4）汇款需要收款单位凭印鉴支取的，应在信汇凭证第四联上加盖收款单位预留银行印鉴。

采用信汇的，汇款单位出纳员应填制一式四联信汇凭证。信汇凭证第一联（回单），是汇出行受理信汇凭证后给汇款人的回单；第二联（支款凭证），是汇款人委托开户银行办理信汇时转账付款的支付凭证；第三联（收款凭证），是汇入行将款项收入收款人账户后的收款凭证；第四联（收账通知或取款收据），是在直接记入收款人账户后通知收款人的收款通知，或不直接记入收款人账户时收款人凭以领取款项的取款收据。

采用电汇的，汇款单位出纳员应填制一式三联信汇凭证。第一联（回单），是汇出行给汇款人的回单；第二联（支款凭证），是汇出银行办理转账付款的支款凭证；第三联（发电依据），是汇出行向汇入行拍发电报的凭据。

汇出行受理汇款人的信汇（或电汇）凭证后，应按规定进行审查。审查的内容包括：信汇（或电汇）凭证填写的各项内容是否齐全、正确；汇款人账户内是否有足够支付的存款余额；汇款人盖的印章是否与预留银行印鉴相符；等等。审查无误后，即可办理汇款手续，在第一联回单上加盖"转讫"章退给汇款单位，并按规定收取手续费；如果不符合条件的，汇出银行不予办理汇出手续，作退票处理。

需要在汇入银行支取现金的，信汇（或电汇）凭证上的"汇款金额"栏必须注明"现金"字样，可以由收款人填制一联支款单连同信汇凭证第四联（或联行申报划收款补充报单第三联），并携带有关身份证件到汇入银行取款。汇入银行审核有关证件后，一次性办理现金支付手续。在汇款凭证上未填明"现金"字样，需要在汇入银行支取现金的单位，由汇入银行按照现金管理的规定支付。

留行待取的汇款，收款人应随身携带身份证件或汇入地有关单位足以证实收款人身份的证明去汇入银行办理取款。汇入银行向收款人问明情况，与信汇（或电汇）凭证进行核对，并将证件名称、号码、发证单位名称等批注在信汇（或电汇）凭证空白处，并由收款人在"收款人盖章"处签名或盖章，然后办理付款手续。如果凭印鉴支取的，收款人所盖印章必须同预留印鉴相同。

收款人需要在汇入地分次支取汇款的,可以由收款人在汇入银行开立临时存款账户,将汇款暂时存入该账户,分次支取。临时存款账户只取不存,付完清户,不计付利息。

(二) 汇兑结算方式下转汇

汇款人因汇入地没有所需商品等原因需要转汇时,可以带取款通知和有关证件,请求汇入银行重新办理信汇(或电汇)手续,将款项汇往其他地方。按照规定,转汇的收款人和汇款用途必须是原汇款的收款人和汇款用途。汇入银行办理转汇手续,在汇款凭证上加盖"转汇"戳记。第三联信汇凭证备注栏注明"不得转汇"的,汇入银行不予办理转汇。

汇款人因故对汇出的款项要求退汇,如果汇款是直接汇往收款单位的存款账户入账的,退汇由汇出单位自行联系,银行不予介入。如果汇款不是直接汇往收款单位的存款账户入账的,由汇款单位备公函或持相关身份证件连同原信汇(或电汇)凭证回单交给汇出行申请退汇,由汇出银行通知汇入银行,经汇入银行查实汇款确未解付,方可办理退汇;如果汇入银行接到退汇通知前汇款已经解付或收款人账户或被支取,则由汇款人与收款人自行联系退款手续。如果汇款被收款单位拒绝接受的,由汇入银行立即办理退汇。汇款超过两个月,收款人尚未来汇入银行办理取款手续,或在规定期限内汇入银行已寄出通知,但由于收款人地址迁移或其他原因致使该笔汇款无人受领时,则汇入银行主动办理退汇。汇款单位收到汇出银行寄发的注有"汇款退回已代进账"字样的退汇通知书第四联(适用于汇款人申请退汇),或者由汇入银行加盖"退汇"字样、汇出银行加盖"转讫"章的特种转账贷方凭证(适用于银行主动退汇)后,表明汇款已退回本单位账户。财务部门即可据此编制银行存款收款凭证,其会计分录则与汇出时银行存款付款凭证的会计分录相反。

(三) 收款

按照规定,汇入银行对开立账户的收款单位的款项,应直接转入收款单位的账户。采用信汇方式的,收款单位开户银行(即汇入银行)在信汇凭证第四联上加盖"转讫"章后,并交给收款单位,表示汇款已由开户银行代为进账。采用电汇方式的,收款单位开户银行根据汇出行发来的电报编制三联联行电报划收款补充报单,在第三联上加盖"转讫"章作收账通知,并交给收款单位,表明汇款已由银行代为进账。收款单位根据银行转来的信汇凭证第四联(信汇)或联行电报划收款补充报单(电汇)编制银行存款收款凭证,收款单位收款凭证的会计分录如下:

借:银行存款
　　贷:应收账款

汇兑结算方式下,汇兑收款方业务流程和汇兑付款方业务流程如图 4-71 和图 4-72 所示。

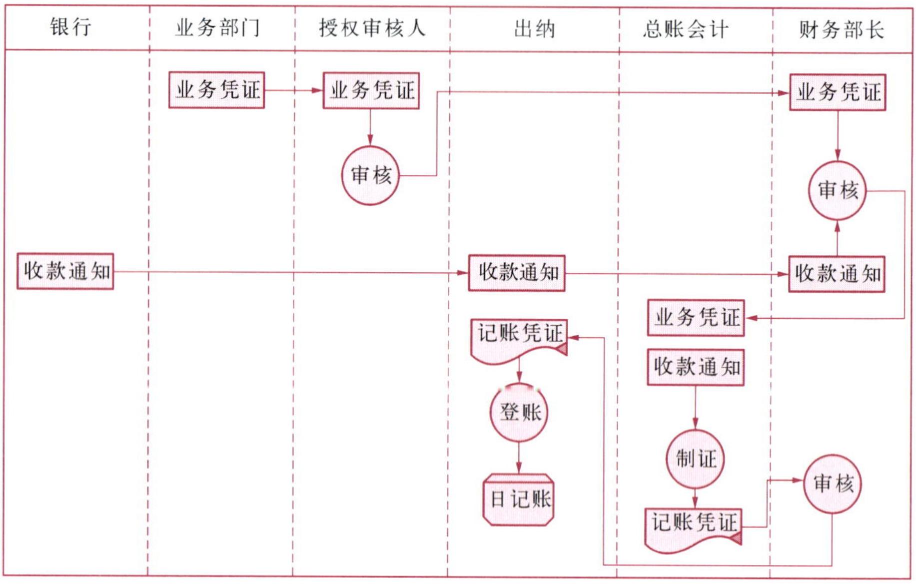

图 4-71   汇兑收款方业务流程

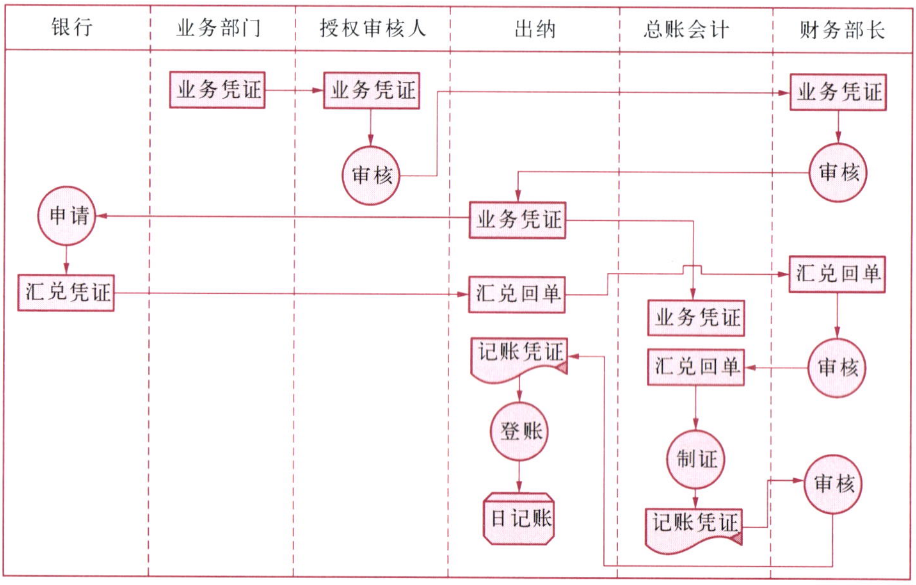

图 4-72   汇兑付款方业务流程

任务实施

2022 年 12 月 16 日,大唐盛世公司以电汇的方式向河北兴业公司购入 X 材料一批,数量 300 件,单价为 100 元,增值税税率为 13%,货款共计 33 900 元,另外支付电汇手续费 50 元。

资料如下:

公司名称:河北兴业公司

开户行及账号：中国工商银行保定支行0200236545

步骤一：审核单据

财务主管根据汇款业务的实际情况，审核了增值税专用发票，如图4-73所示，通知出纳员钱一清到本单位开户行办理汇兑结算手续。

河北增值税专用发票

1301200160　　　　　发 票 联　　　　　**NO022995634**

开票日期：2022年12月16日

购买单位	名　称：	大唐盛世公司					密码区	LP[SADSA';.DA;'SLD;AS;C.A;S'.;AS.D;A;SMCSOM;LSFDFF
	纳税人识别号：	110199514160154						FSFSDFSDFSDFDFSFSDFSDFS,F;S.DFS;F.SF[S.F;'SF;'.S;'F
	地址 、电话：	北京市三环路999号 01022165542						.;...;<><1<s1:1s:<x1:s<1x<s1:<x1:<x<x1s<x:<s:x<1:s<1:<'
	开户行及账号：	中国工商银行北京三环办 1234567897						

货物或应税劳务名称	规格型号	单位	数量	单价	金额	税率	税额
X材料		件	300	100.00	30000.00	13%	3900.00
合　　计					¥30000.00		¥3900.00

价税金额（大写）	叁万叁仟玖佰元整	（小写）¥33900.00

销货单位	名　称：	河北兴业公司	备注	
	纳税人识别号：	13110272132522		
	地址 、电话：	保定市中心街1号 0312-88512012		
	开户行及账号：	中国工商银行保定市支行 0200236545		

收款人：　　　　复核：　　　　开票人：周晓　　　　销货单位：（章）

图4-73 增值税专用发票

步骤二：填写电汇凭证交与银行受理

出纳员钱一清根据付款业务的内容，认真填写了一式三联的电汇凭证，并在第二联借方凭证上加盖预留的银行印鉴。然后将电汇凭证交给银行，如图4-74所示。银行受理后，将回单联加盖银行印章后交给钱一清。

中国工商银行　　电汇凭证　（回 单）　**1**

☐ 加急　　委托日期 2022 年 12 月 16 日

付款人	全　称	大唐盛世公司	收款人	全　称	河北兴业公司
	账　号	1234567897		账　号	0200236545
	汇出地点	北京市三环路999号		汇入地点	河北省保定市中心街1号
	汇出行名称	中国工商银行北京三环办		汇入行名称	中国工商银行保定支行

金额 人民币（大写）叁万叁仟玖佰元整		亿	千	百	十	万	千	百	十	元	角	分
					¥	3	3	9	0	0	0	0

	支付密码
	附加信息及用途：

汇出行签章　　　　　　　　　　　复核　　　　记账

图4-74 电汇凭证

步骤三：支付手续费

收费凭证如图 4－75 所示。

中国工商银行 INDUSTRIAL AND COMMERCIAL BANK OF CHINA

收费凭证

2022 年 12 月 16 日

户 名	大唐盛世公司	开户银行	中国工商银行北京三环办
账 号	1234567897	收费种类	手续费

	凭证（结算）种类	单价	数量	金额 万	千	百	十	元	角	分
1. 客户购买凭证时在"收费种类"栏填写"工本费"，在"凭证种类"栏填所购置凭证名称。 2. 客户在办理结算业务时，在"收费种类"栏分别填写手续费或邮电费，在"结算种类"栏填写办理的结算方式。	电汇						5	0	0	0
	合计人民币（大写）	伍拾元整				¥	5	0	0	0

中国工商银行 北京三环办 2022.12.16

图 4－75 收费凭证

步骤四：填制付款凭证，如表 4－24 所示。

表 4－24 **付 款 凭 证**

贷方科目：　　　　年　月　日　　　　付字　　号

摘 要	总账科目	明细科目	√	贷方金额 千	百	十	万	千	百	十	元	角	分
合 计													

附件　张

会计主管　　记账　　出纳　　复核　　制单

任务九 银行存款日记账的登记与清查

任务导入

2022 年 12 月 1 日，大唐盛世公司的银行存款日记账余额是 18 000 000 元。12 月份，公司发生了多笔与银行存款有关的经济业务，公司出纳员钱一清在日常工作中，逐日逐笔登记银行存款日记账，并且及时与银行进行账务的核对。假设你是出纳员钱一清，面对公司频繁的收付款业务和品种繁多的结算方式，你应该如何把账登记清楚，以便与银行对账单进行核对？

一、银行存款日记账的登记

银行存款日记账通常由出纳人员根据审核后的银行存款收款凭证和银行存款付款凭证,逐日逐笔顺序登记。

若一个单位开设有若干银行存款账户,应分别设户登记,便于与银行核对,也有利于银行存款的管理。

银行存款日记账的借方栏一般根据银行存款的收款凭证登记,贷方栏一般根据银行存款的付款凭证登记。

但对于现金存入银行或从本单位其他存款户转入本存款户的银行存款的业务,规定只填制现金付款凭证或其他存款户的银行存款付款凭证,不再填制收款凭证。所以,对于将现金送存银行或从本单位其他存款户转入本存款户的银行存款数额,应根据现金付款凭证或本单位其他存款户的银行存款付款凭证,登记银行存款日记账的借方栏。

又由于银行收付业务比较频繁,收付结算方式较多,因此,登账时必须按现金支票、转账支票、银行汇票、委托收款等不同的结算凭证字号登记清楚,以便与银行对账单进行核对,查明未达账项,编制调节表调节相符。

每次收付银行存款后,应随时结出银行存款的余额,至少将每日收付款项逐笔登记完毕后,计算出每日银行存款收入和支出的合计数及账面余额,以便于定期同银行送来的对账单核对,并随时检查、监督各种款项收付,避免因超过实有余额付款而出现透支。

二、银行存款日记账的清查

企业银行存款日记账的清查主要包括两种情况:

一是对企业开户银行基本情况的检查。即主要了解企业在银行的开户情况,是否存在多头开户及其他违规情况。这种清查一般是由内部自查与外部检查相结合。银行存款清查表的基本格式如表 4-25 所示。

表 4-25 银行存款清查表

序号	开户银行	账号	币种	账面金额	对账单金额	备注

填报单位领导签字: 填报人签字:

二是企业银行存款的日常清查核对,主要包括:

（1）**银行存款日记账与银行存款收、付款凭证的核对**。收、付款凭证是登记银行存款日记账的依据，其账目和凭证应该完全一致。核对的项目主要是：核对凭证编号；复查记账凭证与原始凭证，看两者是否完全相符；核对账证金额与方向的一致性；检查如发现差错，要立即按规定方法更正，确保账证完全一致。

（2）**银行存款日记账与银行存款总分类账的核对**。银行存款日记账是根据收、付款凭证逐笔登记的，银行存款总分类账是根据收、付款凭证汇总登记的，两者记账的依据是相同的，因此记录的结果应该完全一致。但由于两个账簿是由不同人员分别记账的，所以难免发生差错。出纳应定期出具出纳报告单与总账会计进行核对。出纳平时要经常核对两账的余额，每月终了结账后，总分类账各个账户的借方发生额、贷方发生额和余额都已试算平衡后，一定要将总分类账中银行存款本月借方发生额、贷方发生额以及月末余额分别同银行存款日记账的本月收入（借方）合计数、本月支出（贷方）合计数和余额相互核对，查看账账之间是否完全相符。如果不符，先应查出差错出在哪一方，如果借方发生额出现差错，应查找银行存款收款凭证、银行存款付款凭证（提取银行存款业务）和银行存款收入一方的账目；反之，则应查找银行存款付款凭证和银行存款付出一方的账目。找出错误后，应立即按规定的方法加以更正，做到账账相符。

（3）**银行存款日记账与银行开出的银行存款对账单的核对**。银行存款日记账与开户银行转来对账单的核对至少应该一个月进行一次。现在由于网络技术的发展，企业与银行间的对账可以在网上进行，由系统自动完成，因此五天进行一次对账是常见的，如果有必要，每天进行对账都可以实现。

所谓未达账项（以下简称"未达账"），是指企业与银行对同一笔收付业务，因记账时间不同，一方已入账而另一方尚未入账的款项。在实际工作中，由于企业和银行各自开出和收到的票据时间不可能完全相同，因此双方进行账务处理的时间也会不同，中间总会存在一定的时间差。因而由银行提供的银行对账单的余额与企业的银行存款日记账的余额就会不一致，这种差异一般是由未达账引起的。

未达账一般有四种情况：

❶ 企业已收款入账，而银行尚未收款入账。

❷ 企业已付款入账，而银行尚未付款入账。

❸ 银行已收款入账，而企业尚未收款入账。

❹ 银行已付款入账，而企业尚未付款入账。

第一种和第四种情况的发生，将会使银行对账单存款余额小于企业银行日记账的存款余额账面数。第二种和第三种情况的发生，将会使银行对账单存款余额大于企业银行日记账的存款余额账面数。

从未达账的性质可以知道：企业银行存款的正确余额的计算公式应为：

企业银行存款日记账＝企业银行日记账余额＋银行已收企业未收款－银行已付企业未付款

或＝银行对账单余额＋企业已收银行未收款－企业已付银行未付款

为了防止记账发生差错，正确掌握银行存款的实际余额，银行存款日记账应定期与银行对账单核对，企业账面余额与银行对账单余额之间如有差额，必须逐笔查明原因并进行处理，并按月编制银行存款余额调节表调节相符，如表4-26所示。

表 4-26   银行存款余额调节表

项　　目	金　　额	项　　目	金额/元
企业银行存款日记账金额		银行对账单金额	
加： 　银行已收，企业未收		加： 　企业已收，银行未收	
减： 　银行已付，企业未付		减： 　企业已付，银行未付	
调整后的余额		调整后的余额	

编制银行存款余额调节表的步骤如下：

❶ 企业收到银行对账单后，应以企业银行存款日记账的账面收支数为基础，与银行对账单的收支数逐笔核对。凡是核对无误的在双方标注[＊]号。将未标[＊]号的记录过滤出来就是未达账。

❷ 将银行存款日记账的余额填入银行存款余额调节表的左边第一行，将银行对账单的余额填入银行存款余额调节表的右边第一行。

❸ 将未达账按四种类型分别填入银行存款余额调节表的相应栏目。

❹ 将记录的四种未达账分别计算双方的余额，将结果填入表中最底下的两边。

如果两者相等，则表明企业和银行双方记账无误。否则应对未达账逐笔进行清查，直到查出原因为止。

文本：银行存款日记账系统

4

【例 4-14】 2022 年 12 月月末，大唐盛世公司出纳员钱一清收到银行 2022 年 12 月的对账单，公司银行存款余额为 84 270 元，而公司当月银行存款日记账余额为 83 300 元，经逐笔核对后，查出有几笔未达账项。

❶ 公司收到客户交来的转账支票 11 800 元，当即填具进账单存入银行，但银行尚未入账。

❷ 公司签发支票给李强提现 1 000 元，李强还未去银行办理提现手续。

❸ 银行收到某客户汇来的款项 12 570 元，公司未接到收账通知。

❹ 银行扣除公司短期借款利息 800 元，但公司尚未收到扣款通知。

根据以上资料编制银行存款余额调节表，如表 4-27 所示。

表 4-27   银行存款余额调节表

项　　目	金　　额	项　　目	金额/元
企业银行存款日记账金额	83 300	银行对账单金额	84 270
加： 　银行已收，企业未收	12 570	加： 　企业已收，银行未收	11 800
减： 　银行已付，企业未付	800	减： 　企业已付，银行未付	1 000
调整后的余额	95 070	调整后的余额	95 070

文本：微信、支付宝支付结算

　　调节后的双方余额如果相等，一般表明双方记账没有差错。如果不等，表明记账有差错，应进一步查明原因进行更正。

　　填在表上双方的未达账项，仅供编制银行存款余额调节表使用。不能用它们来改动账面记录。双方的账面余额不等是正常的。只有银行和企业双方在同时收到未达账项的结算凭证并入账后，其双方余额才会相等。

学后思

是否应根据银行存款余额调节表的结果对银行存款日记账进行登记？

任务实施

　　2022 年 12 月 1 日，大唐盛世公司的银行存款日记账余额是 18 000 000 元。12 月份，公司发生以下与银行存款有关的经济业务：

　　1 日，用银行支付 M 公司的上月货款 200 000 元。

　　1 日，从银行提取现金 10 000 元备用。

　　1 日，收到银行通知，上月向 C 公司购货的货款余款已经退回本公司账户（上月向 C 公司购货 150 000 元，开出的银行汇票金额为 160 000 元）。

　　1 日，公司向银行贷入短期周转资金 500 000 元。

　　1 日，向 D 公司预付货款 100 000 元。

　　8 日，收到 M 公司的银行汇票，已到银行办理进账，金额 300 000 元。

　　15 日，向银行偿还到期的借款，金额 600 000 元。

　　16 日，向银行申请办理银行本票一张，金额 200 000 元。

　　16 日，发放本月工资 150 000 元，存入各员工的工资卡。

　　16 日，销售商品，货款 450 000 元已经存入银行。

　　28 日，员工刘海等三人出差预借差旅费，开出 8 000 元现金支票。

　　29 日，将 23 000 元款项转入本单位的牡丹卡上。

　　30 日，收到 H 公司的本票，金额 131 000 已入账。

　　31 日，银行送来的对账单：大唐盛世公司在中国工商银行的存款余额是 2 020 000 元。

　　经核对，发现以下情况：

　　(1) 28 日的现金支票，刘海等尚未提现。

　　(2) 29 日的 23 000 元，记账凭证上的发生额是 23 000 元，在银行存款日记账上登记的金额则是 32 000 元。

　　(3) 30 日收到的 H 公司本票，银行尚未入账。

　　(4) 30 日银行代扣本月大唐盛世公司的电费 143 000 元，公司尚未收到付款通知。

（5）30 日，银行将企业的理财收入转入公司账户，公司尚未收到收款通知。

根据上述资料，完成以下任务：

（1）登记大唐盛世公司的银行存款日记账，如表 4-28 所示。

表 4-28 　　　　　　　　　　　　**银行存款日记账**

年		凭证		摘要	借　方								贷　方								借或贷	余　额							
月	日	字	号		十	万	千	百	十	元	角	分	十	万	千	百	十	元	角	分		十	万	千	百	十	元	角	分

（2）根据对账情况完成错账更正。

（3）完成银行存款日记账的结账。

（4）编制银行存款余额调节表，如表 4-29 所示。

表 4-29　　　　　　　　　银行存款余额调节表

项　目	金　额	项　目	金额/元
企业银行存款日记账金额		银行对账单金额	
加: 　银行已收,企业未收		加: 　企业已收,银行未收	
减: 　银行已付,企业未付		减: 　企业已付,银行未付	
调整后的余额		调整后的余额	

岗位能力测试

一、单项选择题

1. 存款人的资金如果用于基本建设或更新改造,则可通过(　　)账户进行管理。

A. 基本存款　　　　B. 一般存款　　　　C. 专用存款　　　　D. 临时存款

2. 企业在银行可以(　　)基本存款账户。

A. 开立一个　　　　　　　　　　　　B. 开立多个

C. 自主决定是否开立　　　　　　　　D. 不开立

3. 支票的有效期是(　　)天,从签发之日算起。

A. 1　　　　　　B. 10　　　　　　C. 20　　　　　　D. 3

4. 银行汇票的付款期限最长不超过(　　)。

A. 2个月　　　　B. 1个月　　　　C. 40天　　　　D. 10天

5. 商业汇票的付款期限最长不超过(　　)个月。

A. 1　　　　　　B. 2　　　　　　C. 3　　　　　　D. 6

二、多项选择题

1. 基本存款账户可以办理(　　)。

A. 转账结算　　　B. 现金存入　　　C. 现金支取　　　D. 贷款转存

2. 企业可按规定(　　)账户。

A. 开立基本存款　　B. 开立专用存款　　C. 出租　　　D. 出借

3. 票据填写要(　　)。

A. 要素齐全　　　B. 内容真实　　　C. 数字正确　　　D. 字迹清楚

4. 支票可分为(　　)几种。

A. 普通支票　　　B. 转账支票　　　C. 现金支票　　　D. 贷记支票

5. 转账支票不能(　　)。

A. 提现　　　　　B. 转账　　　　　C. 背书　　　　　D. 挂失

三、综合题

1. 2022年3月20日,出纳员李胜签发中国工商银行转账支票一张,支付仓库改造款

102 340 元，交给收款人办理转账结算。收款人为湘潭市闻达装饰公司，账号为 40023759，开户银行为中国农业银行湘潭市雨湖支行。请完整填写转账支票，如图 4－76 所示。

中国工商银行转账支票(湘)　　DH 02251606

本支票付款期限十天

出票日期(大写)　　年　　月　　日　　付款行名称：

收款人：　　出票人账号：

人民币(大写)	百	十	万	千	百	十	元	角	分

用途＿＿＿＿＿＿

上列款项请从

我账户内支付

出票人签章　　复核　　记账

图 4－76　转账支票

2. 出纳员李胜持有 2022 年 3 月的银行存款日记账和银行对账单，分别如表 4－30 所示和表 4－31 所示，请根据表 4－30 和表 4－31 编制 2022 年 3 月的银行存款余额调节表，如表 4－32 所示。

表 4－30　　**银行存款日记账**　　第 1 页

2022 年		凭证		摘要	结算凭证		借方	贷方	余额
月	日	字	号		种类	号数			
3	1			月初余额					4 238 562.15
	5	付	1	支付差旅费	现支	2013330		1 000.00	4 237 562.15
	15	付	2	提现发薪	现支	2013331		45 000.00	4 192 562.15
	20	付	3	办公用品	转支	004038		320.00	4 192 242.15
	25	收	1	存销货款	进账单	00240	11 700.00		4 203 942.15
	26	收	1	收货款	支票	000315	95 000.00		4 298 942.15
	27	付	3	借支	支票	2013342		2 000.00	4 296 942.15

表 4－31　　**中国工商银行湘潭市支行**

2022 年 3 月 31 日

单位：湘潭市东风机械股份有限公司　　账号：3000298222288015698

2022 年		摘要	凭证号		借方	贷方	余额
月	日		支票	结算凭证			
3	1	月初余额					4 238 562.15
	6	现金支票	2013330		1 000.00		4 237 562.15

续 表

2022年		摘 要	凭 证 号		借 方	贷 方	余 额
月	日		支票	结算凭证			
	6	现金支票	2013331		45 000.00		4 192 562.15
	8	转账支票	004038		320.00		4 192 242.15
	8	进账单		00240		11 700.00	4 203 942.15
	11	付税款			4 088.00		4 199 854.15
	18	现金支票	2013332		1 000.00		4 198 854.15
	19	进账单		00479		3 000.00	4 201 854.15
	20	转账支票	004039		1 170.00		4 200 684.15

表 4-32 银行存款余额调节表

单位：湘潭市东风机械股份有限公司　　账号：3000298222288015698　　2022 年 3 月 31 日止

企业银行存款日记账		银行对账单	
项　目	金　额	项　目	金　额
银行存款日记账余额		银行对账单余额	
加：银行已收，企业未收		加：企业已收，银行未收	
减：银行已付，企业未付		减：企业已付，银行未付	
调节后余额		调节后余额	

即：湘潭市东风机械股份有限公司可以真正动用的银行存款数额是_____。

项目五 出纳岗位涉税和保险业务

◇ **知识目标**

1. 了解"多证合一"政策,掌握企业税务登记办理流程。
2. 熟悉纳税申报相关知识,掌握一般纳税人增值税网上申报流程。
3. 掌握单位对员工个人所得税代扣代缴的基本环节和会计核算。
4. 熟悉企业"四险一金"的计算和上缴环节,掌握其会计核算方法。

◇ **能力目标**

1. 具备企业税务登记办理能力。
2. 具备企业常规税种的申报能力。
3. 具备个人所得税代扣代缴计算能力。
4. 具备企业员工"四险一金"的会计核算能力。

案例导入

依法纳税是每个企业的法定义务,做好纳税工作是企业依法经营的前提。新冠肺炎疫情期间,钱一清的朋友小明注册了一家新公司,询问钱一清注册新公司应如何办理税务登记,以及目前小型微利企业能够享受的税收优惠政策有哪些,钱一清不是很清楚,便去请教财务经理金明。

金明经理:"小钱啊,你在学校学过税法的知识吗?"

钱一清:"学过税法课程,但感觉理论知识和实际应用不太一样。"

金明经理:"是的,由于税收优惠政策时有变化,因此你要微信关注'国家税务总局'的公众号或者登录所在地电子税务局,及时查看税收优惠政策。"

钱一清:"好的,我知道了,谢谢经理指教。"

金明经理:"小钱啊,作为公司的出纳员,你经常要与税务部门打交道,因此,要不断学习纳税知识,了解最新的税收优惠政策,这是做好出纳工作的重要条件。"

钱一清:"谢谢经理。我一定好好学习。"

任务一　税 务 登 记

任务导入

　　大唐盛世公司已经召开股东会决议,作出了变更公司法定代表人的决议。公司经理通知钱一清去办理变更公司法定代表人手续。如果你是钱一清,你需要携带哪些资料?具体办理流程是什么?

一、税务登记概述

　　税务登记是税务机关依据税法规定,对纳税人的生产、经营活动进行登记管理的一项法定制度,也是纳税人依法履行纳税义务的法定手续。税务登记是整个税收征收管理的起点。税务登记种类包括:开业登记,变更登记,停业、复业登记,注销登记,外出经营报验登记,纳税人税种登记,扣缴税款登记等。

　　单位纳税人(包括企业,企业在外地设立的分支机构和从事生产、经营的场所,从事生产、经营的事业单位,但不含个人合伙企业)均应当按照《中华人民共和国税收征收管理法》及《中华人民共和国税收征收管理法实施细则》的有关规定办理税务登记。

二、办理税务登记的时限

　　(1)从事生产、经营的纳税人应当自领取营业执照,或者自有关部门批准设立之日起30日内,或者自纳税义务发生之日起30日内申报办理税务登记。

　　(2)从事生产、经营的纳税人领取临时工商营业执照的,应当自领取工商营业执照之日起30日内申报办理税务登记。

　　(3)有独立的生产经营权、在财务上独立核算并定期向发包人或者出租人上交承包费或租金的承包承租人,应当自承包承租合同签订之日起30日内,向其承包承租业务发生地税务机关申报办理税务登记。

　　(4)境外企业在中国境内承包建筑、安装、装配、勘探工程和提供劳务的,应当自项目合同或协议签订之日起30日内,向项目所在地税务机关申报办理税务登记。

三、办理税务登记的地点

　　企业,企业在外地设立的分支机构和从事生产、经营的场所,个体工商户和从事生产、经营的事业单位(以下统称"从事生产、经营的纳税人"),向生产、经营所在地税务机关申报办理税务登记。其他纳税人,除国家机关、个人和无固定生产、经营场所的流动性农村小商贩之外,均应当自纳税义务发生之日起30日内,向纳税义务发生地的税务机关申报办理税务登记。

5

四、办理税务登记需要提供的资料

2017年4月,国务院常务会议审议通过《关于加快推进"多证合一"改革的指导意见》。2017年4月28日,国家工商行政管理总局要求在2017年10月底前,在全国全面推行"多证合一"。"多证合一"是在已实施的营业执照、组织机构代码证、税务登记证、社保登记证、统计证"五证合一"的基础上,向申请者颁发载有统一社会信用代码和商品经营许可证等一照两号或多号的"多证合一"的营业执照,非特殊情况一般不再颁发相关许可证件的统一联动的登记方法。实行"多证合一",能够为办理者节省大量时间,避免办理者因带太多资料容易遗漏的风险。由于各地产业差异较大,而且涉企数量不一,具体哪几个证件合在一起将由各个省区市根据实际情况决定。"多证合一"后,整合多种证件的"营业执照"是公司唯一的身份证,标志着独立的税务登记证已经成为历史。新版营业执照如图5-1所示。

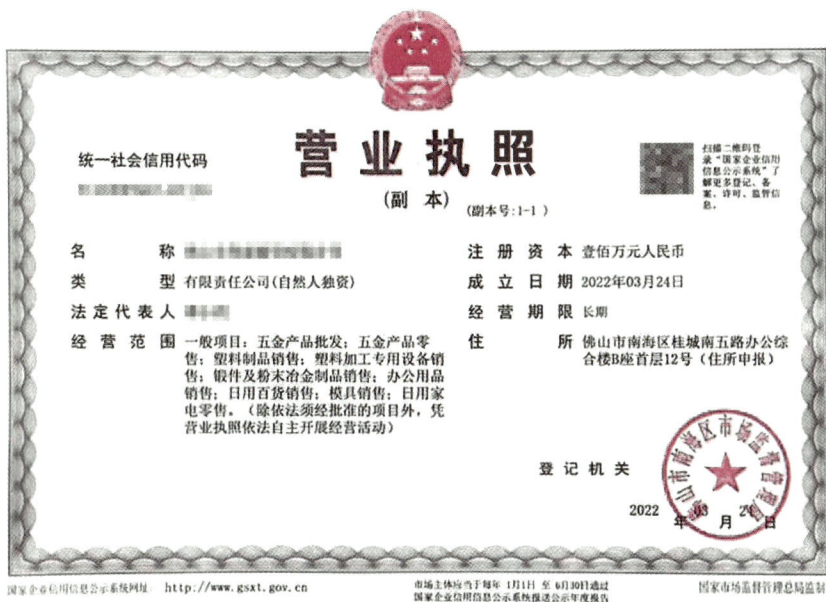

图 5-1 新版营业执照

企业还可以通过网上申请的方式办理登记业务,提交网上申请材料审查通过后,企业可选择快递方式或直接到窗口递交材料。如果是快递方式,办理人员应在24小时内核准后将证照寄回;如果是现场递交材料,办理人员应争取马上出证。原要求企业使用社会保险登记证和统计登记证办理相关业务的,一律改为使用营业执照办理,各级政府部门、企事业单位及中介机构等均要予以认可,不得要求企业提供其他身份证明材料。

纳税人在申报办理开业税务登记、变更税务登记、注销税务登记等事项时,应当根据不同情况向税务机关提供营业执照,有关合同、章程、协议书,银行账号证明,法定代表人、负责人或业主的居民身份证、护照或其他合法证件等有关证件资料,以及税务机关要求提供的其他证件资料。纳税人把这些资料准备好以后,就可以到税务机关办理税务登记事项。

学后思

企业发生哪些情形需要注销税务登记?

任务实施

公司变更法定代表人不需要原法人代表亲自办理。依据《中华人民共和国公司登记管理条例》的规定,公司变更法定代表人时,应当自变更决议或者变更决定之日起 30 日内,向公司注册地工商行政管理局办理,并需要提交如下资料:

(1) 法定代表人签署的《公司变更登记申请书》(公司加盖公章)。

(2) 公司签署的《公司股东(发起人)出资情况表》(公司加盖公章)。

(3) 股东会或董事会决议。

(4) 公司章程修正案(由公司法定代表人签署);也可以提交修改后的公司章程(由股东签字盖章或由公司法定代表人签署)。

(5) 对原法定代表人的免职文件。

(6) 对新法定代表人的任职文件。

(7) 原法定代表人身份证复印件、新法定代表人身份证复印件。

(8) 指定委托书。

(9) 营业执照正、副本。

公司变更法定代表人的具体办理流程如下:

(1) 在公司登记所在地工商局网站进行公司法人变更预约。

(2) 在公司登记所在地工商局网站上下载相应的资料,并如实填写。

(3) 带上材料到工商行政管理局取预约号,提交材料。若材料有疑问或当地工商管理局还要求提供其他证明,则补充材料;若材料无疑问或补充完毕并通过则领取变更通知书。

(4) 在规定时间去工商局领取新的营业执照。

(5) 到刻章公司刻制新的法人章。

(6) 带着新的营业执照和所有印章到开户行更换开户许可证和印鉴。

5

任务二 发票的领购、开具和保管

任务导入

你知道纳税人通过增值税发票管理新系统开具增值税发票,有何新的要求吗?

一、发票概述

(一) 发票的含义

发票是指一切单位和个人在购销商品、提供或接受服务以及从事其他经营活动中，所开具和收取的业务凭证，是会计核算的原始依据，也是审计机关、税务机关执法检查的重要依据。

(二) 发票的种类

发票分为增值税专用发票、普通发票和专业发票三种。

1. 增值税专用发票

增值税专用发票是指专门用于结算销售货物和提供加工、修理修配劳务使用的一种发票。增值税专用发票只限于增值税一般纳税人领购使用，增值税小规模纳税人不得领购使用。一般纳税人如有法定情形的，不得领购使用增值税专用发票。

2. 普通发票

普通发票是相对于增值税专用发票而言的，主要由增值税小规模纳税人使用，增值税一般纳税人在不能开具专用发票的情况下也可使用普通发票。普通发票由行业发票和专用发票组成。行业发票适用于某个行业的经营业务，如商业批发统一发票、工业企业产品销售统一发票等；专用发票适用于某一经营项目，如广告费用结算发票、商品房销售发票等。

3. 专业发票

专业发票是指国有金融、保险企业的存贷、汇兑、转账和保险凭证；国有邮政、电信企业的邮票、邮单、话务、电报收据；国有铁路、国有航空企业、交通部门、国有公路、水上运输企业的客票、货票等。专业发票是一种特殊种类的发票，但不套印发票监制章。

二、发票的领购

单位和个人领购发票时，应当按照税务机关的规定报告发票使用情况进行领购，并且税务机关应当按照规定对其进行查验。根据《中华人民共和国发票管理办法》第十六条规定，申请领购发票的单位和个人应当提出购票申请，提供经办人身份证明、税务登记证件或者其他有关证明，以及财务印章或者发票专用章的印模，经主管税务机关审核后，派发发票领购簿。

(一) 发票领购程序

领购发票的具体程序是：单位和个人领购普通发票，首先要提出购票申请，到注册地税务机关发票管理部门领取发票领购簿。主管税务机关根据领购单位和个人的经营范围和规模，确认领购发票的种类、数量以及领购方式，在 5 个工作日内派发发票领购簿。

(二) 购买发票所需资料

自 2017 年 1 月 1 日起，已经办理新户设立登记的企业，可以通过企业所在省市国家税务总局网上办税服务厅，提交增值税发票申请。新办纳税人首次申领增值税发票，有关涉税事项主要包括发票票种核定、增值税专用发票(增值税税控系统)最高开票限额审批、增值税税控系统专用设备初始发行、发票领用等涉税事项。发票票种核定需要

5

注意两个范围：增值税专用发票最高开票限额不超过 10 万元，每月最高领用数量不超过 25 份；增值税普通发票最高开票限额不超过 10 万元，每月最高领用数量不超过 50 份。各省税务机关可以在此范围内结合纳税人税收风险程度，自行确定新办纳税人首次申领增值税发票票种核定标准。

1. 首次购买发票

首次购买发票需要购票人持以下资料到企业注册地对应的税务机关，现场购买发票。所需资料有：❶ 购票人本人的身份证原件。❷ 营业执照副本原件。❸ 税控盘。❹ 发票章。

2. 非首次购买发票

非首次购买发票的企业，在时间允许的情况下，购票人持企业法人一证通可以登录所在省市国家税务总局网上办税服务厅，选择网上购买发票。

需要临时使用发票的单位和个人，可以凭购销商品、提供或者接受服务以及从事其他经营活动的书面证明、经办人身份证明，直接向经营地税务机关申请代开发票。依照税收法律、行政法规规定应当缴纳税款的，税务机关应当先征收税款，再开具发票。税务机关根据发票管理的需要，可以按照国务院税务主管部门的规定，委托其他单位代开发票。

（三）增值税发票申领方式

增值税发票申领可以通过办税大厅现场申领、电子税务局网上申领和微信申领三种方式，下面以国家税务总局广东省税务局"粤税通"为例，介绍用微信领购增值税发票的步骤。

（1）首先打开微信，点击右上角加号，选择"添加朋友"，在微信搜索栏搜索小程序"粤税通"，首次使用须完成账户的注册、管理、实名认证等必要功能服务。

（2）点击左上角头像登录，选择登录方式"人脸识别认证"或者"电局密码认证"，点击【下一步】，进行实名信息验证授权，此过程需要人脸识别或输入密码。

（3）点击右上角选择框，选择"企业业务"，进入后，纳税人的税务信息清晰一览。为保障企业纳税人的合法权益，办理企业业务需要实名绑定企业身份，并通过企业授权审核。实名认证成功后，选择领票企业（注意：当前实名认证人为该企业高管或企业办税员）才能进行领购发票申请。

（4）点击"全部功能"，进入"发票业务"模块，选择【发票票种核定】即可进行发票票种核定及编辑购票员信息。

（5）待票种核定申请办理成功，选择【我要领票套餐】，选择需要领取的发票类型，选择购票人和领取方式，领取方式推荐使用"邮寄领取"，即可轻松实现足不出户领取增值税发票。

三、发票的开具

法律、法规规定了在何种情况下应开具发票。基于证明商品和资金所有权转移的需要、进行会计核算的需要和进行税收管理的需要，发票应在发生经营业务确认营业收入时由收款方向付款方开具，特殊情况下，由付款方向收款方开具。同时，发票开具的范围与发票使用的范围是一致的。因此，用票人发生非经营性业务时不得开具发票，单位内部各部门间发生业务往来结算款项时亦不得开具发票,可使用内部结算凭证。

(一)销货方按规定开具发票时,应注意的事项

(1)销货方在整本发票使用前,要认真检查是否有缺页、错号、发票联无发票监制章或印制不清楚等现象,如发现问题应及时报送税务机关处理。

(2)整本发票开始使用后,应做到按号码顺序填写,填写项目齐全,内容真实,字迹清楚,全部联次一次复写、打印、内容完全一致。填开的发票不得涂改、挖补、撕毁。

(3)开具发票要按照规定的时限逐栏填写,并加盖单位财务印章或者发票专用章。未经税务机关批准,不得拆本使用发票,不得自行扩大专业发票使用范围。

(4)填开发票的单位和个人必须在发生经营业务,确认营业收入时开具发票,未发生业务一律不准开具发票。

(5)销货方应在规定的使用范围内开具发票,不准买卖、转借、转让和代理开具。

(6)销货方使用电子计算机开具发票,须经主管税务机关批准,并使用税务机关统一监制的机外发票,开具后的存根联要按照顺序号装订成册。

(二)购买方按规定索取发票时,应注意的事项

(1)购买方向对方索取发票时,不得要求对方变更货物或应税劳务名称,不得要求改变价税金额。

(2)购买方只能从发生业务的销售方取得发票,不得虚开或代理开具发票。

(3)购买方取得发票后,如发现不符合开具要求的,有权要求对方重新开具。

(三)电子商务

纳税人进行电子商务必须开具或取得发票。

(四)发票要全联一次填写

每份发票无论有几联,都必须把全部联次放在一起,一次性复写或打印,以保证各联填开的内容、金额等都保持一致。严禁开具"大头小尾"发票。

(五)发票不得跨省、直辖市、自治区使用

发票限于领购单位和个人在本省、自治区、直辖市内开具。发票领购单位未经批准,不得跨规定使用区域携带、邮寄、运输空白发票,禁止携带、邮寄或者运输空白发票出入境。

(六)印章

开具发票要加盖财务印章或发票专用章。

(七)销货退回和折让处理

如发生销货退回须开红字发票的,必须收回原发票并注明"作废"字样或取得对方有效凭证;发生销售折让的,在收回原发票并注明"作废"后,须重新开具发票。

自2017年7月1日起,购买方为企业的,索取增值税普通发票时,应向销售方提供纳税人识别号或统一社会信用代码;销售方为其开具增值税普通发票时,应在"购买方纳税人识别号"栏填写购买方的纳税人识别号或统一社会信用代码,发票内容应按照实际销售情况如实开具,不得根据购买方要求填开与实际交易不符的内容。销售方开具发票时,通过销售平台系统与增值税发票税控系统后台对接,导入相关信息开票的,系统导入的开票数据内容应与实际交易相符,如不相符应及时修改完善销售平台系统。不符合规定的发票,不得作为税收凭证。

四、发票的保管和缴销

（1）单位和个人应当建立发票使用登记制度,设置发票登记簿,并定期向主管国家税务机关报告发票使用情况。

（2）单位和个人应当在办理变更或者注销税务登记的同时,办理发票和发票领购簿的变更、缴销手续。

（3）使用发票的单位和个人应当妥善保管发票,不得丢失。发票丢失,应当于丢失当日书面报告主管国家税务机关,并在报刊和电视等传播媒介上公开声明作废,并接受国家税务机关的处罚。

（4）开具发票的单位和个人应当按照国家税务机关的规定存放和保管发票,不得擅自损毁。已经开具的发票存根联和发票登记簿,应当保存 5 年。保存期满,报经主管国家税务机关查验后销毁。

任务实施

根据《国家税务总局关于增值税发票管理若干事项的公告》（国家税务总局公告 2017 年第 45 号）规定,自 2018 年 1 月 1 日起,纳税人通过增值税发票管理新系统开具增值税发票（包括增值税专用发票、增值税普通发票、增值税电子普通发票）时,商品和服务税收分类编码对应的简称会自动显示并打印在发票票面"货物或应税劳务、服务名称"或"项目"栏次中。

自 2018 年 4 月 1 日起,二手车交易市场、二手车经销企业、经纪机构和拍卖企业应当通过增值税发票管理新系统开具二手车销售统一发票。二手车销售统一发票"车价合计"栏次仅注明车辆价款。二手车交易市场、二手车经销企业、经纪机构和拍卖企业在办理过户手续过程中收取的其他费用,应当单独开具增值税发票。

任务三　增值税纳税申报

任务导入

大唐盛世公司未按规定时限办理一般纳税人登记会有什么后果？该公司没有发生应交增值税税款还要进行增值税纳税申报吗？

一、纳税申报概述

纳税申报是指纳税人按照税法规定的期限和内容,向税务机关提交有关纳税事项书面报告的法律行为,是纳税人履行纳税义务、承担法律责任的主要依据,是税务机关税收管理信息的主要来源和税务管理的一项重要制度。

纳税人必须依照法律、行政法规规定或者税务机关依照法律、行政法规规定确定的申报期限、申报内容如实办理纳税申报，并报送纳税申报表、财务会计报表以及税务机关根据实际需要要求纳税人报送的其他纳税资料。

扣缴义务人必须依照法律、行政法规规定或者税务在依照法律、行政法规的规定确定的申报期限、申报内容如实报送代扣代缴、代收代缴税款报告表以及税务机关根据实际需要要求扣缴义务人报送的其他有关资料。

二、纳税申报期限

（1）缴纳增值税、消费税的纳税人，以 1 个月为一期纳税的，于期满后 15 日内申报，以 1 天、3 天、5 天、10 天、15 天为一期纳税的，自期满之日起 5 日内预缴税款，于次月 1 日起 15 日内申报并结算上月应纳税款。

（2）缴纳企业所得税的纳税人应当在月份或者季度终了后 15 日内，向其所在地主管国家税务机关办理预缴所得税申报；内资企业在年度终了后 45 日内、外商投资企业和外国企业在年度终了后 4 个月内，向其所在地主管国家税务机关办理所得税申报。

（3）其他税种，税法已明确规定纳税申报期限的，按税法规定的期限申报。

（4）其他税种税法未明确规定纳税申报期限的，按主管国家税务机关根据具体情况确定的期限申报。

三、纳税申报方式和申报资料

一般来说，纳税申报主要有直接申报（上门申报）、邮寄申报和电子申报三种方式。纳税人可以根据本企业的具体情况选择合适的申报方式。纳税人办理纳税申报时，应当如实填写纳税申报表，并根据不同的情况向税务机关报送有关证件、资料。

四、增值税一般纳税人纳税的申报流程

增值税一般纳税人纳税申报的基本流程为：增值税专用发票抵扣联认证—纳税申报—IC 卡报税—票表税比对及结果处理。

（一）增值税一般纳税人纳税申报的具体操作流程

（1）对于采取网上申报、大厅报税的一般纳税人，在主管税务机关办税大厅进行报税之前，必须先通过申报系统将增值税纳税申报资料（申报表主表及其附列资料）从网上传送到主管税务机关，然后在申报期内持税控 IC 卡（软盘）、四小票抵扣清单，包括《海关完税凭证抵扣清单》《运费发票凭证抵扣清单》《废旧物资抵扣清单》《代开发票抵扣清单》《废旧物资开具清单》（废旧企业），到办税服务厅申报纳税窗口进行防伪税控报税。

（2）对于网上申报、网上报税的一般纳税人，在远程报税之前，必须先通过申报系统将增值税纳税申报资料（申报表主表及其附列资料）从网上传送到主管税务机关，然后在申报期内通过企业客户远程报税系统进行远程抄报税。

（3）对于到厅申报的一般纳税人，携带增值税主表、附表一、附表二、资产负债表、

利润表、成品油相关附表（成品油企业报送），先通过办税服务厅申报受理窗口录入（或导入）增值税纳税申报资料（申报表主表及其附列资料）。然后持税控 IC 卡、四小票抵扣清单，包括《海关完税凭证抵扣清单》《运费发票凭证抵扣清单》《废旧物资抵扣清单》《代开发票抵扣清单》《废旧物资开具清单》（废旧企业），到大厅报税窗口进行报税，对于辅导期一般纳税人在报税时还要携带主管税务机关下发的金税工程《稽核结果通知书》在大厅报税窗口进行报税。

（4）非防伪税控增值税一般纳税人，先提交采集四小票及申报表资料，系统受理成功后，纳税人须到报税大厅或打电话进行申报申请。由服务厅人员登录"纳税服务管理系统"，进行手工触发比对，如果比对通过，系统将自动进行申报。

（二）增值税纳税申报的注意事项

（1）所有一般纳税人在进行报税的同时，主管税务机关报税受理系统自动对纳税人的认证数据、申报数据、报税数据和四小票数据进行比对。比对通过自动对纳税人IC 卡解锁；审核不能通过的，纳税人必须到大厅异常处理窗口进行处理，纳税人根据大厅异常处理窗口的要求进行纳税申报。

（2）所有一般纳税人在购买增值税专用发票时，只有持解锁的 IC 卡才能购买。

（三）增值税网络申报流程

下面以广东省一般纳税人增值税网上申报为例介绍增值税网络申报流程。

1. 申报软件

一般纳税人须通过全省统一电子申报软件系统进行增值税纳税申报资料电子信息采集，并制作数据电文。申报软件可以通过国家税务总局广东省税务局网站（首页-办税服务-资料下载-软件下载）或软件服务单位下载广东企业电子申报管理系统。

2. 申报流程

（1）进项采集。如果一般纳税人申报所属期为 6 月份抵扣的增值税专用发票，则需在 7 月份申报前登录广东省增值税发票查询平台勾选、确认可抵扣发票或在月底前进行发票扫描认证，再将确认勾选的发票明细数据或认证相符的明细数据导入申报软件形成进项数据。海关进口增值税专用缴款书实行"先比对后抵扣"管理，纳税人在 6 月底前可通过申报软件"进项发票管理、海关专用缴款书"模块录入缴款书有关数据信息，并导出待比对文件后，向主管税务机关报送或通过网络上传到广东省电子税务局申请稽核比对，并在申报期内登录广东省电子税务局下载认证比对结果，导入申报软件形成进项数据。

（2）抄报税。在纳税申报期内，纳税人应在联网状态下登录增值税开票系统，系统将自动向税务机关传送上月尚未上传的开票数据明细和上月汇总发票数据。

（3）纳税申报和税款缴纳。纳税人生成申报数据申报成功后，一定要在申报期内自主完成缴款。清缴税款是指纳税人本次要清缴的欠税（纳税人可以修改清缴税款额）。应收滞纳金是指根据纳税人待处理税款由于滞纳而产生的滞纳金（具体数额由系统计算得出，纳税人无须填写）。按系统提示操作，系统将自动从企业的银行账户进行扣款。电子申报系统同时支持多个三方协议缴款，纳税人可以自行决定缴款时间，选择多个缴款银行进行缴款。清缴税款的计算公式如下：

清缴税款＝待处理税款＋应收滞纳金

需要注意的是,如果因账户余额不足而导致扣款不成功,请及时补足银行账户余额,再次进行税款缴纳。如果因其他原因而导致扣款不成功,请记录出错原因,并通知税务局相关部门。

(4)**打印报表**。进入打印功能可以在申报完成后进入,或者查询申报表后打印。

(5)**结果查询**。进入一般纳税人增值税申报征收界面,在"申报征收 查询"栏目中有"申报表查询";在弹出的窗口中选择要查询的所属年月起止日期后,点击"查询"按钮,系统弹出缴款信息查询结果;点击应征凭证序号,再点击页面左边的报表标题的列表,可以对各申报表的明细进行查看。如果需要打印,点击"打印"按钮即可。

学后思

小规模纳税人如何进行增值税纳税申报?

任务实施

根据《国家税务总局关于增值税一般纳税人登记管理若干事项的公告》第六条规定,《增值税一般纳税人登记管理办法》第八条规定主管税务机关制作的《税务事项通知书》中,需告知纳税人的内容应当包括:纳税人年应税销售额已超过规定标准,应在收到《税务事项通知书》后5日内向税务机关办理增值税一般纳税人登记手续或者选择按照小规模纳税人纳税的手续;逾期未办理的,自通知时限期满的次月起按销售额依照增值税税率计算应纳税额,不得抵扣进项税额,直至纳税人办理相关手续为止。

所谓的零申报是指没有应交税款的纳税申报,对于增值税的零申报一般有两种情况,一种是的确没有发生收入,另一种是有收入,但上期有留抵进项税。但零申报的申报表和正常申报的申报表的填写是一样的,表上有关内容照实填写就行了,有多少就写多少,没有就写零。增值税零申报时,附征的城市维护建设税、教育费附加也零申报。

任务四　企业代扣代缴个人所得税

任务导入

张三是大唐盛世公司的销售人员,2022年1月、2月、3月、4月分别取得工资收入12 000元、9 000元、8 000元、9 000元,张三的社会保险每月扣除600元,预缴个人所得税时选择享受专项附加扣除,包括子女教育支出每月1 000元、住房贷款利息支出每月1 000元。请问:公司支付张三工资时,应分别代扣代缴多少个人所得税?

一、认识个人所得税法

个人所得税是以自然人取得的各类应税所得为征税对象而征收的一种所得税,是政府利用税收对个人收入进行调节的一种手段。个人所得税的纳税义务人,既包括居民纳税义务人,也包括非居民纳税义务人。居民纳税义务人负有完全纳税的义务,必须就其来源于中国境内、境外的全部所得缴纳个人所得税;而非居民纳税义务人仅就其来源于中国境内的所得,缴纳个人所得税。在有些国家,个人所得税是主体税种,在财政收入中占较大比重,对经济亦有较大影响。

按照个人所得税法的规定,扣缴义务人向个人支付下列所得时,应代扣代缴个人所得税:工资薪金所得、对企事业单位的承包经营承租经营所得、劳务报酬所得、稿酬所得、特许权使用费所得、利息股息红利所得、财产租赁所得、财产转让所得、偶然所得、经国务院财政部门确定征税的其他所得等。扣缴义务人向个人支付应纳税所得(包括现金、实物和有价证券)时,不论纳税人是否属于本单位人员,均应代扣代缴其应纳的个人所得税税款。个人所得税计算公式如下:

$$应纳个人所得税税额 = 应纳税所得额 \times 适用税率 - 速算扣除数$$

个人所得税的征收方式实行源泉扣缴与自行申报并用法,注重源泉扣缴。个人所得税的征收方式可分为按月计征和按年计征。个体工商户的生产、经营所得,对企业事业单位的承包经营、承租经营所得,特定行业的工资、薪金所得,从中国境外取得的所得,实行按年计征应纳税额,其他所得应纳税额实行按月计征。

二、企业代扣代缴个人所得税的财务处理

(一) 企业代扣个人所得税的账务处理

企业职工工资薪金所得超过 5 000 元时,应按现行税法规定由企业代扣个人所得税。企业代扣个人所得税时,不同环节的账务处理如下:

(1) 计提工资时:

> 借:管理费用/销售费用/生产成本等
> 　　贷:应付职工薪酬——工资(包括个人承担社会保险、公积金部分)
> 　　　　应付职工薪酬——养老保险、医疗保险、公积金等(单位承担部分)

(2) 发放工资时:

> 借:应付职工薪酬——工资
> 　　贷:应交税费——应交个人所得税
> 　　　　银行存款/库存现金(职工到手的已扣除个人所得税的工资)
> 　　　　其他应付款——养老保险、医疗保险、公积金等(个人承担部分)

（3）根据月末账上实际应交个人所得税情况申报纳税，上交给税务机关时：

借：应交税费——应交个人所得税
　　贷：银行存款

（二）个人所得税扣缴手续费退付的账务处理

《中华人民共和国个人所得税法》第十七条规定，对扣缴义务人按照所扣缴的税款，付给百分之二的手续费。即公司帮员工代扣代缴个人所得税，税务局按照入库个人所得税金额的 2% 给予手续费退付，个人所得税手续费申请返还截止日期是 3 月 30 日，到期后未申请将被视为自动放弃。财务人员可以通过自然人电子税务局（扣缴段）"退付手续费核对"申请办理 2021 年度的个人所得税扣缴手续费。

《财政部　税务总局　人民银行关于进一步加强代扣代收代征税款手续费管理的通知》（财行 2019 年第 11 号）规定，"三代"单位所取得的手续费应单独核算，计入本单位收入，用于与"三代"业务直接相关的办公设备、人员成本、信息化建设、耗材、交通费等管理支出。即代扣代缴个人所得税取得的税务机关返还的手续费，一般用于提升办税能力、奖励办税人员，或用于代扣代缴工作的管理支出。

（三）企业收到个人所得税手续费返还的账务处理

（1）企业取得的个税手续费返还应单独核算，记入"其他收益"。收到个人所得税手续费返还时的账务处理如下：

借：银行存款
　　贷：其他收益/营业外收入
　　　　应交税费——应交增值税（销项税额）/应交税费——应交增值税

对于实行小企业会计准则的企业，没有设置"企业收益"账户的，可记入到"营业外收入"账户。

（2）事后用于发放参与代扣代缴个人所得税工作的财务人员和人力资源部员工补助时的账务处理如下：

借：应付职工薪酬——工资
　　贷：银行存款

三、自然人电子税务局（扣缴端）系统操作

自然人电子税务局（扣缴端）是专门用于个人所得税代扣代缴（预扣预缴）申报的客户端软件，在税务机关网站上下载安装包后，双击安装包程序，点击【立即安装】，即可安装自然人电子税务局（扣缴端）到本地电脑。点击【立即体验】（或桌面"自然人电子税务局（扣缴端）"的快捷方式），进入版本选择界面。在办税大厅终端上部署的客户端须选

择"办税大厅版",其他均选择默认选项,即"扣缴单位版"。

（一）初始化注册

自然人电子税务局（扣缴端）系统安装完成后,需要进行初始化注册。

1. 录入单位信息

在【纳税人识别号】/【确认纳税人识别号】的输入框输入扣缴单位的纳税人识别号,已进行过多证合一的单位则输入统一社会信用代码。

2. 获取办税信息

系统自动从税务机关获取当前当地年平均工资、月平均工资以及月公积金减除上限等办税基础信息。

3. 备案办税人员信息

如实填写办税人员姓名、手机号、岗位等信息。

4. 设置数据自动备份

扣缴端的数据保存在本地电脑,为防止系统重装或其他原因造成数据丢失,建议启用自动备份功能。需要注意的是:可自行设置备份路径,建议不要放在电脑系统盘;进入系统后,可在【系统设置】→【系统管理】→【备份恢复】→【自动备份】中修改数据自动备份的相关设置。

（二）日常操作

自然人电子税务局（扣缴端）用于扣缴义务人为在本单位取得所得的人员（含雇员和非雇员）办理全员全额扣缴申报及代理经营所得纳税申报。日常操作包括人员信息采集、报送及获取反馈、报表填写、申报表报送、税款缴纳等。

个人所得税扣缴申报主体流程如图 5-2 所示。

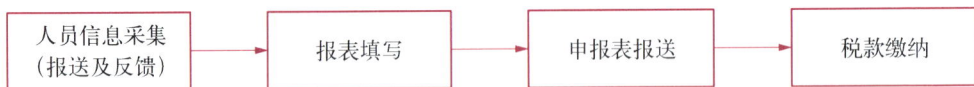

图 5-2　个人所得税扣缴申报主体流程

（1）人员信息采集。根据《个人所得税基础信息表（A 表）》的要求采集相关信息,系统采用先报送人员信息再填写报表的方式。人员信息采集主要包括【添加】、【导入】、【报送】、【导出】、【展开查询条件】和【更多操作】功能。将人员信息报送后,税务局系统对人员身份信息进行验证并反馈验证结果。

（2）报表填写。扣缴申报包括《综合所得预扣预缴申报》《分类所得代扣代缴申报》《非居民代扣代缴申报》《限售股转让所得扣缴申报》四类申报表;经营所得申报包括《预缴纳税申报》（个人所得税经营所得纳税申报表（A 表））《年度汇缴申报》（个人所得税经营所得纳税申报表（B 表））。

（3）申报表报送。通过网络方式将填写完整的申报表发送至税务机关并获取申报反馈结果。

（4）税款缴纳。申报成功后通过网上缴款或其他方式缴纳税款。

学后思

　　小何是大唐盛世公司临时聘请的一名软件工程师,帮公司设计一套办公软件。软件设计完成后,大唐盛世公司支付给小何劳务报酬 25 000 元。请思考:大唐盛世公司是否应该代扣小何的个人所得税税款?

任务实施

　　居民个人取得的工资薪金所得,由任职受雇单位在支付工资时预扣预缴,次年 3 月 1 日至 6 月 30 日办理汇算清缴。自 2022 年 1 月 1 日起,居民个人取得全年一次性奖金,应并入当年综合所得计算缴纳个人所得税。工资个人所得税税款计算分为预缴税款的计算以及综合所得汇算清缴税款计算,预缴个人所得税阶段是按照累计预扣预缴办法计算缴纳某月应预扣预缴税额,适用的税率表为《居民个人工资、薪金所得预扣预缴税率表》。

　　张三 2022 年 1—4 月个人所得税计算如下:

　　1 月:累计应纳税所得额＝12 000－5 000－600－1 000－1 000＝4 400(元)

　　　　预扣预缴税额＝4 400×3％＝132(元)

　　2 月:累计应纳税所得额＝12 000＋9 000－5 000×2－600×2－1 000×2－1 000×2＝5 800(元)

　　　　预扣预缴税额＝5 800×3％－132＝42(元)

　　3 月:累计应纳税所得额＝12 000＋9 000＋8 000－5 000×3－600×3－1 000×3－1 000×3＝6 200(元)

　　　　预扣预缴税额＝6 200×3％－132－42＝12(元)

　　4 月:累计应纳税所得额＝12 000＋9 000＋8 000＋9 000－5 000×4－600×4－1 000×4－1 000×4＝7 600(元)

　　　　预扣预缴税额＝7 600×3％－132－42－12＝42(元)

任务五　职工"五险一金"的会计处理和税务处理

任务导入

　　钱一清的堂弟钱明 2021 年 6 月大学毕业,受新冠肺炎疫情影响,一直到 2022 年 6 月底仍未找到合适的工作。请问钱明可以领取失业补助金吗?失业补助金申领流程有哪些?

5

一、"五险一金"的内容

"五险一金"中的"五险"包括养老保险、医疗保险、失业保险、工伤保险和生育保险，其中养老保险、失业保险、医疗保险是由企业和个人共同缴纳的保费；工伤保险和生育保险完全由企业承担，个人不需要缴纳。"一金"是指住房公积金，它是国家机关和事业单位、国有企业、城镇集体企业、外商投资企业、城镇私营企业及其他城镇企业、民办非企业单位、社会团体及其在职职工，对等缴存的长期住房储蓄。

二、"住房公积金"的缴存基数和缴存比例

住房公积金缴存基数按照职工本人上一年度年底应发工资全额进行核定，每年调整一次，缴存基数原则上不应超过职工工作地所在市区城市统计部门公布的上一年度职工月平均工资的 3 倍。住房公积金月缴存额的计算公式如下：

$$住房公积金月缴存额＝个人月缴存额＋单位月缴存额$$
$$其中：个人月缴存额＝缴存基数×个人缴存比例$$
$$单位月缴存额＝缴存基数×单位缴存比例$$

住房公积金个人和单位的缴存比例是 1 比 1，根据《中华人民共和国住房公积金管理条例》第十八条规定，职工个人和单位住房公积金的缴存比例均不得低于职工上一年度月平均工资的 5％。具体缴存比例由住房公积金管理委员会拟订，经本级人民政府审核后，报省、自治区、直辖市人民政府批准。2022 年住房公积金年度单位和职工个人缴存比例为各 5％～12％（取整数值）。住房公积金缴存单位可根据实际情况在规定范围内自主确定具体缴存比例。

单位不办理住房公积金缴存登记或者不为本单位职工办理住房公积金账户设立手续的，由住房公积金管理中心责令限期办理；逾期不办理的，处 1 万元以上 5 万元以下的罚款。单位逾期不缴或者少缴住房公积金的，由住房公积金管理中心责令限期缴存；逾期仍不缴存的，可以向人民法院申请强制执行。

目前，北京、上海、广州、深圳等多地已调整住房公积金缴存基数上下限。从 2022年 7 月份开始，多地住房公积金缴存政策相继调整。公积金缴存基数可以理解为储蓄额度，提升住房公积金缴存基数就是相当于公积金缴费额度增加，换个说法就是变相的涨工资。职工达到法定退休年龄且领取基本养老金的，不再缴存住房公积金。单位应在职工领取养老金的当月为其办理住房公积金账户封存或托管，并通知职工及时办理提取。

2021 年 1 月 5 日，住房和城乡建设部公布了 6 个首批灵活就业人员参加住房公积金试点城市：深圳、广州、苏州、常州、重庆和成都。深圳市于 2021 年 7 月发布《深圳市灵活就业人员缴存使用住房公积金管理暂行规定》，首次明确个人也可缴纳住房公积金，并从 2021 年 7 月 20 日起施行。

三、"五险一金"的会计处理

根据《企业会计准则第 9 号——职工薪酬》第七条规定，企业应当为职工缴纳的医

疗保险费、养老保险费、失业保险费等社会保险费和住房公积金，应当在职工为其提供服务的会计期间，根据规定的计提基础和计提比例计算确定相应的职工薪酬金额，并确认相应负债，计入当期损益或相关资产成本。

(一)"五险"的账务处理

1. 个人负担部分发放工资时（按个人缴纳比例从中扣除）

借：应付职工薪酬——工资
　　贷：其他应收款——社会保险费（代扣职工应缴纳的部分）
　　　　银行存款/库存现金（实际发放的金额）

2. 企业负担部分提取时

借：管理费用——社会保险费
　　贷：应付职工薪酬——社会保险费（养老保险、医疗保险、失业保险、工伤保险）

3. 缴纳社会保险费时

借：其他应收款——社会保险费（单位加上代扣职工个人应缴纳的金额）
　　应付职工薪酬——社会保险费
　　贷：银行存款（总缴纳的金额）

(二) 住房公积金的账务处理

1. 住房公积金单位负担部分提取时

借：管理费用——住房公积金
　　贷：应付职工薪酬——住房公积金

2. 住房公积金单位负担部分上交时

借：其他应付款——住房公积金
　　应付职工薪酬——住房公积金
　　贷：银行存款/库存现金

3. 住房公积金个人部分在支付工资时扣除

借：应付职工薪酬——工资
　　贷：其他应付款——住房公积金
　　　　银行存款/库存现金

5

四、"五险一金"的税务处理

（1）"五险一金"实际缴纳的超出规定范围和标准的部分，不得在税前扣除，应作应纳税所得额的调增。

（2）会计上已经计提进入了成本费用而未实际缴纳的部分不得在税前扣除，应作应纳税所得额的调增。

（3）本期实际缴纳数超过了会计提取数的部分，只要符合规定，便允许税前扣除。

（4）实缴缴纳的补充养老保险费和补充医疗保险费，超过比例的部分不得税前扣除，应作应纳税所得额的调增；如果缴纳补充养老保险费和补充医疗保险费的人不是全体员工，而仅仅是部分人员缴纳，则全部缴纳的补充养老保险费和补充医疗保险费不能税前扣除，应作应纳税所得额的调增。

（5）2018年1月1日至2023年12月31日，企业开展研发活动中实际发生的研发费用，未形成无形资产计入当期损益的，在按规定据实扣除的基础上，按照本年度实际发生额的75%，在税前加计扣除；形成无形资产的，按照无形资产成本的175%在税前摊销。科技型中小企业开展研发活动中实际发生的研发费用，未形成无形资产计入当期损益的，在按规定据实扣除的基础上，自2022年1月1日起，再按照实际发生额的100%在税前加计扣除；形成无形资产的，自2022年1月1日起，按照无形资产成本的200%在税前摊销。

研发费用的具体范围包括直接从事研发活动人员的工资薪金、基本养老保险费、医疗保险费、失业保险费等社会保险费和住房公积金，以及外聘研发人员的劳务费用。以上人员人工费用可以享受加计扣除的优惠政策，可以调减应纳税所得额。

★ 任务实施

　　近年来，国家出台多项"促进大学毕业生就业"的政策。困难家庭应届高校毕业生，毕业当年年底仍未就业并进行失业登记的，从第二年开始纳入失业保险范围，给予最长不超过6个月的失业补助金。失业补助金的标准为毕业生户籍所在地失业保险金最低标准的90%。领取失业补助金期限最长为6个月。钱明于毕业当年年底到次年的6月一直没有工作，符合失业补助金申领条件，是可以领取失业补助金的。失业补助金的申领流程如下：

　　（1）失业登记。钱明应持身份证或户口本，到户籍所在地公共就业服务机构进行失业登记，办理《就业失业登记证》。

　　（2）困难家庭认定。有城乡低保证的，即认定困难家庭；没有城乡低保证的，到当地失业保险机构领取。

　　（3）准备档案材料。高校毕业生提交档案，失业保险机构查验后发还本人。

　　（4）填写《失业补助金申领登记表》。

　　（5）申领时须持有下列材料：《失业补助金申领登记表》、居民身份证、毕业证、《就业失业登记证》、困难家庭证明、档案或相关证明。

岗位能力测试

公民王某 2022 年度取得下列所得：

（1）全年取得基本工资收入 500 000 元，王某全年负担的"三险一金"为 39 600 元。

（2）王某与他的妻子李女士 7 年前结婚。结婚前分别贷款购买了人生中的第 1 套住房，夫妻双方商定选择妻子李女士购买的住房作为首套住房贷款利息支出扣除。

（3）王某的儿子于 2016 年 4 月 20 日出生，女儿于 2022 年春节出生，夫妻双方商定子女教育支出由王某扣除。

（4）王某和妻子均为独生子女，王某的父亲已经年满 60 岁，母亲年满 56 岁，王某的父母均有退休工资，不需要王某支付赡养费，由于王某的岳父与岳母在农村生活，王某每月给岳父汇款 2 000 元。

（5）参加了 2022 年税务师考试，购买了网校的课程共支出 3 000 元，并通过努力于 2022 年 3 月拿到税务师证书，获得了网校颁发的状元奖金 50 000 元。

（6）6 月从持有三个月的某上市公司股票分得股息 1 500 元，从银行取得银行储蓄存款利息 3 000 元，从未上市某投资公司分得股息 2 000 元。

（7）9 月份在境内出版图书取得一次性稿酬 95 000 元。

（8）12 月份取得全年一次性奖金 350 000 元，储蓄存款利息 2 000 元，保险赔款 5 000 元，省颁发的科技创新奖金 120 000 元。（假设王某取得全年一次性奖金选择不并入当年综合所得计算纳税）

要求：根据上述资料，回答下列问题：

（1）计算 2022 年子女教育支出专项扣除额。

（2）计算王某可扣除的住房贷款利息支出额，并简述税法规定。

（3）简述王某不用缴纳个人所得税的收入有哪些。

（4）计算王某 6 月份取得股息、利息应缴纳的个人所得税。

（5）计算王某全年一次性奖金应缴纳的个人所得税。

（6）计算王某 2022 年综合所得应缴纳的个人所得税。

5

项目六　出纳业务信息化

◇ **知识目标**

了解会计信息化的相关法规制度,掌握出纳系统信息化的基本原理。

◇ **能力目标**

具备一项出纳软件初始化、日常业务及期末工作的技能。

案例导入

　　大唐盛世公司准备全面推行企业信息化,其中财务部的信息化是公司信息化的重要组成部分。财务经理叫来出纳员钱一清,要她负责出纳部分的信息化准备。对话如下:金明经理:"小钱啊,你觉得你应该准备哪些资料啊?"钱一清:"银行存款和库存现金日记账余额、发生额,各部门的相关数据及人员信息,银行账号、纳税人基础资料。"金明经理:"说得不错。但要注意应与其他信息化小组成员进行沟通,在系统性方面要保持一致,既要保持协调性,也要提高工作效率。"

任务一　出纳业务信息化认知

任务导入

　　随着信息技术的发展,大唐盛世公司实行信息化已经势在必行。钱一清作为出纳员,自然要负责出纳信息化部分的建设。假如你是钱一清,请你向财务经理详细解释出纳信息化的基本内容。

一、出纳信息化简介

　　出纳工作信息化是指利用计算机网络系统,根据会计法规制度,处理出纳相关工作的信息系统,它是会计信息化的组成部分,一般既可以独立使用,也可以作为财务信息系统的一部分使用。

出纳业务信息化是由出纳人员、计算机硬件、计算机软件及现代网络通信技术等要素组成，即把计算机的信息处理技术应用到出纳工作中，代替传统的出纳工作如手写票据、登记银行存款日记账和库存现金日记账，进行银行对账，提供出纳日常报表等环节，从而大大提高工作效率。出纳管理系统和其他财务系统的生成应用可以顺利地实现出纳业务信息化，从而形成以原始单据套打、日记账电算化、银行对账自动化、资金管理网络化为主的出纳业务信息化处理解决方案。

出纳管理是以出纳人员的日记账为核心，实现现金管理、银行存款管理、票据管理、账款收支工作全面自动化，使出纳与会计工作高效衔接配合。出纳管理在资金控制的严格性、资金调度的灵活度、收支数据的准确性等方面提供了有力保障，使企业出纳人员从繁重的记账、对账工作中解脱。

二、出纳管理信息化的实现途径

出纳业务与现代信息化技术的密切结合可以实现三大功能，即现金收支业务信息化、银行票据结算业务信息化和网上银行业务信息化。

（一）现金收支业务信息化

现金收支是出纳业务最常见的业务内容，其业务形式多种多样，包括各类差旅费用票据的报销，单位小额零星用品的采购，员工工资支出、各种福利费和劳务费的发放等。现金收支业务有三个特点：一是业务频次多；二是发生金额小；三是登记手续繁琐。引入信息化技术手段后，可以在很大程度上降低现金收支业务的工作强度，只要出纳人员完成对原始单据的审核，结束现金支付或收取等前期工作，就可以使用专门的出纳管理系统，把发生的具体业务记录储存在计算机中，实现库存现金日记账登记的信息化处理。现金收支业务的信息化处理支撑系统包括两个，即出纳系统和总账系统。

收支业务流程如图6-1所示。

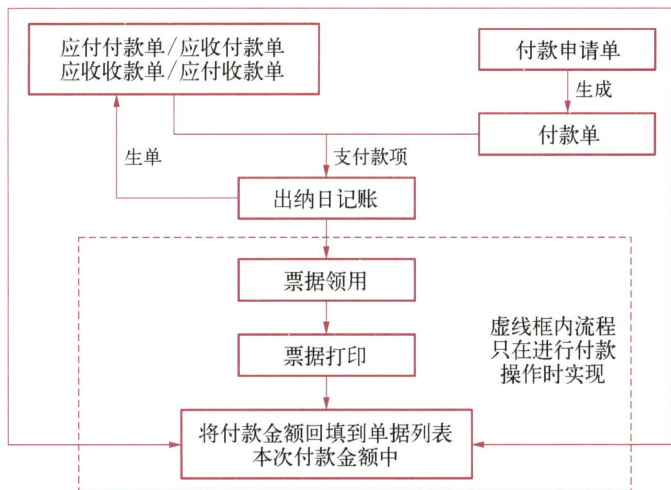

图6-1 收支业务流程

6

（二）银行票据结算业务信息化

银行票据种类繁多，各类票据的填制是银行票据结算业务的主要内容。从发生频次上来看，现金支票和转账支票又是其中最常见的票据类型。以传统手工方法处理这两类业务，一是填制过程容易出错，二是后续登记查询耗时耗力。但如果使用计算机信息技术处理这两类业务，则既省时省力，又可以保证较高的准确率。目前，银行票据结算信息化系统已经比较成熟，它包括票据系统、出纳系统和总账系统三个部分。在出纳人员结束前期单证审核工作后，利用票据结算系统，可以快速、便捷、高效地完成票据打印、报销、查询等以往繁琐冗长的工作。

票据管理流程如图 6 - 2 所示。

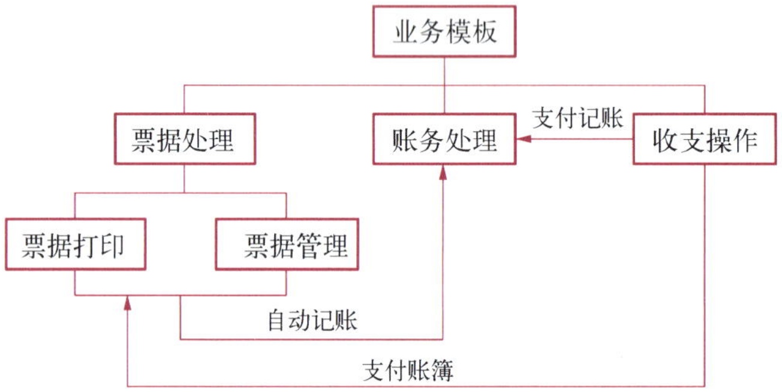

图 6 - 2　票据管理流程

（三）网上银行业务信息化

通过银行转账的途径处理不同经济主体间的往来结算是一种常见的交易方式，传统的结算方式需要出纳人员赴银行柜台进行办理，需要花费较多的时间和精力。信息化过程中网上银行的出现，则大大简化了结算业务的处理过程。大量的结算业务以及多样化的代缴代扣业务都开始使用网银这一途径进行简化处理，网银的出现和迅速推广为出纳业务提供了信息化的便利条件，与网银系统、出纳系统和总账系统连接为一体的出纳管理系统，将往来结算业务的不同环节连成一体。

任务实施

出纳业务信息化包括现金收支业务信息化、银行票据结算业务信息化和网上银行业务信息化。它由出纳人员、计算机硬件、计算机软件及现代网络通信技术等要素组成，具体是把计算机的信息处理技术应用到出纳工作中，代替传统的出纳工作如写票据、登记银行存款日记账和库存现金日记账，进行银行对账，提供出纳日常报表等。出纳管理系统和其他财务系统的生成应用可以顺利地实现出纳业务信息化，从而大大提高工作效率和减少工作失误。

6

任务二　出纳业务信息化处理

任务导入

　　为了提升财务工作效率,公司已经实现会计信息化,出纳工作也实现了信息化。钱一清在进行出纳信息化工作时碰到一笔业务:企业微信账号收到客户支付的一笔货款的预收款 10 000 元,这个业务该如何进行处理?

　　随着信息技术的快速发展,出纳信息化已经势在必行。现在流行的财务软件基本都能实现出纳业务信息化,用友 U8 软件是大家较熟悉的财务软件。用友 U8 软件在具体实现出纳信息化时有两个方案:一个方案是由总账系统来实现,另外一个方案是启用专门的出纳管理子模块来实现。本任务以教学和实践常用的用友 U8 V10.1 软件的出纳管理子系统为主线,来简单介绍出纳业务信息化处理(总账系统的出纳功能一般会计电算化教材都有介绍,在此不再赘述)。

　　出纳信息化流程如图 6-3 所示。

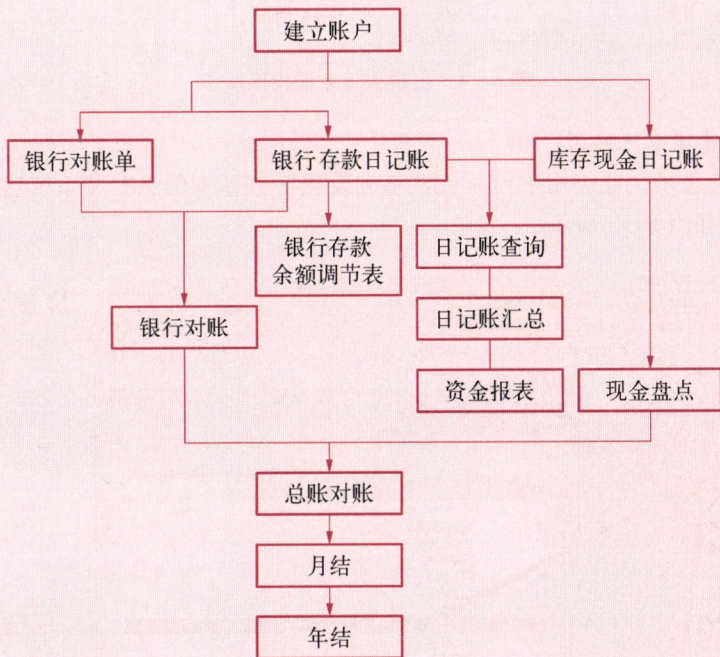

图 6-3　出纳信息化流程

一、出纳信息化初始化

(一)出纳管理赋权和出纳管理系统启用

1. 出纳管理赋权

登录系统管理,点击"权限"—"用户",增加用户:钱一清。

6

登录系统管理,点击"权限"—"权限",给钱一清赋予大唐盛世公司的基本信息和出纳管理系统的权限,如图 6-4 所示。

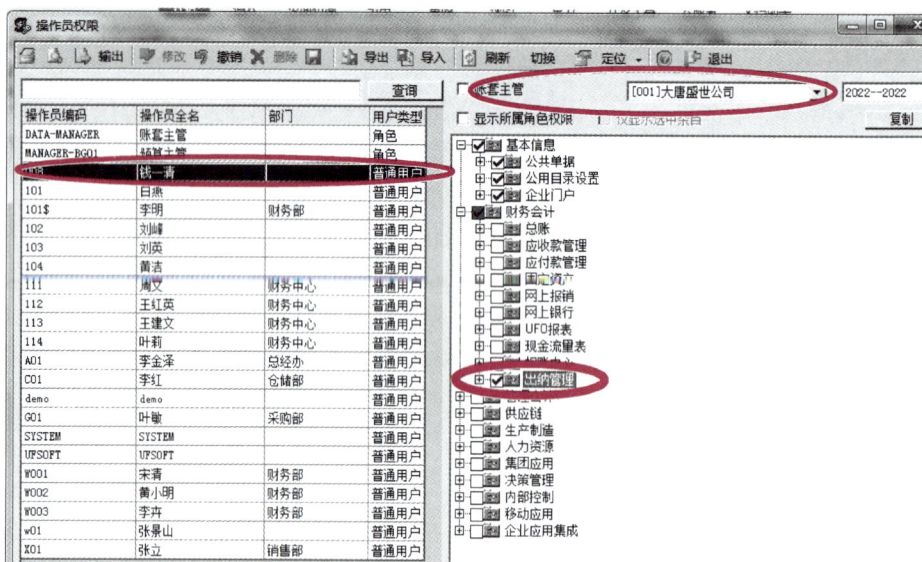

图 6-4　出纳管理系统权限赋予

2. 出纳管理系统启用

账套主管登录企业应用平台,点击"基础设置"—"基本信息"—"系统启用",启用出纳管理系统,如图 6-5 所示。

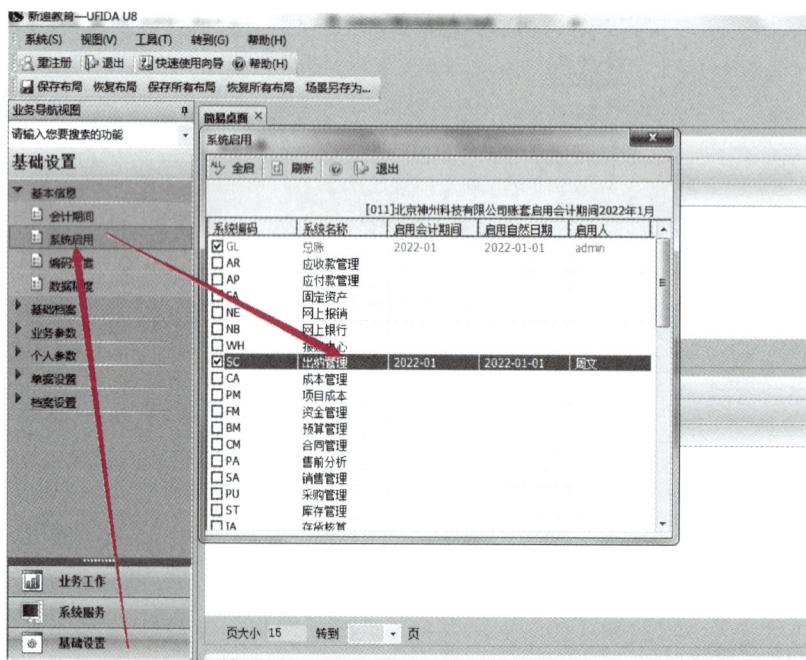

图 6-5　出纳管理系统启用

（二）基础数据设置

1. 账套参数设置

账套主管登录企业应用平台，点击"业务工作"—"财务会计"—"出纳管理"—"设置"—"系统设置"，进入"系统设置"界面，如图 6-6 所示。

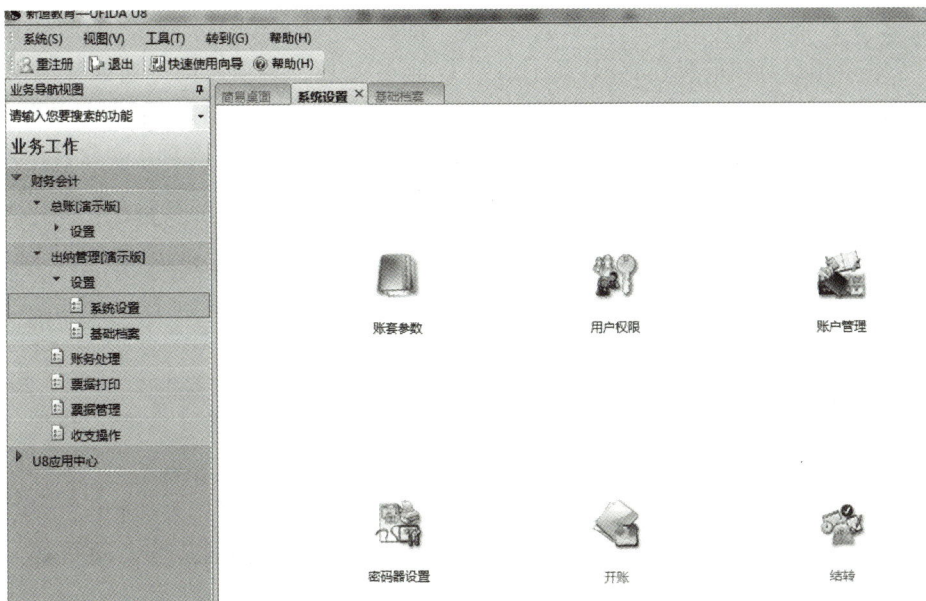

图 6-6　"系统设置"界面

点击"账套参数"，进入账套参数选项卡，对账套参数进行相关设置，如图 6-7 所示。

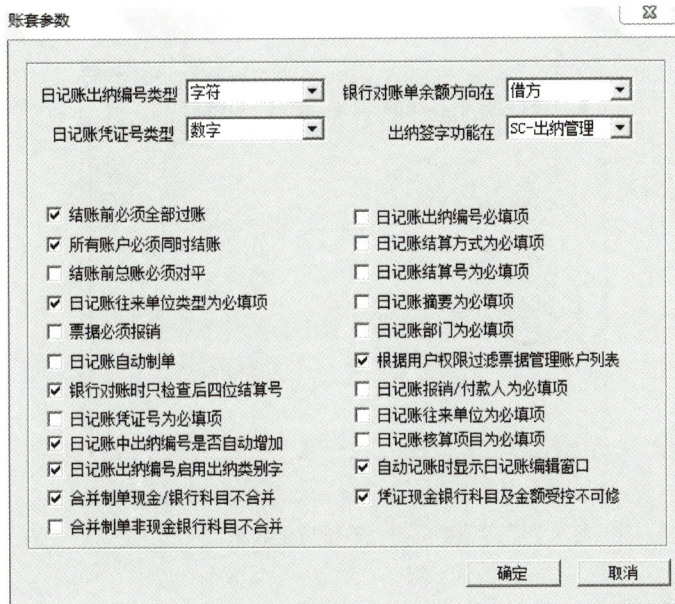

图 6-7　账套参数设置

6

账套参数是用来设置当前账套某些操作规则的,包括银行对账单的余额方向、日记账凭证号的排序规则等。

2．用户权限设置

账套主管登录企业应用平台,点击"业务工作"—"财务会计"—"出纳管理"—"设置"—"系统设置",点击用户权限可以进行用户权限设置。赋予出纳员钱一清出纳管理的权限。把开账和结转的权限也赋予钱一清。如图6-8和图6-9所示。用户权限用来定义某个用户具体的操作权限,其中包括了"账务处理""票据权限""票据管理权限""基础数据权限""系统设置权限"不同模块所有操作内容权限的设置,用户可以根据不同需要来定义各种详尽的权限。进入用户权限管理界面后,可以看到U8软件中所有用户,通过"设置权限"来设置用户具体的使用权限。

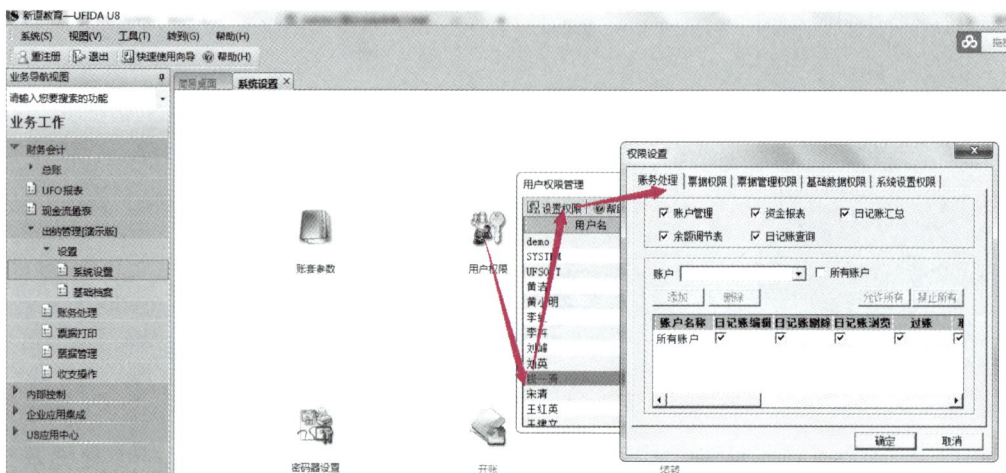

图6-8　用户权限设置

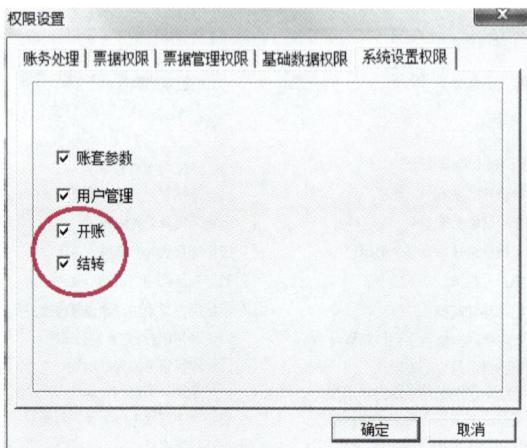

图6-9　系统设置权限

3．账户管理

账户管理可以使用出纳员钱一清登录系统。

钱一清登录企业应用平台,点击"业务工作"—"财务会计"—"出纳管理"—"设置"—"系统设置"—"账户管理"。

出纳对资金的收入、支出、结存进行登记时,往往要设置多个账户才能满足管理的需要,本模块可以方便企业设置多个出纳账户,如图6-10所示。

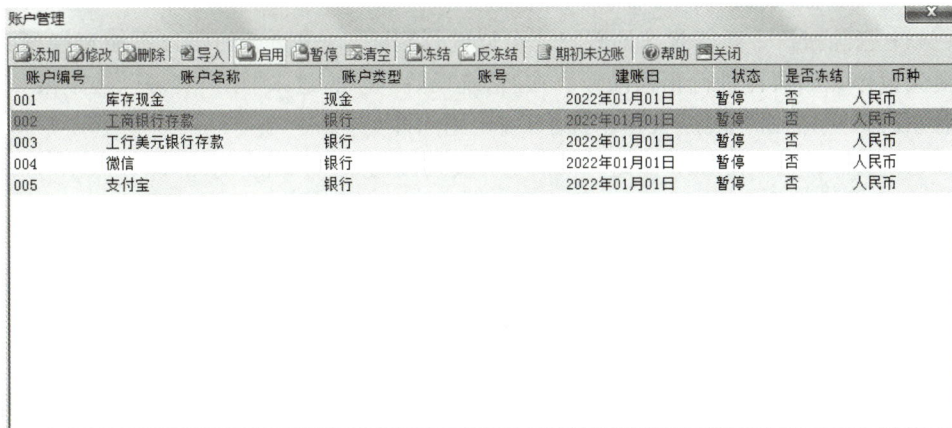

图6-10　账户管理界面

（1）添加账户。在"系统设置"界面,进入"账户管理",点击"添加"会弹出"新建账户"界面,在此界面中输入相关信息。

值得注意的是,在增加账户前,必须在基础设置的会计科目里面指定现金和银行科目,如图6-11所示。此处银行科目多指定了"其他货币资金"科目,是为了处理新出现

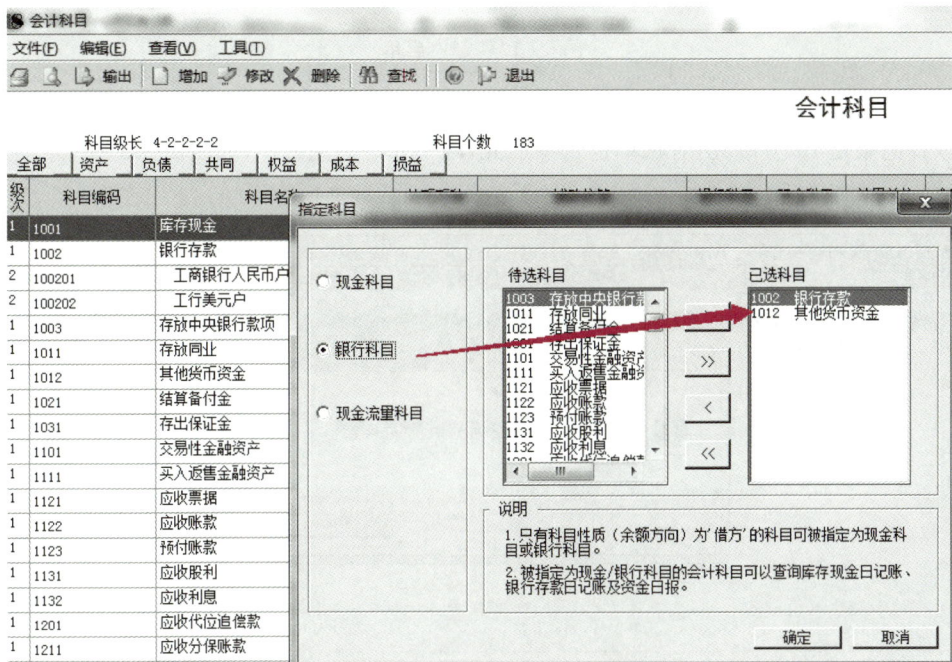

图6-11　指定现金和银行科目

6

的交易方式,如微信和支付宝等。对这些新的支付方式,现在流行的做法是用其他货币资金来核算。

(2)修改账户。账户在停用状态时,可以修改账户信息;如果该账户启用了,则可以修改账户信息的部分内容。在"系统设置"界面,进入"账户管理",点击"修改"会弹出"修改账户"界面,在此界面中输入相关信息。

(3)删除账户。暂停状态的账户才可以进行删除,启用状态的账户不能直接删除,需要先暂停该账户再进行删除操作。在"系统设置"界面,进入"账户管理",选中某一暂停状态的账户,点击"删除"会弹出提示,确定删除即可。

(4)账户启用。在"账户管理"界面,选择要启用的账户,点击"启用"即可,如图6-12所示。账户启用后,就不能进行期初余额等的修改了。若要修改,则应先暂停相应账户。

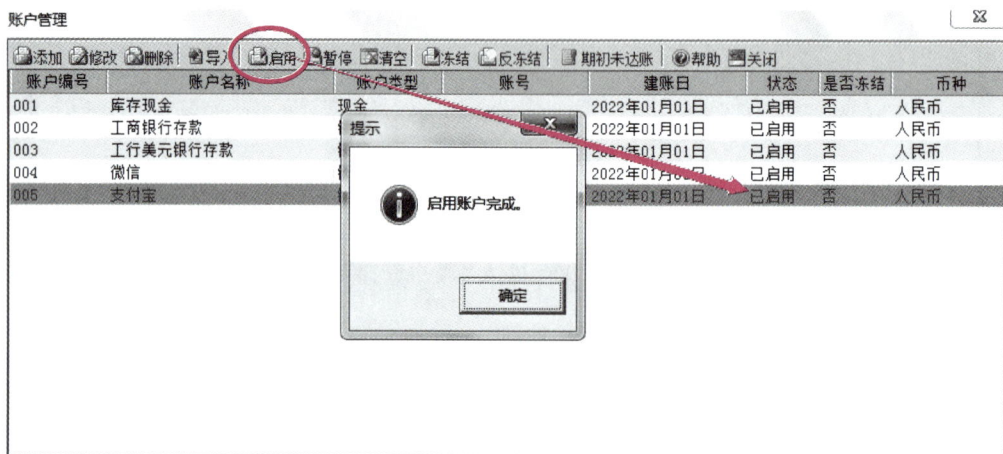

图6-12 账户启用

(5)期初未达账。期初未平衡的账户是不能启用的。如工商银行存款账户期初银行存款日记账是100 000元,对账单是90 000元,则不允许启用账户,如图6-13所示。此时

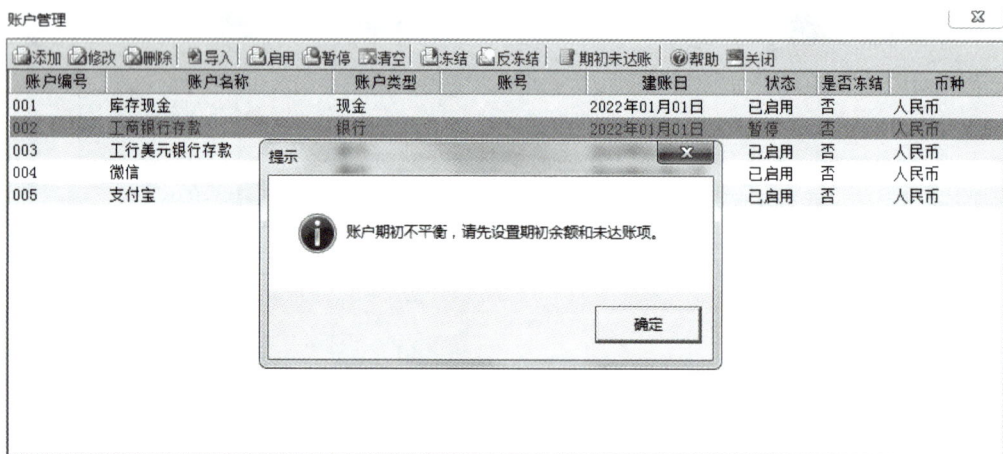

图6-13 启用账户不平提示

要填期初未达账,点击"期初未达账",在跳出对话框点击增加,填写期初未达账,如图6-14所示。注意要选中左边,增加的是企业日记账,选中右边增加的是银行对账单。

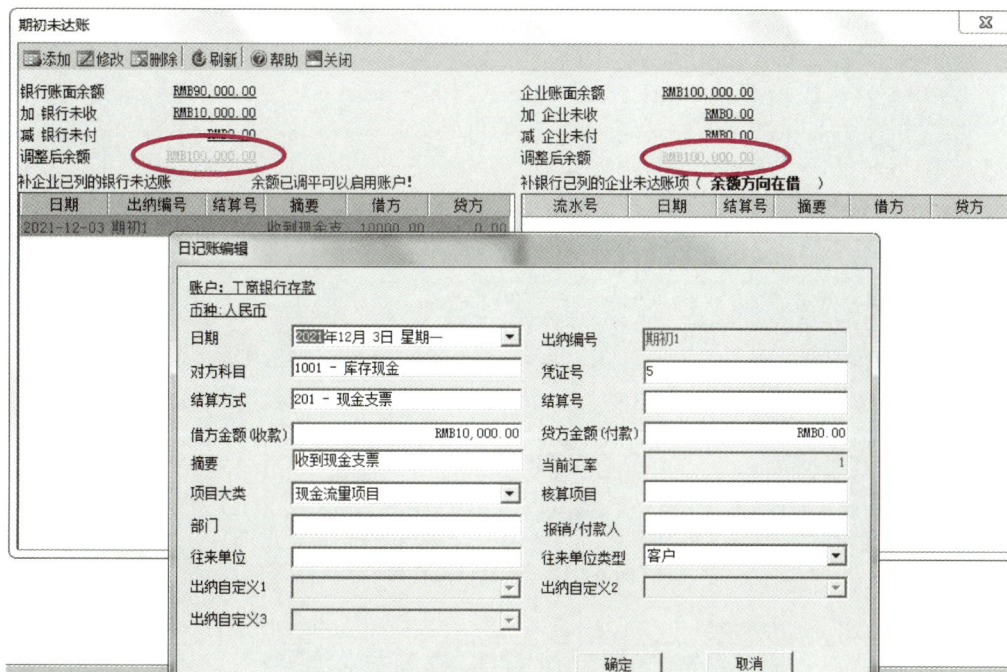

图 6-14　增加期初未达账

（6）开账与结转。在年度期初,可以使用开账功能和结转功能。开账是将上年度的基础档案、系统设置结转到本年;结转是将上年末数据结转到本年。在正常结转的情况下,期初余额不允许修改,只能通过结转功能将上年数据结转过来。此时,两年的数据是连贯的,账表可以进行跨年查询。

4. 基础档案设置

钱一清登录企业应用平台,点击"业务工作"—"财务会计"—"出纳管理"—"设置"—"基础档案",如图 6-15 所示。

（1）票据用途。在"基础档案"界面—"票据用途",系统将弹出"票据用途管理"的窗口,如图 6-16 所示,在此定义相应所需的用途。可以在此增加、修改、删除、导入和导出票据用途等。

（2）券别信息。在现金盘点中需要输入具体的券别信息来反映现金视盘的当日余额,用户可根据实际情况,设置相应的券别信息。在"基础数据"界面—"券别信息",系统将弹出"券别信息"的窗口,如图 6-17 所示,在此定义相应所需的内容。

（3）自定义数据。U8 出纳管理中内置的所有基础档案仍无法满足个性化数据的预置需求,在此自定义数据界面中,可根据实际情况添加所需信息内容,如图 6-18 所示。

（4）参数设置。参数设置是用来定义基础档案中的各项属性的,如图 6-19 所示。

（5）出纳类别字。在"基础档案"—"出纳类别字"中,系统将弹出"出纳类别字"的窗口,在此定义相应所需的出纳字类别,以方便对出纳日记账分类,如图 6-20 所示。

6

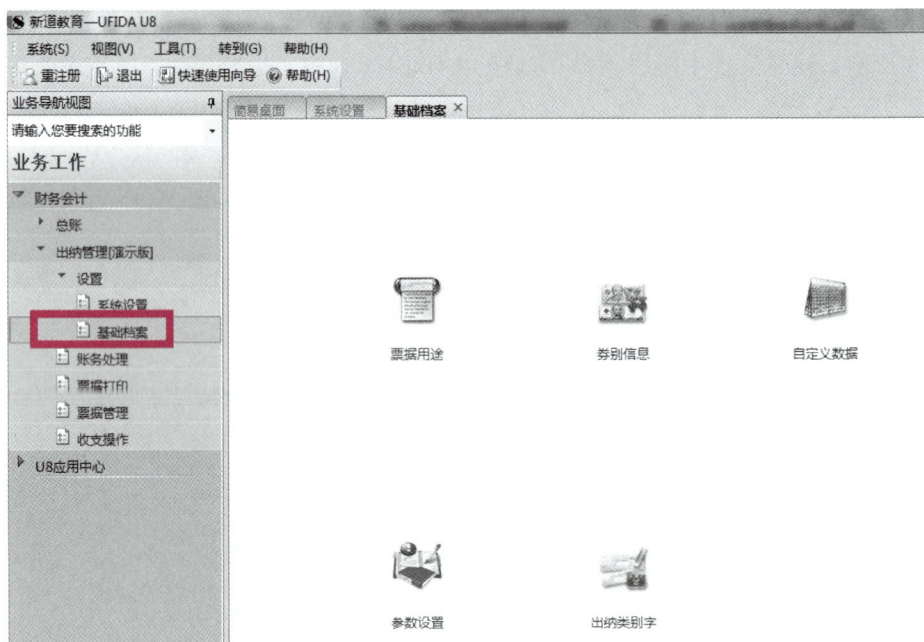

图 6 – 15 基础设置界面

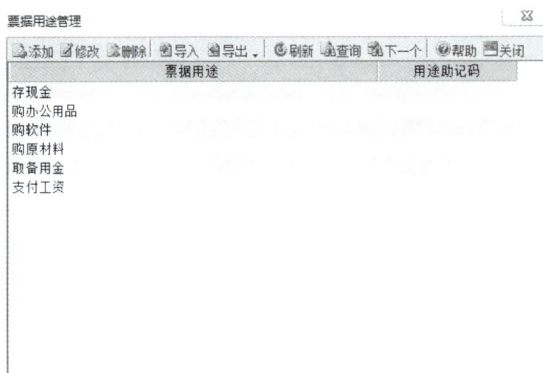

图 6 – 16 票据用途

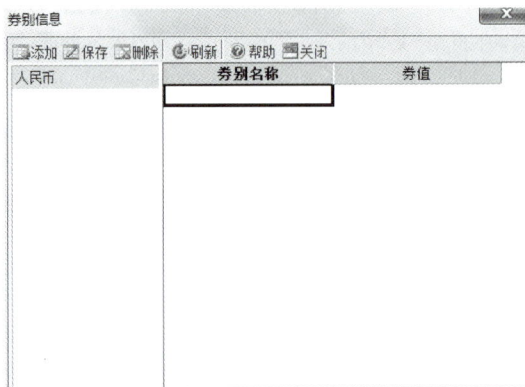

图 6 – 17 券别信息

图 6-18　自定义数据

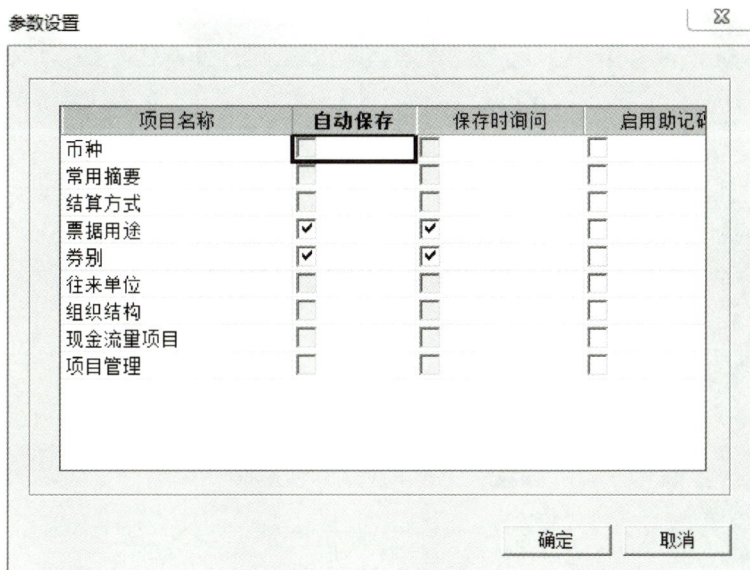

图 6-19　参数设置

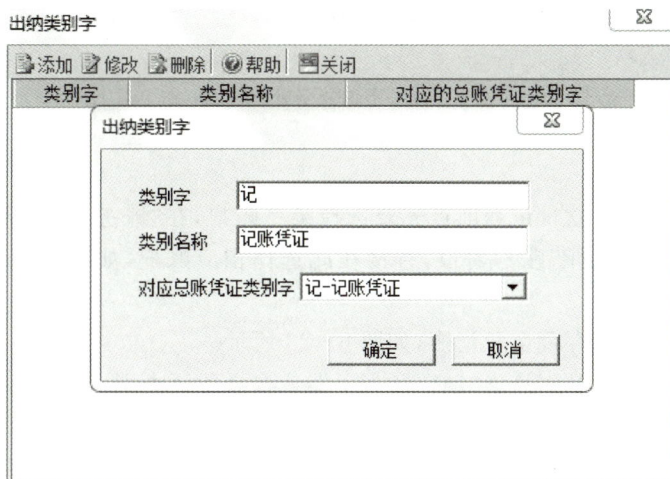

图 6-20　出纳类别字

6

二、出纳信息化工作

出纳日常业务也就是账务处理，主要是日记账的管理。出纳日记账分为库存现金日记账和银行存款日记账。库存现金日记账是用来逐日逐笔反映库存现金的收入、支出和结存情况，以便对现金的保管、使用进行严格的日常监督及核算的账簿。银行存款日记账也是用来逐日逐笔反映银行存款增减变动和结余情况的账簿。通过银行存款日记账，可以序时详尽地提供每一笔银行存款收付的具体信息，全面反映银行存款的增减变动与结存情况。

登录企业应用平台，点击"业务工作"—"财务会计"—"出纳管理"—"账务处理"，如图 6-21 所示。

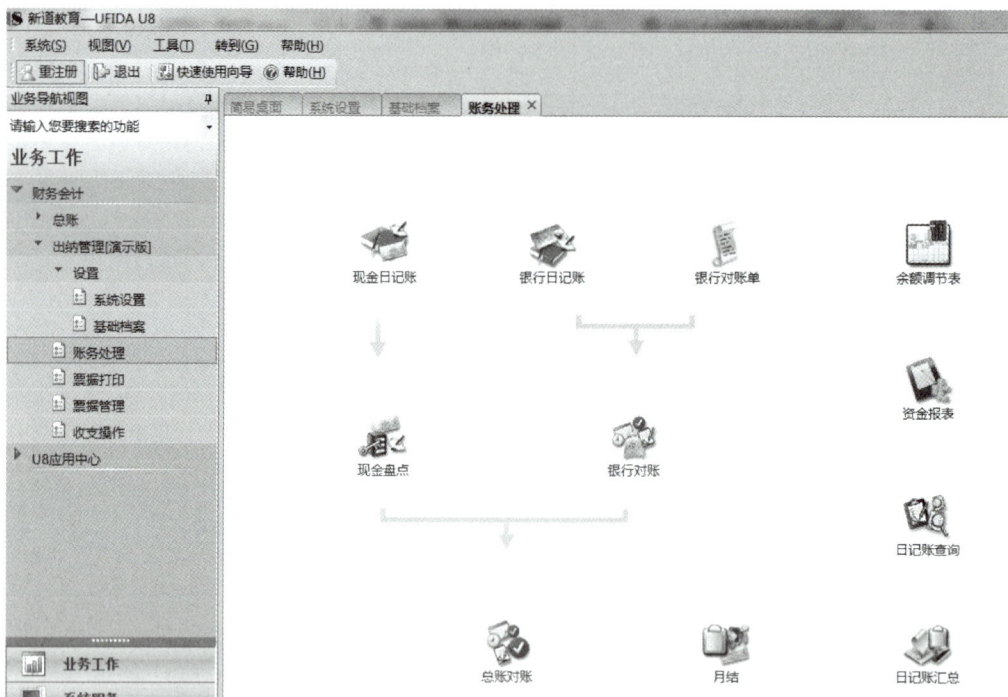

图 6-21　出纳账务处理流程

（一）填制日记账

添加、查阅银行存款日记账前首先要选择某一账户，在"账务处理"界面点击"库存现金日记账"，弹出"选择"账户窗口，直接在此选择相应账户，如图 6-22 所示。选择"期间"，点击确定。

点击增加，填写库存现金日记账，如图 6-23 所示。

选中新增加的日记账，点击"制单"，如下图。选择凭证类别、凭证号，点击"流量"选择现金流量项目，保存凭证即可。如果要用多条记录制作一张凭证，则按住"Ctrl"键不动，选中多条记录，点击"制单"即可。同样，在账务处理界面选择"银行存款日记账"，选择要处理的账户，增加日记账，制作凭证既可，如图 6-24 所示。

6

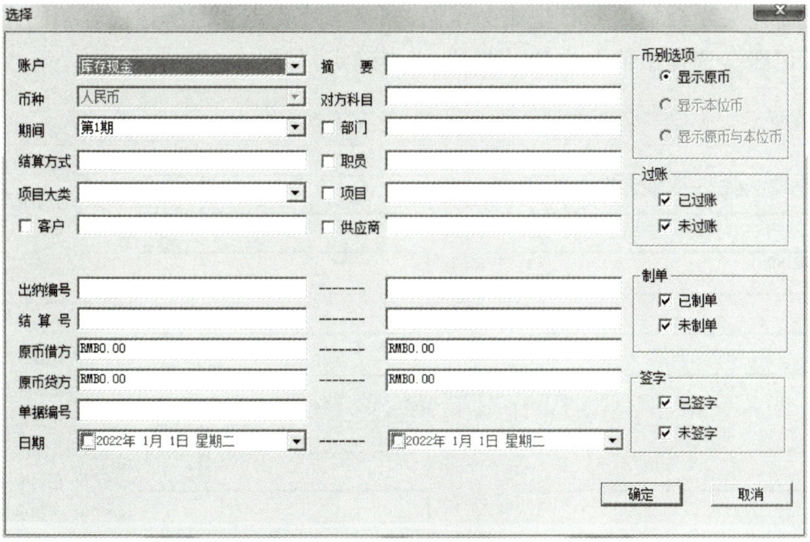

图 6－22 选择账户

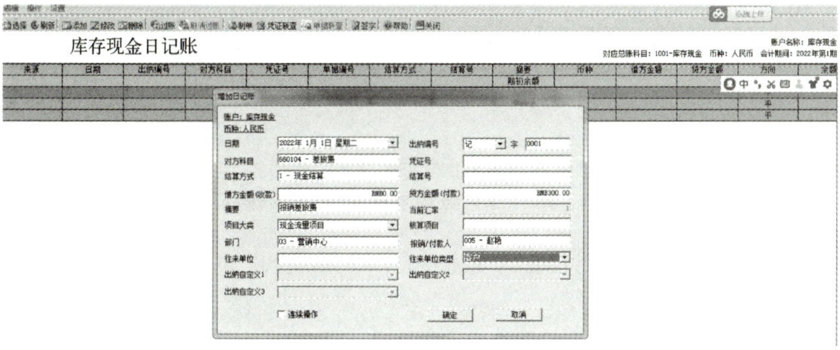

图 6－23 填写库存现金日记账

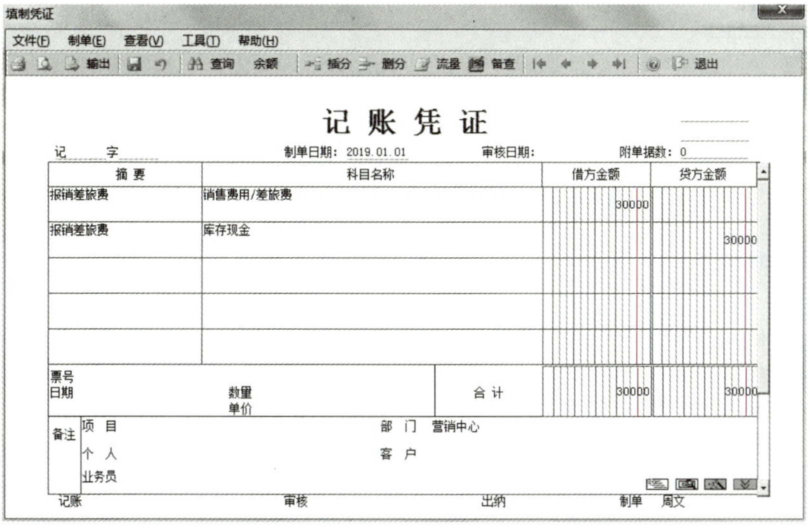

图 6－24 自动生成现金凭证

下面简述关于微信业务日记账的填制，其基本过程跟上面所述内容相同。点击"银行存款日记账"，选择微信账户和"期间"，点击确定，如图 6 - 25 所示。

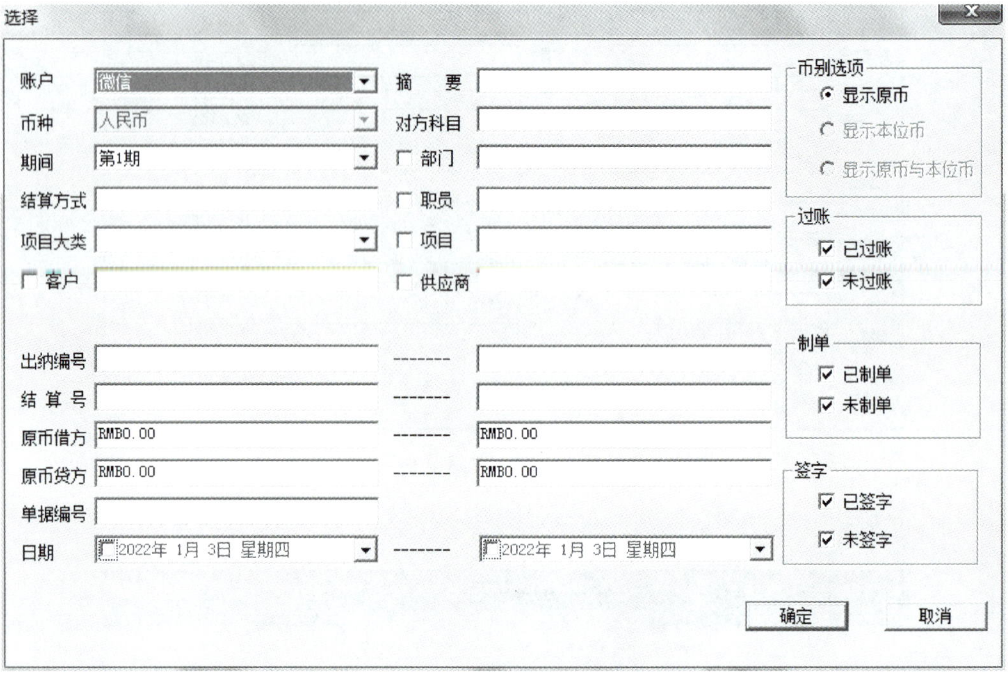

图 6 - 25   日记账填制—微信账户选择

点击增加，填写"微信日记账"，如图 6 - 26 所示。注意结算方式有微信和支付宝。

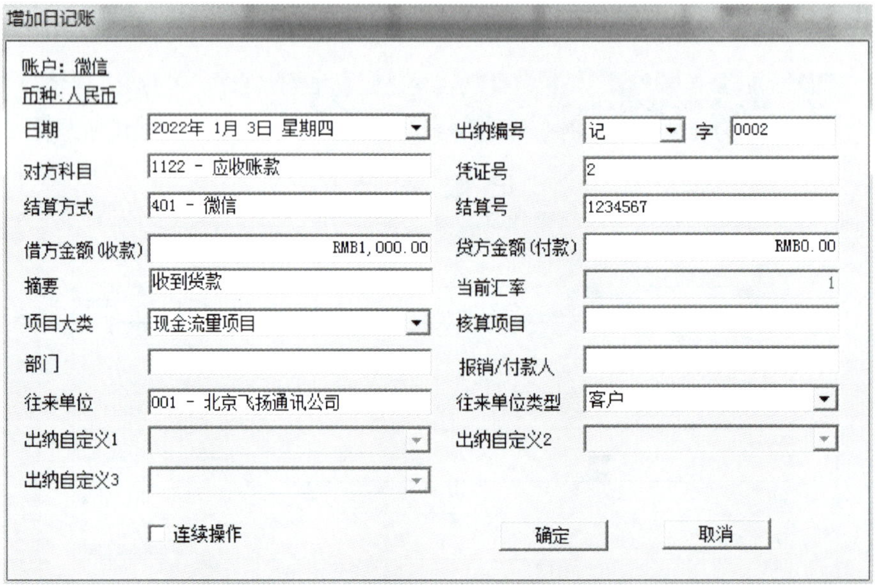

图 6 - 26   微信日记账填写

选中"微信日记账"相应行,点击"制单",如图 6-27 所示。

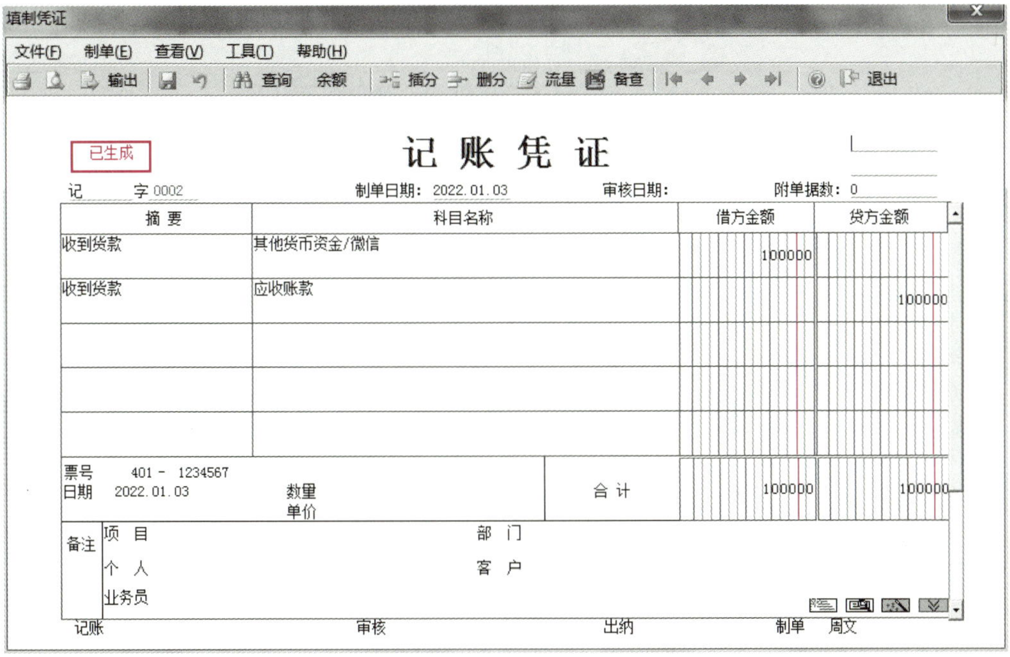

图 6-27 微信日记账制单

支付宝等日记账填制与制单同上。

(二)过账和取消过账

准备结账之前须先对日记账进行过账操作,在 U8 出纳管理中可以进行逐笔过账也可进行全部过账。过账后的日记账信息不可修改。

在"银行存款日记账"界面,选择某一条日记账信息,点击"过账"。或者依次进入"操作"—"过账",进行每笔操作,过账之后的信息显示蓝色背景,可以选中逐笔"过账"和"全部过账",如图 6-28 所示。库存现金日记账过账同上。

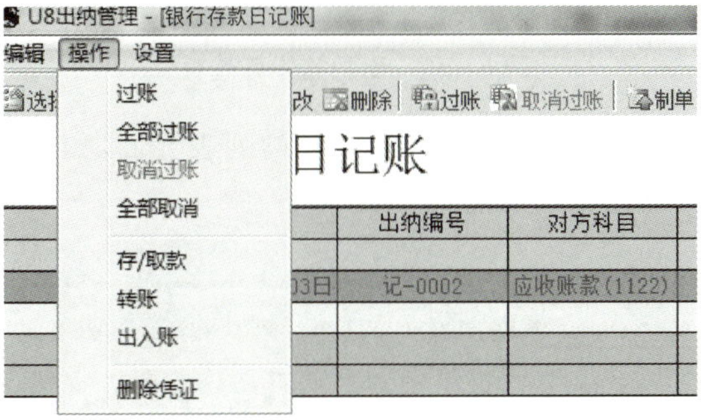

图 6-28 过账

过账后,则可以"取消记账",如图 6-29 所示。取消过账后日记账显示背景为白色,此时便可进行日记账信息的修改。

6

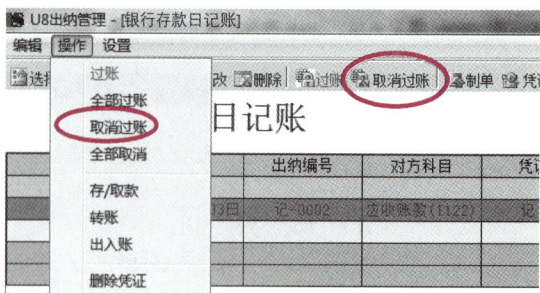

图 6-29　取消过账

（三）出纳签字

出纳凭证由于涉及企业现金的收入与支出，应加强对出纳凭证的管理。出纳人员可通过出纳签字功能，对制单员填制的带有现金银行科目的凭证进行检查核对，主要核对出纳凭证和出纳日记账的科目和金额是否正确。点击"出纳签字"按钮后，弹出"出纳签字"条件过滤界面如图 6-30 所示。

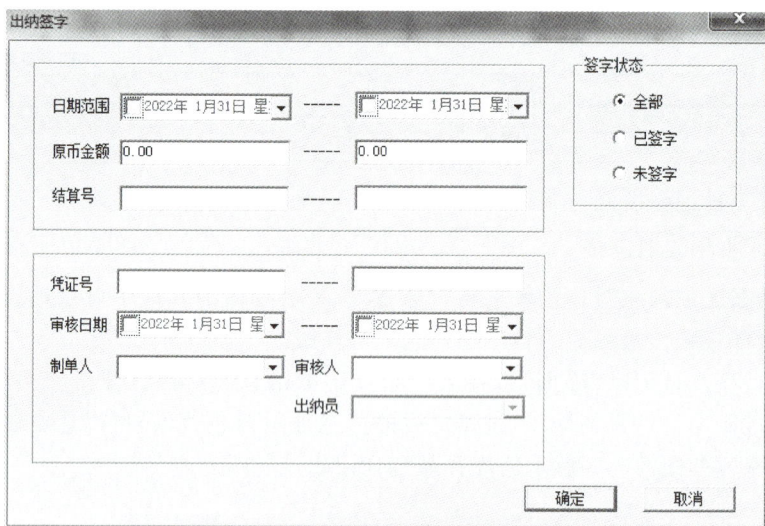

图 6-30　出纳签字筛选框

根据图 6-30 中的条件过滤出"出纳签字"的列表界面，如图 6-31 所示。可以进行手工和自动签字，当然也可以取消。

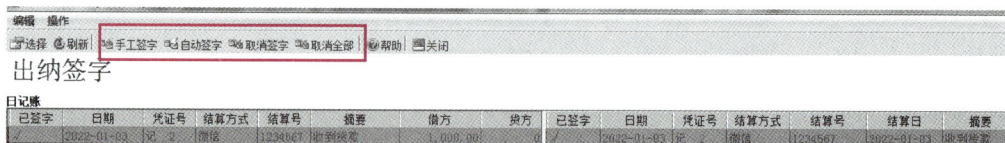

图 6-31　出纳签字

出纳签字后，可以双击相应日记账，查看效果，如图 6-32 所示。

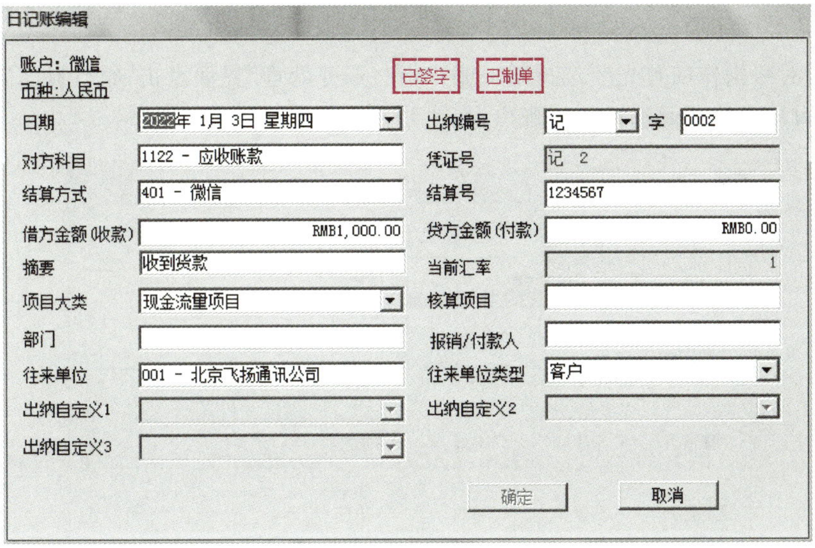

图 6-32 出纳签字后的日记账

(四) 录入银行对账单

本功能用于平时录入、查询和导入银行对账单。添加、查阅银行对账单前,首先要选择某一账户,在"账务处理"界面点击"银行对账单",弹出选择账户窗口,直接在此选择相应账户,如图 6-33 所示。然后点击增加即可增加银行对账单,跟期初未达账录入一样,不再赘述。

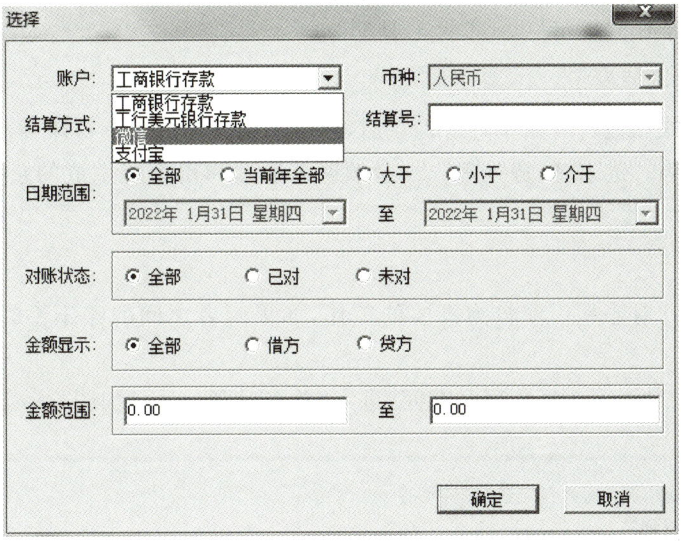

图 6-33 银行对账选择账户

值得注意的是,企业可以将银行提供的电子版对账单直接导入到 U8 软件的出纳管理中,或者从总账中直接导入。导入银行对账单分两种形式,一种是"使用导入向导"导入,一种是可以选择"从总账导入"。还有就是可以选择"从网上银行导入"。

6

(五) 银行对账

进行对账操作前首先要选择某一账户,在"账务处理"界面点击"银行对账",弹出选择账户窗口,直接在此选择相应账户,如图 6-34 所示。

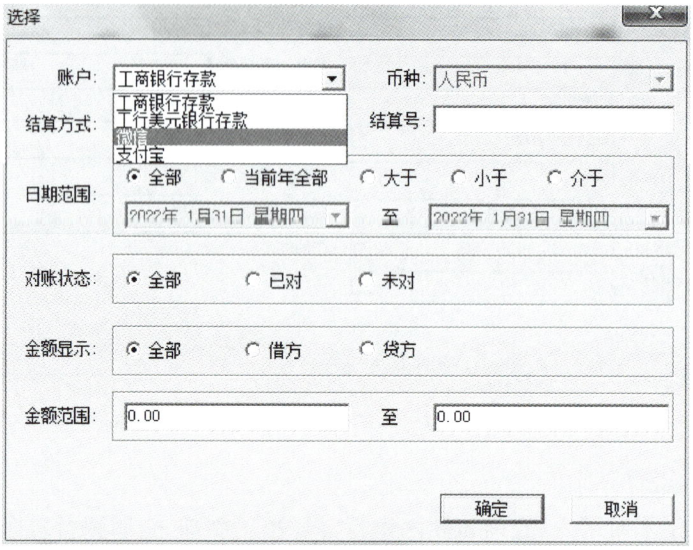

图 6-34 银行对账单账户选择

左边是银行日记账,右边是银行对账单。可以手工和自动对账。对于已核对的银行业务,系统将自动在银行存款日记账和银行对账单双方写上两清标志。对账操作日期为进行对账操作时,登录 U8 系统的日期。

(六) 余额调节表

企业日记账和银行对账单进行勾兑后,便可调用此功能查询打印余额调节表,以检查对账是否正确。进入"账务处理"—"余额调节表",弹出系统生成的余额调节表供用户查阅、打印。

(七) 对账

出纳与会计对账是一项较为重要的工作,如果两者之间的账不平时,应及时找出原因。

点击"总账对账",选择年度和期间,进入"总账对账"页面,如图 6-35 所示。

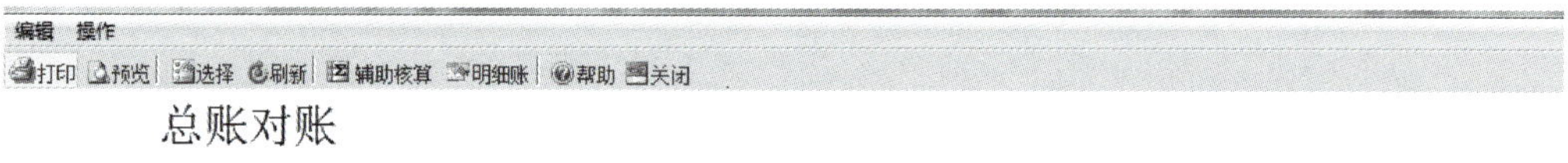

总账对账

总账科目	期初金额	期末金额	出纳账户	期初金额	期末金额	结果	差额
1001-库存现金	43,000.00	42,700.00	库存现金		-300.00		-43000
100201-工商银行人民币户	3,043,075.00	3,043,075.00	工商银行存款	100,000.00	100,000.00	不平	-2943075
100202-工行美元户	66,925.00	66,925.00	工行美元银行存款	0.00	0.00	不平	-66925
101201-微信	0.00	1,000.00	微信	0.00	1,000.00	平	0
101202-支付宝	0.00	0.00	支付宝	0.00	0.00	平	0

图 6-35 总账与出纳对账

点击图 6-35 的"辅助核算"和"明细账",则可以分别进行辅助核算、明细账与出纳的对账。总账对账中同时可以实现打印、预览总账对账报表,通过辅助核算查询对账结果以及出纳账与总账明细的对账。

(八) 月结

在手工处理中,都有结账的过程,在计算机处理中也应有这一过程,以符合会计制度的要求,因此本系统特别提供了"结账"功能。只有过账的账户才能月结。结账只能每会计期间进行一次。进入"账务处理"界面选择"月结",弹出以下窗口,如图 6-36 所示。

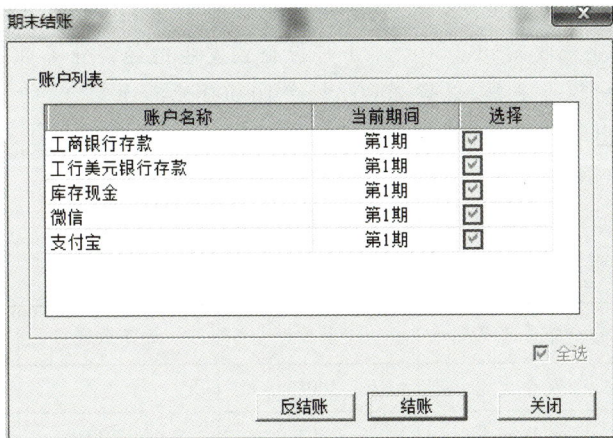

图 6-36　月结

(九) 账表查询

系统提供了丰富的账表查询功能,有资金报表、日记账查询和日记账汇总等,能满足日常管理需求。

(十) 票据管理

用友 U8 软件提供了强大的票据管理功能。集合了票据模板设计、打印、单张票据的查询、多张票据的联查、票据的汇总、票据的关联、票据的自动记账等多种实用操作。

学后思

出纳管理系统启用后,总账系统的出纳模块是否还要进行相应操作?

任务实施

面对微信业务,钱一清应该先增加一个新的银行账户——微信,同时增加"其他货币资金——微信"科目。然后填制日记账,账户选择"微信",自动生成凭证如下:

文本:员工工资及五险一金参保明细表

6

借：其他货币资金——微信　　　　　　　　　　　　　　10 000
　　贷：预收账款　　　　　　　　　　　　　　　　　　　　　　10 000

岗位能力测试

　　光明公司只有中国工商银行一个账户。2023 年 1 月 1 日,光明公司库存现金余额为 6 890 元,支付宝账户余额为 8 900 元。2023 年 1 月 1 日,中国工商银行人民币户企业日记账调整前余额为 159 488 元,银行对账单调整前余额为 499 488 元,未达账项一笔,是银行已收企业未收款 40 000 元。1 月份企业发生的经济业务如下:

　　1 月 2 日,开出现金支票,票号 2000,支付 10 000 元。

　　1 月 5 日,开出转账支票,票号 2002,支付 100 000 元。

　　1 月 6 日,收到转账支票,票号 2001,收款 59 600 元。

　　1 月 18 日,收到转账支票,票号 2006,支付 5 000 元。

　　月终,银行发来的银行对账单如下:

日　期	结算方式	票号	借方金额	贷方金额
2023.01.03	现金支票	2000		10 000
2023.01.06	转账支票	2001	59 600	
2023.01.08	转账支票	2002		100 000
2023.01.29	转账支票	2008		32 760

　　要求:利用财务软件,帮助出纳对以上出纳业务进行信息化处理。

主要参考文献

［1］ 常红,任翔燕,李琳,于逢.出纳实务［M］.北京：清华大学出版社,2019.

［2］ 许秀萍,郑维.出纳实务［M］.2版.北京：中国人民大学出版社,2019.

［3］ 李华.出纳实务［M］.4版.北京：高等教育出版社,2018.

［4］ 包红霏,田晓娜,甄洋.出纳真账实操：从入门到精通［M］.北京：中国华侨出版社,2021.

［5］ 卓茂荣,张惠琴.出纳实务［M］.北京：中国石化出版社,2021.

感谢您使用本书。为方便教学，我社为教师提供资源下载、样书申请等服务，如贵校已选用本书，您只要关注微信公众号"高职财经教学研究"，或加入下列教师交流QQ群即可免费获得相关服务。

"高职财经教学研究"公众号

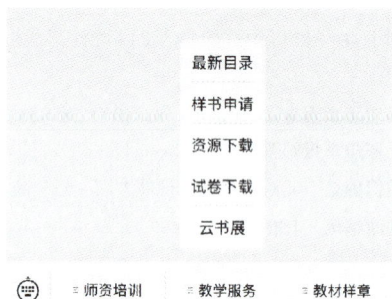

| 最新目录 |
| 样书申请 |
| 资源下载 |
| 试卷下载 |
| 云书展 |

师资培训　教学服务　教材样章

资源下载：点击"**教学服务**"—"**资源下载**"，或直接在浏览器中输入网址（http://101.35.126.6/），注册登录后可搜索相应的资源并下载。（建议用电脑浏览器操作）

样书申请：点击"**教学服务**"—"**样书申请**"，填写相关信息即可申请样书。

试卷下载：点击"**教学服务**"—"**试卷下载**"，填写相关信息即可下载试卷。

样章下载：点击"**教材样章**"，即可下载在供教材的前言、目录和样章。

师资培训：点击"**师资培训**"，获取最新会议信息、直播回放和往期师资培训视频。

联系方式

会计QQ3群：473802328　　　会计QQ2群：370279388　　　会计QQ1群：554729666

（以上3个会计QQ群，加入任何一个即可获取教学服务，请勿重复加入）

联系电话：（021）56961310　　电子邮箱：3076198581@qq.com

在线试题库及组卷系统

我们研发有10余门课程试题库："基础会计""财务会计""成本计算与管理""财务管理""管理会计""税务会计""税法""审计基础与实务"等，平均每个题库近3000题，知识点全覆盖，题型丰富，可自动组卷与批改。如贵校选用了高教社沪版相关课程教材，我们可免费提供给教师每个题库生成的各6套试卷及答案（Word格式难中易三档，索取方式见上述"试卷下载"），教师也可与我们联系咨询更多试题库详情。